Hans und Doris Maresch

Sachsen-Anhalts
Schlösser, Burgen & Herrensitze

Husum

Umschlaggestaltung unter Verwendung von Motiven aus dem Buch

Alle Aufnahmen stammen vom Autor Hans Maresch, außer:

Seite 287: Schloss Georgium, Dessau-Roßlau, Fotograf: U. Knebler
Seiten 95, 175, 176, 277: Schloss Großkühnau; Chinesisches Haus, Solitude, Schloss Oranienbaum, Kulturstiftung DessauWörlitz, Bildarchiv, Fotograf: Heinz Fräßdorf
Seite 151, Schloss und Kirche Wittenberg, „Lutherstadt-Wittenberg Marketing GmbH"
Seite 230, Schloss Schönhausen II, Foto: VBG Elbe-Havel-Land

Für die Überlassung der Aufnahmen zur Veröffentlichung bedanken wir uns recht herzlich.

Bibliografische Information der Deutschen Nationalbibliothek

Die Deutsche Nationalbibliothek verzeichnet diese Publikation in der Deutschen Nationalbibliografie; detaillierte bibliografische Daten sind im Internet über http://dnb.dnb.de abrufbar.

Gesamtherstellung: Husum Druck- und Verlagsgesellschaft
Postfach 1480, D-25804 Husum – www. verlagsgruppe.de

ISBN 978-3-89876-776-7

Inhaltsverzeichnis

Vorwort

Die Geschichte des Adels und seiner Bauwerke reicht weit in die Vergangenheit zurück. Zahlreich sind auch hier im Land die einstigen Adelssitze anzutreffen und werden heute vielfach von den Nachfahren bewohnt oder für den Tourismus im alten Glanz wiederhergestellt. Eine Vielzahl der von uns aufgesuchten Burgen und Schlösser ist aber in einem maroden Zustand und bedarf Investoren, deren Herz für die Neuerweckung dieser einst oft prächtigen Bauwerke schlägt. Besucherscharen aus dem In- und Ausland zieht es jährlich in die weltberühmten Parks und Gärten von Wörlitz, Oranienbaum, Dessau und Mosigkau mit ihren Schlössern und einzigartigen Parkbauten und Gartenanlagen. Im Laufe der Geschichte des Landes entstanden vor allem Hunderte von Burgen, aber auch zahlreiche Schlösser, über deren Historie, wenn auch nur im knappen Abriss, im vorliegenden Band informiert wird. Vor allem die in Privatbesitz befindlichen Burgen und Schlösser zeigen sich dem Betrachter in neuem Glanz und sind von gepflegten Parkanlagen umgeben, deren Zugang für die Öffentlichkeit oft möglich ist. Besuchen Sie das Land und seine freundlichen Bewohner, es wird Ihnen in Erinnerung bleiben.

Bei Aufenthalten im Bundesland Sachsen-Anhalt soll Ihnen dieses Buch ein nützlicher Reisebegleiter sein.

Etwa 270 der schönsten und interessantesten Anlagen, aber auch Ruinen stellen wir vor. Alle diese Bauwerke im Land wurden von uns aufgesucht und fotografiert, wenn möglich, an Ort und Stelle zur Geschichte recherchiert. Zu Beginn der Beschreibung der einzelnen Objekte geben wir jeweils einen kurzen Lagehinweis und einen knappen historischen Abriss. Die Herrensitze haben wir den Ortschaften zugegliedert, in oder in deren Nähe sie sich befinden. Sofern diese nicht eigenständig sind, schließen sich ihnen die Verbandsgemeinden (VG) oder Städte, die Landkreise und Piktogramme an. Letztere verweisen, schnell erfassbar, auf Museen, Hotels, Gastronomie, mögliche Veranstaltungen oder Einrichtungen und weitere Besonderheiten vor Ort. Das Objektregister im Anhang gewährleistet ein schnelles Auffinden. Auf die Angabe von Telefonverbindungen und Öffnungszeiten wurde verzichtet. Zur Baugeschichte haben wir

uns an Georg Dehio, Handbuch der Deutschen Kunstdenkmäler Sachsen-Anhalts, angelehnt.
Wir weisen darauf hin, dass die Burgen und Schlösser im Laufe der Zeit Veränderungen unterliegen können. Demzufolge geben wir keine Gewähr für die Vollständigkeit und Aktualität über das Erscheinungsjahr des Reiseführers hinaus. Beim Besuch der historischen Bauten, die sich in Privatbesitz befinden und keine öffentlichen Einrichtungen haben, bitten wir darum, diese in respektvollem Abstand zu betrachten, ohne die Privatsphäre zu stören. Dem Leser der bisher von uns erschienenen Bände wird auffallen, dass in Sachsen-Anhalt noch zahlreiche Bauten in einem bedauerlichen Zustand sind. Beachtenswert ist aber, dass viele dieser Bauwerke eine oft längere und auch zum Teil bedeutendere Geschichte aufzuweisen haben. Durch die Wiederherstellung/Bewahrung der Bauten soll die Geschichte derselben und auch ihrer Besitzer in Erinnerung gerufen werden. Die Mittel der Länder sind knapp, so ist es verständlich, dass vorrangig in die Infrastruktur und Gebäudesanierung investiert wird. Für das Wiederbeleben der Burgen, Schlösser, ja auch der Ruinen ist man mehr denn je auf private Investoren angewiesen und auch auf Sie als Besucher, um die historischen Bauten wieder mit Leben zu füllen.
Danken möchten wir den Burgen- und Schlossbesitzern, der Stiftung Dome und Schlösser in Sachsen-Anhalt, der Kulturstiftung DessauWörlitz, der Stadtverwaltung Dessau-Roßlau, der Marketing GmbH der Lutherstadt Wittenberg, der VBG Elbe-Havel-Land, den Mitarbeitern der Touristinformationen, Hotels und Museen, die uns aktiv, umfassend und freundlich bei den Fotoaufnahmen und Recherchen zum Buch unterstützten. Der Deutschen Burgenvereinigung, der wir als Mitglieder angehören, sowie dem Europäischen Burgeninstitut in Braubach a. Rhein gilt unser besonderer Dank. Wir wünschen allen Lesern viel Freude beim Besuch der Burgen, Schlösser und Herrensitze in Sachsen-Anhalt.

Das Bundesland Sachsen-Anhalt

Sachsen-Anhalt ist kein typisches Ferienland wie die nördlichen Bundesländer Schleswig-Holstein und Mecklenburg-Vorpommern mit Nord- und Ostsee, Bayern mit den Alpen und seinen Königsschlössern, Baden-Württemberg mit dem Bodensee. Aber ein Besuch in Sachsen-Anhalt, das mit dem Ostteil des Harzes, besonders dem Gartenreich Wörlitz und dem Projekt „Gartenträume – historische Parks in Sachsen-Anhalt", für touristische Zwecke immer lukrativer wird, lohnt sich allemal. Auch die Landeshauptstadt Magdeburg ist einen Besuch wert. Im Norden wird Sachsen-Anhalt von Flachland geprägt und in der dünn besiedelten Altmark befinden sich alte Hansestädte wie Salzwedel, Gardelegen, Stendal und Tangermünde. Den Übergang von der Altmark zur Region Elbe-Börde-Heide mit der fruchtbaren, waldarmen Magdeburger Börde bildet die Colbitz-Letzlinger Heide. Im Südwesten des Landes liegt der Harz mit dem grenzübergreifenden Nationalpark Harz, dem Harzvorland und dem Mansfelder Land sowie den schönen Fachwerkstädten Halberstadt, Quedlinburg und Wernigerode, Thale mit seinem Hexentanzplatz, Lutherstadt Eisleben und Sangerhausen mit seinem berühmten Rosengarten. In Wernigerode thront hoch über der Stadt wohl das bekannteste Schloss und der Besuchermagnet des Bundeslandes. An der Grenze zu Sachsen befinden sich die Ballungsräume Halle (Saale), Merseburg und Bitterfeld-Wolfen. Halle ist die größte Stadt des Bundeslandes. An der Saale, der Unstrut sowie der Weißen Elster im Süden des Landes, wo sich das Weinbaugebiet der Region Saale-Unstrut befindet, liegen Zeitz, Naumburg (Saale), Weißenfels und Freyburg (Unstrut). Zu Sachsen-Anhalt gehört zudem die im Osten gelegene Region Anhalt-Wittenberg mit der drittgrößten Stadt des Landes, Dessau-Roßlau, die aus der alten anhaltinischen Residenzstadt Dessau hervorgegangen ist, sowie die Lutherstadt Wittenberg und ein Teil des Flämings. Das größte Mittelgebirge Sachsen-Anhalts ist der Harz, in dem auch die höchste Erhebung Norddeutschlands liegt, der Brocken mit 1141,1 m über NN. Zu den größten und längsten der 19 Flüsse zählen die Elbe mit 1094 km, die Saale mit 413 km und die Havel mit 325 km. Von den 12 Seen

sind der Goitzschesee mit 2500 ha, der Geiseltalsee mit 1840 ha und der Gremminer See mit 544 ha die größten.
Schon 775 begann Karl der Große mit der Einbeziehung der Sachsen in das Fränkische Reich. In Halberstadt entstand das erste Bistum im Raum des heutigen Bundeslandes, das 1479 mit dem Magdeburger Erzbistum verbunden wurde. Weitere Bistümer entstanden in Merseburg und Naumburg. Im Jahre 1603 brachte die Landesteilung die Linien Dessau, Bernburg, Köthen und Zerbst hervor, von denen Dessau kulturgeschichtlich am bedeutendsten war. Unter dem Fürsten und Herzog Leopold Friedrich Franz von Anhalt-Dessau bildete sich hier ein kultureller Schwerpunkt des 18. Jahrhunderts mit starken volksaufklärerischen Tendenzen heraus. In Erkenntnis der Reisen von Fürst Franz durch England und Italien entstanden zahlreiche Bauwerke und bemerkenswerte Gartenanlagen. Sachsen-Anhalt ist auch eine historische Stätte des Deutschen Bauernkrieges von 1524/25, der in der Landschaft zwischen den südlichen Ausläufern des Harzes und den Vorbergen des Thüringer Waldes einen seiner Höhepunkte erlebte. Der Wiener Kongress 1814/15 hatte unter anderem zur Folge, dass Preußen aus den zersplitterten Kleinfürstentümern Mitteldeutschlands die neue Provinz Sachsen bilden konnte, die neben dem Land Anhalt als einheitlicher politischer und wirtschaftlicher Raum mit starken Bindungen an Berlin entstand. Geschichtlich betrachtet ist Sachsen-Anhalt kein historisch gewachsenes Land und wurde 1945 zunächst unter der Bezeichnung „Provinz Sachsen“ von der sowjetischen Besatzungsmacht gebildet, die aus der preußischen Provinz Sachsen und dem Land Anhalt bestand. Im Zuge der Neugliederung der DDR wurde sie 1952 aufgelöst und größtenteils auf die Bezirke Halle und Magdeburg aufgeteilt. Mit der Wiedervereinigung Deutschlands stellte man 1990 das Land Sachsen-Anhalt wieder her. Oft noch heute abwertende Bemerkungen über das Land, „das touristisch nichts zu bieten“ habe, werden durch vielfältige kulturell interessante Orte und Bauwerke, glasklare Badeseen, entstanden aus Braunkohlegruben, widerlegt. Gerade in diesem Raum konzentrieren sich viele Meisterwerke der deutschen und europäischen Kulturgeschichte. Hier liegt der Naumburger Dom, das „Bauhaus“ in Dessau, die von Walter Gropius begründete Hochschule für Architektur der Moderne und Design, bedeutende Bauwerke wie Schloss Mosigkau und Schloss

Wörlitz mit seinem einzigartigen Park in romantisch-englischem Stil. Schlossbauten der Renaissance und des Barocks in Sachsen-Anhalt sind im Vergleich zu den Schlössern Torgau, Schmalkalden, Potsdam oder Pillnitz nicht so bekannt geworden. Doch die Anlagen von Bernburg, Plötzkau, Merseburg, Leitzkau und Dornburg stehen keineswegs zurück. Weitere Schlossbauten wie Mansfeld, Dessau, Coswig, die Moritzburg in Zeitz und Neu-Augustusburg in Weißenfels sind wahrlich nicht geringer zu schätzen. Mit der Bodenreform 1945 wurden vor allem kleinere Schlösser jahrelang nicht genutzt und verkamen, doch viele von ihnen konnten nach der Wiedervereinigung Deutschlands vor dem Ruin gerettet werden und bieten heute zahlreiche Ansatzpunkte zu individuellen Entdeckungsreisen. Besuchen Sie das Bundesland Sachsen-Anhalt und Sie werden keinesfalls enttäuscht sein.

Burg

Burgruine

Schloss

Schlossruine

Herrensitz

Museum

Park, Garten

Übernachtungsmöglichkeit

Gaststätte, Café, Imbiss

Veranstaltungen, Konzerte, Ausstellungen, Tagungen

Aussicht

Golf

Reiterhof

Schlösser, Burgen & Herrensitze in Sachsen-Anhalt von A–Z

Burg und Schloss Allstedt

Burg und Schloss Allstedt

06542 Allstedt
Landkreis Mansfeld-Südharz

Allstedt mit seinem hoch liegenden Schloss befindet sich im Südwesten des Landes, wenige Kilometer von der thüringischen Landesgrenze entfernt. Im Südosten liegt die Stadt Sangerhausen. Burg und Schloss zeigen sich als eine imposante Anlage, die im Wesentlichen in der Zeit des 15. bis 18. Jahrhunderts auf einer Bergzunge nordöstlich der Stadt entstanden ist. Die Anlage wird von drei Seiten vom Rohnebach umflossen. Der Ort bekam seine erste Nennung im Jahre 777, 935 wurde die Höhenburg erstmals urkundlich erwähnt. Doch schon im Hersfelder Zehntverzeichnis wird auf die „Altstediburg" im 9. Jahrhundert Bezug genommen, die wohl bereits um 780 bestanden haben muss. Die Burg war zu jener Zeit ein beliebter Aufenthalts- und Erkundungsort deutscher Herrscher und war 1180 im Besitz der Landgrafen von Thüringen. 1320 belehnte man den Grafen von Anhalt mit der Anlage, die nun Reichsburg und königliches Tafelgut war und 1363 als „Haus Allstedt" zur Pfalzgrafschaft Sachsen als neues Reichsfürstentum erhoben wurde. Von 1247 bis 1575 kam es zwischen den wettinischen Linien, den Herren von Querfurt sowie den Grafen von Mansfeld und Stolberg zu wechselndem Besitz oder zur Lehensvergabe der Burg. Der Nordflügel der Hauptburg bekam im 16. Jahrhundert eine Küche. Im Jahre 1536 wurde der Bergfried zerstört. Neue Wohngebäude entstanden 1740 um einen fünfeckigen Hof in der Vorburg, deren Kaminnischen Johannes Nikolaus Brühl gestaltete. In der zweiten Hälfte des 18. Jahrhunderts wurde die Schlosskapelle gebaut. Heute sind bis auf einen Graben keine weiteren Reste der früh- und hochmittelalterlichen Burg oder Pfalz bekannt. In die Vorburg gelangt man über eine Steinbrücke von 1693 sowie durch einen gotischen Torturm mit Renaissancegiebelbekrönung aus der Zeit um 1340, dem ein fünfeckiger Hof folgt. Die hier befindlichen Gebäude nach Plänen von Gottfried Heinrich Krohne stammen aus der Zeit um 1746/47. Sie wurden zu Wohnzwecken barock umgestaltet beziehungsweise neu errichtet. Im Westen gelangt man ebenfalls über eine Brücke von 1774/75 zum spätgotischen Tor und in die Kernburg. Die Torhalle besitzt eine raffiniert angelegte Schießschartengruppe, auch als „Hosenscharte“ bezeichnet. Neben dem Haupttor liegt eine Schlupfpforte. Die Edelherren von Querfurt, aus deren Zeit noch die Ostwand oberhalb der älteren Wehrmauer mit kreuzstabprofilierten Fenstern erhalten geblieben ist, wohnten im Ostflügel. Den Westflügel, in dem sich die Wohngemächer der kurfürstlichen Familie befanden, ließ Kurfürst Friedrich der Weise 1507 bis 1511 unter dem Baumeister Hans Stern neu errichten. Seit dem Jahre 1965 wird die Kernburg aufwendig saniert und museal ausgebaut. So sind neben Ausstellungen zum Wirken Thomas Müntzers und Johann Wolfgang von Goethes in Allstedt auch Harzer Eisenkunstguss, historisch gestaltete Räume, die einzigartige funktionstüchtige Burgküche mit dem größten Kamin Europas sowie Sonderausstellungen zu besichtigen. In der barocken Schlosskapelle finden Konzerte und Hochzeiten statt und im Schloss sind Räumlichkeiten für verschiedene Feierlichkeiten vorhanden.

Schloss Altenhausen

39343 Altenhausen
Verbandsgemeinde Flechtingen
Landkreis Börde

Ort und Schloss Altenhausen liegen 40 Kilometer nordwest-

Schloss Altenhausen, ehemaliges Wohnschloss

lich von Magdeburg und fünf Kilometer nördlich von Erxleben. Schon 1163 ist in einer Urkunde des Klosters Hamersleben eine vermögende gräfliche Familie von Oldenhusen erwähnt, die aus der Altmark stammte. Eine Oda, Comitissa de Aldenhusen, war seinerzeit die Gemahlin des Grafen von Veltheim und Osterburg. Der Sohn Siegfried erbte später das Gut und verkaufte 1236 den Besitz an Herzog Otto III. von Braunschweig-Lüneburg. Mit Graf Siegfried starb das Geschlecht der Familie von Osterburg und Oldenhusen aus. 134 Jahre hatten nun die Braunschweiger das Gut im Besitz, das aber stets ein Streitobjekt zwischen den Herzögen von Braunschweig und den Erzbischöfen von Magdeburg war. Im 13. und 14. Jahrhundert befand sich die Burganlage im Pfandbesitz der gräflichen Familie von Wandsleben, kam aber während kriegerischer Auseinandersetzungen 1352 an die Ritterschaft des Erzstiftes, wurde schließlich von den Magdeburgern eingenommen und zerstört, aber wieder aufgebaut. Als Herzog Wilhelm von Braunschweig verstarb, forderte 1368 der Erzbischof Albert von Magdeburg die Burg zurück. Da ihm dies verweigert wurde, nahm er sie 1370 mit Gewalt ein, ließ sie nachfolgend wiederherstellen und verpfändete sie an Herzog Magnus Torquatus. Dieser „dankte“ es dem Erzbischof mit gegen diesen geführten Raubzügen und verlor bereits ein Jahr später die Anlage wieder an den Bischof. Im Jahre 1377 nahm Kaiser Karl IV. die Burg Altenhausen in Anspruch, worauf Ritter Busso von Alversleben und Erxleben ihr Schirmherr wurde. Im Laufe der Zeit wurde die Anlage weiter verpfändet oder weitergereicht, bis sie schließlich 1475 der Erzbischof Ernst von Magdeburg als Pfandbesitz an die gräfliche Familie von der Schulenburg übergab. Diese Familie hatte sie bis 1945 im Besitz. Schwere Zeiten haben die

Schloss Altenhausen, Haupthaus

Bewohner und die Burg überstehen müssen. Der Dreißigjährige Krieg, Brände, Plünderungen und die Pest haben den Besitz fast gänzlich vernichtet. Es gab aber auch eine Zeit des Wiederaufbaus zum Schloss Altenhausen. Heute stellt sich die Anlage als eine runde Kernburg aus einem Renaissancewohnhaus dar, der sich ein dominanter neugotischer Bergfried und ein westlich vorgelagerter Wirtschaftshof anschließen. Spätgotische, meistenteils aber barocke und historistisch überformte Wirtschaftsgebäude umgeben die Schlossanlage. Das Anwesen wird von einem sich nach Norden und Westen erstreckenden Schlosspark begrenzt. Letzterer war ursprünglich ein formal angelegter Burggarten, den man nach 1800 zu einem ausgedehnten Landschaftspark im englischen Stil umgestaltete und erweiterte. Nach 1945 wurde der Gutsbesitz enteignet und in Staatseigentum übernommen. Zu dieser Zeit nutzte man das Anwesen als Hilfskrankenhaus und Rehabilitationsklinik. Im Jahre 1996 begann man mit aufwendigen und umfangreichen Renovierungsarbeiten, vor allem im maroden Innenbereich. So entstand ein Kinderhotel mit Ponyhof und Reithalle. Dem zugeordnet ist ein weiteres Drei-Sterne-Hotel. Die Gesamtanlage ist im Besitz einer GmbH und Co. KG.

Schloss Ampfurth

Schloss Ampfurth
Herrenhaus Ampfurth

39387 Ampfurth
Stadt Oschersleben (Bode)
Landkreis Börde

Das **Schloss Ampfurth** steht im gleichnamigen Dorf nordöstlich der Stadt Oschersleben, wo Mitte des 12. Jahrhunderts eine Burganlage erwähnt wurde. Es war 1144 ein Adelsgeschlecht „Amuorde", das hier genannt wurde und dessen Rundburg 1257 an den Erzbischof von Magdeburg gelangte. Im 14. Jahrhundert verwalteten Burgmannen die Anlage. Daraufhin ging die Burganlage 1381 an die Herren von der Asseburg, deren Nachfahren schließlich 1483 ganz in ihren Besitz kamen. Von 1608 bis 1615 entstand auf dem Anwesen ein Schloss, das jedoch 1712 vom stark verschuldeten Friedrich Aswin von der Asseburg an den Braunschweiger Kammerrat Lohse verkauft wurde. Acht Jahre später verstarb Aswin. Von Lohse veräußerte das Schloss bereits 1715 an König Friedrich Wilhelm I. 1736 wurde das noch heute erhaltene **Herrenhaus** (Amtshaus) erbaut, das im 19. Jahrhundert einen Umbau erfuhr. Der weithin sichtbare achteckige Treppenturm diente von 1835 bis 1849 als Station der königlich-preußischen Telegrafenlinie von Berlin nach Koblenz. Der Komplex ist eine schlichte Vierflügelanlage der Renaissance, die aus Vorder- und Hinterschloss unter Einbeziehung von Resten einer älteren Burg aus der zweiten Hälfte des 16., Anfang des 17. Jahrhunderts entstand. Der Zugang zum Hinterschloss durch das Torhaus befindet sich an der Westseite. Das kräftig gegliederte Portal mit rustizierter Einfassung wird durch vorgestellte toskanische Säulen geziert. Am Gebälk befinden sich Löwenköpfe, die 1999 restauriert wurden. In der Schlosskirche blieben bis heute Gräber einstiger Besitzerfamilien erhalten. Im Jahre 1997 erwarb ein Mitglied der Familie von Wahnschaffe das Schloss und hat sich gemeinsam mit dem Förderverein um die Wiederherstellung bemüht. Der Nord- und Westflügel des Schlosses birgt heute Wohnungen und der ehemalige Stierstall wurde als Veranstaltungsraum für örtliche Vereine ausgebaut. Das Amtshaus diente noch in jüngerer Zeit als Büro der Verwaltungsgemeinschaft „Börde“ Wanzleben. Geplant ist auch, mit europäischen Fördergeldern den Turm für die Öffentlichkeit begehbar zu gestalten. Für Feierlichkeiten können Räume gemietet werden.

Herrenhaus Ampfurth

Schloss Angern

39326 Angern
Verbandsgemeinde Elbe-Heide
Landkreis Börde

Angern mit seinem von einem Wassergraben umgebenen Schloss findet man zwischen der Colbitz-Letzlinger Heide und der Havelschen Mark, nordwestlich von Burg. Erzbischof Otto hatte 1341 in Angern eine Burg errichten lassen, die wohl auf den Grundmauern eines Vorgängerbaus entstand. Die Burganlage wechselte mehrmals die Besitzer, zu denen 1343 ein Gerlof von Brunhorcz gehört, ab 1363 hatte sie der Burgherr Lüdecke von Grieben im Lehnsbesitz. Im Jahre 1370 waren neben Lüdecke von Grieben auch zwei Söhne des Ritters Jakob von Eichendorf mit Angern belehnt und drei Jahre später der berüchtigte Raubritter Gebhard von Alvensleben, auch von Klötzen genannt, Lehnsherr in Angern. Er überfiel häufig die vorüberziehenden Magdeburger Kaufleute. 1382 belagerten Magdeburger Bürger die Burg so lange, bis sie ihnen Gebhard von Alvensleben für 400 Mark Silber abtrat. Schließlich verlangte Friedrich Graf von Hoym und Erzbischof von Magdeburg den Bau als Lehngut des Erzstiftes, worauf das Schloss 1384 von der Stadt Magdeburg an den neuen Erzbischof Albrecht IV. verkauft wurde. Der ehemalige Adelssitz war stark beschädigt, sodass der Erzbischof ihn renovieren ließ. In nachfolgender Zeit kam die Anlage in mehrfachen Pfandbesitz und wechselte somit oft ihre Bewohner. So hatten unter anderen Hermann von Standorf und 1392 Henning von Rengers-

Schloss Angern

lage das Schloss im Besitz, das schließlich 1403 von Erzbischof Günter II. Graf von Schwarzburg eingelöst wurde. Weitere Besitzer oder Pfandinhaber waren unter anderen Sander von Hemmersdorf und die Brüder Bernhard und Werner von der Schulenburg. Schließlich belehnte Erzbischof Friedrich III. Graf von Bleichingen 1448 die Brüder Bernd und Matthies Busso von der Schulenburg „zu rechtem männlichen Lehen“ mit der einstigen Burg. Ab 1567 ging das Lehen in den Besitz der Familie über. Während des Dreißigjährigen Krieges wurde die Anlage 1630 zerstört und ab 1736 ein Schlossneubau durch den Landmesser Friedrich August Fiedler als verputzte spätklassizistische Dreiflügelanlage mit Flachdächern errichtet. Aus dieser Zeit stammt auch der spätbarocke Mitteltrakt von zwei Geschossen mit flachem dreiachsigen Mittel-

Schloss Annaburg

risalit. Um- und Erweiterungsbauten folgten 1843 unter Edo von der Schulenburg. Heute führt eine doppelläufige Freitreppe zum Park, einen Balkon ziert ein klassizistisches Eisengitter. Im Innern befindet sich ein barockes Treppenhaus und der ehemalige Gartensaal besitzt schlichte Rokokostuckaturen. Schloss Angern verblieb bis 1947, fast fünfhundert Jahre, im Besitz der Familie Schulenburg. Das Schloss war von 1949 bis 1990 landwirtschaftliche Berufsschule und kam 1997 wieder in den Besitz derer von Schulenburg, die das Schloss 1998 sanieren ließen. Heute befinden sich im historischen Ambiente Wohnungen. Zum Tag des offenen Denkmals ist eine Besichtigung möglich, Räumlichkeiten können gemietet werden.

Schloss Annaburg

06925 Annaburg

Landkreis Wittenberg

Nahe der brandenburgischen Landesgrenze und westlich der Stadt Herzberg liegt Annaburg. Das Renaissance- und Jagdschloss, Witwensitz der Kurfürstin Anna, einer dänischen Prinzessin, Gemahlin des Kurfürsten August von Sachsen und Namensgeberin der Stadt Annaburg, erstrahlt in neuem Glanz. Im Jahre 1571 brach man die bestehende Burg Lochau ab und errichtete von 1572 bis 1578 das Schloss, dem noch 1585 die große Reitertreppe im Hof hinzugefügt wurde. Architekt und Bauleiter der großzügigen Anlage waren Christoph Tendler und Wolf von Kanitz. August frönte seiner Jagdleidenschaft meist auf der Augustusburg und Anna ließ auf ihrem Witwensitz ihren Kümmellikör brennen und probieren. Die Vorgängeranlage nutzte Kurfürst Friedrich III. von Sachsen, auch Friedrich der Weise genannt, der 1525 verstarb, ab 1500 als Jagdschloss mit Garten. Im 17. Jahrhundert begann das Schloss zu verfallen und wurde während des Dreißigjährigen Krieges geplündert, sodass der Kurfürst bei späteren Jagdaufenthalten im ehemaligen Jägerhaus wohnte. Schließlich nutzte man den Adelssitz von 1762 bis 1921 als Militärschule, wobei weitere größere Bauten errichtet wurden, etwa um 1875 die Kommandantur sowie der Speise- und Betsaal, ab 1954 auch als Wohnbau genutzt. Im Jahre 1958 wurde die Anlage durch einen Brand stark beschädigt und erst 1983 bis 1987 umfangreich restauriert. Heute findet man eine stattliche Anlage von architektonischer Geschlossenheit vor, die zu einem Hauptwerk der sächsischen Schlossbaukunst der Renaissance mit Vorder- und Hinterschloss zu zählen ist. Das Vorderschloss um einen weiten Vorhof ist eine dreiflügelige Anlage mit zweiachsigem Mittelrisalit, Tordurchfahrt sowie Türmchen mit Haube und Laterne. Die Dreiflügelanlage des Hinterschlosses ist durch einen Galeriebau zwischen den Kopfenden verbunden. Drei Häuser prägen hier die Architektur: das Große Haus, Bade- und Torhaus und Küchenhaus. Der Hof wird vom gewaltigen Treppenturm mit Reiterstiege beherrscht. Das Große Haus besitzt im Erdgeschoss die einstige Hofstube mit toskanischen Säulen, wobei man die ehemalige Kapelle 1874 durch Umbau zerstörte. Heute wird das prächtige Schloss zum Teil für Wohnzwecke genutzt. Das Museum im Hinterschloss ist am letzten Wochenende des Monats geöffnet und gibt Auskunft über die Geschichte des Schlosses und seiner Bewohner. Jedes Jahr im Juni findet auf der Anlage das Annaburger Schloss- und Heimatfest statt.

Burgruine Apenburg

38486 Apenburg

Flecken Apenburg-Winterfeld
Altmarkkreis Salzwedel

Apenburg mit seiner Burgruine findet man auf halber Strecke zwischen Salzwedel im Norden und Gardelegen im Süden. Die Anlage liegt südlich des Fleckens Apenburg, dessen Vorgängerburg Apenborch bereits um 1000 errichtet wurde und etwa 100 Meter weiter westlich stand. Sie war der Sitz des Adelsgeschlechts von Apenborch, wurde 1343 mit der Siedlung zerstört und brannte ab. Die heutige Ruine und damalige zweite Burganlage Apenburg

Burgruine Apenburg

entstand von 1351 bis 1363 und diente zur Sicherung des Purnitzpasses für die Herrschaften Salzwedel-Gardelegen beziehungsweise Braunschweig-Osterburg. Die einstige Niederungsburg entstand im 13. Jahrhundert, wohl gleichlaufend mit der Entstehung des Ortes. Im Jahre 1351 belehnte Markgraf Ludwig die Familie von der Schulenburg mit der Stadt und Burg. Auch die Stadt wurde mit einem Wall und Graben sowie zwei Toren befestigt, jedoch bestanden die Befestigungen zum Ende des Mittelalters nicht mehr. 1550 war die Anlage bereits baufällig. In der Zeit von 1572 bis 1584 wurde der Burgkomplex renoviert, sodass heute noch die Umfassungsmauern der regelmäßigen quadratischen Anlage mit dem Bergfried in der Nordostecke und das spitzbogige Einfahrtstor an der Nordseite erhalten geblieben sind. Der quadratische Bergfried aus Backstein wurde 1584 überformt und mit einem Zinnenkranz abgeschlossen. In den Jahren 1840/41 trug man die baufälligen Gebäude ab und erweiterte den Bergfried zu einem Aussichtsturm mit einem stichbogigen Zugang. 1848 wurden der Burggraben zugeschüttet und die Wälle eingeebnet. Im Park wurde 1860 die Erbbegräbnisstätte derer von der Schulenburg und an der Ostmauer die kleine neugotische Gedächtniskapelle errichtet. Die Anlage ist frei zugänglich.

Schloss Bad Lauchstädt

Schloss Bad Lauchstädt

06246 Bad Lauchstädt

Saalekreis

Die Stadt Bad Lauchstädt liegt südwestlich von Halle an der Saale und besaß bereits im 11. Jahrhundert eine Pfalz Kaiser Heinrichs II. Im 14. Jahrhundert wird eine Wasserburg der Bischöfe von Merseburg erwähnt. Als Renaissanceschloss wurde sie zwischen 1528 und 1536 als deren Wohnsitz errichtet, 1585 erneuert. Nachdem die Anlage im Dreißigjährigen Krieg stark in Mitleidenschaft gezogen wurde, stellte man sie 1684 als Wohnsitz für Herzog Philipp von Sachsen-Merseburg wieder her. Sie war im frühen 18. Jahrhundert bevorzugte Sommerresidenz der merseburgischen Herzöge. Neu gestaltet wurde das bereits bestehende Schloss in den Jahren 1775 bis 1780. Von der stattlichen spätgotischen Anlage des 15./16. Jahrhunderts bezog man den in einer Kreisform angenäherten Vierflügelbau in Teilen ein. Der zweigeschossige Trakt birgt heute Wohnungen mit schlichten Stabwerkfenstern und auf der Hofseite einen Erker von 1536. In diesem Bereich prangt am Relief der Brüstung das Wappen des Bischofs Sigismund von Lindenau zwischen den Merseburger Stiftspatronen Johannes dem Täufer und Laurentius. Den Westflügel mit Kapelle ersetzte man 1903 durch einen Schulneubau und in dem Wirtschaftsgebäude an der Nordseite ist heute die Feuerwehr untergebracht. Im Jahre 1906 kam ein Treppenturm zur Anlage hinzu, die man erst vor wenigen Jahren umfassend renovierte. Vorwiegend wird sie heute als Schule genutzt. Unterhalb der Schlossanlage befinden sich die gepflegten historischen Kuranlagen und der 1735 wahrscheinlich nach Plänen von Johann Michael Hoppenhaupt d. Ä. in Fachwerk errichtete sogenannte Herzogspavillon. In diesem kann man zu bestimmten Anlässen Sonderausstellungen besichtigen.

Burg Schadeleben

39218 Bad Salzelmen
Stadt Schönebeck (Elbe)
Salzlandkreis

Bereits seit 1932 ist Bad Salzelmen ein südlich gelegener Stadtteil von Schönebeck (Elbe). Der hier befindliche ehemalige Adelssitz wird als Burg Schadeleben, auch Schloss Schadeleben oder auch Burghof Salzelmen bezeichnet und ist nachweislich ein Burgrest. Das Anwesen wurde 1310 bis 1319 vom Erzbischof Burchard III. von Magdeburg erbaut und 1533 und 1804

Burg Schadeleben, Bad Salzelmen

Herrenhaus Badingen

schlossartig ausgebaut, jedoch 1874 bis auf ein dreigeschossiges Wohnhaus abgebrochen. Während des Zweiten Weltkrieges veranlasste der Heimatforscher Wilhelm Schulze die Lagerung der Archivalien im Schönebecker Salzschacht und organisierte 1950 den Umzug des Stadtarchivs in das Burggebäude des Burghofes Salzelm. Dieser war zeitweise Aufnahmeheim für westdeutsche Übersiedler.
Heute besteht die Anlage aus Resten des ehemaligen Torhauses mit Wehrmauer, Burggebäude, genutzt als Bäderhaus, noch erhaltenem Wohngebäude der Burg sowie neuerem Schlossgebäude (Haus Mechthild), heute Diakonieverein Heimverbund Burghof e. V., der hier seit 1961 ein Pflegeheim betreibt. In der Kirche innerhalb des Diakonie-Pflegeheimes werden Gottesdienste, Feste und Konzerte veranstaltet.

Herrenhaus Badingen

39579 Badingen
Stadt Bismark (Altmark)
Landkreis Stendal

Badingen ist ein Ortsteil der Stadt Bismark (Altmark). Der ehemalige Adelssitz mit einst mehreren Gütern, die sich im 18. Jahrhundert zu einem einheitlichen Besitz zusammenschlossen, ging aus dem Anwesen der seit 1431 in der Gemeinde ansässigen Familie von Rundstedt hervor. Es war Werner Ludolf Otto von Rundstedt, der von 1837 bis 1839 ein neues einflügeliges Herrenhaus mit Mittelrisalit und Wirtschaftshof errichten ließ. Über dem hohen Sockelgeschoss liegen das Haupt- und Mezzaningeschoss. Die Anlage des Parks wurde vom königlichen Gartenbaudirektor Peter Joseph Lenné um 1840 entworfen. Die Hauptblickachse vom Gutshaus liegt über dem östlichen Teich und die „lange Wiese“ nach Kläden zur aus Erde aufgeschütteten „Pyramide“. Ein grundlegender Umbau des Gebäudes erfolgte um 1900. Als der Bauherr 1922 verstarb, bewohnte die Familie das Gutshaus nur noch unregelmäßig. Vorerst benutzte die Gutsverwaltung die Wohnräume, später vermietete man den Adelssitz. In den 1930er-Jahren war hier ein weiblicher Reichsarbeitsdienst ansässig und nach dem Zweiten Weltkrieg zogen in Badingen die amerikanischen Besatzer, später die sowjetischen Truppen ein. Schließlich wurde die Familie von Rundstedt enteignet und ausgewiesen, worauf das Herrenhaus als Erholungsheim für Angehörige der Roten Armee diente. 1946 verlegte man eine Schule und ein Heim für Kriegswaisen in das Haus. Nach dieser Nutzung kam es an den Kreis Stendal, der im Herrenhaus das Kinderheim „Geschwister Scholl“ betrieb. Nachdem das Heim 1983 geschlossen wurde, verfiel der Bau zusehends. 1995 vollzog man eine umfassende Instandsetzung des wieder in Privatbesitz befindlichen schlichten klassizistischen Putzbaus mit Dreiecksgiebel im Mittelrisalit.

Schloss Bahrendorf

39171 Bahrendorf
Einheitsgemeinde Sülzetal
Landkreis Börde

Die Gemeinde Bahrendorf, 16 Kilometer südlich der Landeshauptstadt Magdeburg gelegen, liegt in der Magdeburger Börde. Der erste urkundliche Vermerk des Dorfes geht auf das Jahr 1145 zurück, es war im Besitz des Klosters Berge. Das Schloss in der Ortsmitte ist ein sehr junger Bau aus der Zeit von 1908 bis 1912. Der Gutsbesitzer Hans A. Schaeper war Bauherr der Schlossanlage, der Architekt Professor Paul Schultze-Naumburg. Dieser gab dem repräsentativen neobarocken dreiflügligen Bau bei der Errichtung auch

Schloss Bahrendorf

die klassizistischen Schmuck- und Architekturelemente. In der Zeit von 1945 bis 2002 nutzte man das Schloss als Krankenhaus, dessen Gründung auf Walter Lämmerzahl zurückzuführen ist, der es bis 1976 leitete. Im Laufe der Zeit wurde die Schlossanlage mehrfach mit stilfremden Anbauten versehen und nach 2002 nahm man einen weiteren Umbau zum Gesundheits- und Pflegezentrum vor. Die Gesamtanlage wird teilweise von einem weitläufigen Park mit Teichen und Bächen begrenzt. Auf dem Grundstück befindet sich ein Standesamt. Auf dem Gelände werden jährlich Veranstaltungen organisiert, u. a. Gartenfeste und Weihnachtsmärkte. Die Schloss Bahrendorf GmbH bietet auch Räumlichkeiten für verschiedene Anlässe an.

Schloss Balgstädt

Schloss Balgstädt

06632 Balgstädt
Verbandsgemeinde Unstruttal
Burgenlandkreis

Die Gemeinde Balgstädt ist im Tal des Unterlaufs der Unstrut zwischen Laucha und Freyburg zu finden und wurde urkundlich zwischen 880 und 899 erwähnt. Das barocke, große und nüchtern wirkende zweiflügelige Herrenhaus stammt aus der Mitte des 17. Jahrhunderts und war bis 1945 Sitz der Gutsherren von Balgstädt. Errichtet hat den Herrensitz Hans Friedrich von Heßler aus Burgheßler. 1744 ließ Ernst Sperling das noch zum Teil aus Holz bestehende Gebäude bis zur heute erhaltenen Form umbauen. An der Hauptfront befindet sich ein flacher dreiachsiger Mittelrisalit, das hohe Walmdach trägt als Verzierung Dachgauben. Im Winkel der Flügel steht ein quadratischer Treppenturm mit achteckigem Aufsatz, Haube und Laterne. Der von einem Graben umgebene nordwestlich gelegene Park stammt aus dem 19. Jahrhundert. Heute sind im Herrenhaus eine Kindereinrichtung, das Gemeindebüro und die Geschäftsstelle des Freizeit- und Tourismusvereins Balgstädt e. V. untergebracht. Im ehemaligen Adelssitz werden auch Übernachtungsmöglichkeiten angeboten.

Schloss Ballenstedt, Miniaturburg

Schlossensemble Ballenstedt

06493 Ballenstedt
Landkreis Harz

Auf der Straße der Romantik am nördlichen Rand des Ostharzes gelangt man in die Kleinstadt Ballenstedt. Nur wenige Kilometer nördlich und nordöstlich liegen die größeren Städte Quedlinburg und Aschersleben. Auf einer Anhöhe westlich des Ortes gründete im zweiten Drittel des 11. Jahrhunderts Graf Esico von Ballenstedt die Stammburg der Askanier. Im Jahre 1046 weihte man die romanische Stiftskirche des Chorherrenstiftes und 1123 wurde das Benediktinerkloster gegründet. Während der kriegerischen Auseinandersetzungen im Bauernkrieg wurde die Anlage 1525 teilweise zerstört. Noch im 16. Jahrhundert schuf Fürst Wolfgang von Anhalt im Westflügel der Klosteranlage einen Wohnbereich und 1578 setzte Fürst Joachim Ernst nochmals die Klosterkirche instand. 1704 wurde für die Fürsten von Anhalt-Bernburg mit dem Bau eines Barockschlosses begonnen. Im 17. Jahrhundert wurde das Schloss als Prinzen- und Witwensitz genutzt und im Dreißigjährigen Krieg befestigt, doch mehrfach erobert und geplündert. Im Jahre 1719/20 bekam der Nordflügel eine Erweiterung, dem 1733 der Bau des Jagd- und Zeughauses folgte. 1748 errichtete man den Schlosskirchenflügel und von

Schloss Ballenstedt

Schlosshotel, Ballenstedt

Schloss-theater, Ballenstedt

Stadtmuseum, Ballenstedt

1766 bis 1773 wurde der Südflügel umgebaut. Des Weiteren folgten 1788 das Schlosstheater, an dem auch Franz Liszt und Albert Lortzing wirkten, und 1810 der klassizistische Marstall, in dem sich heute eine Cafeteria befindet. Hier sitzt man in alten restaurierten Pferdeboxen und fühlt sich in die herzogliche Zeit zurückversetzt. Peter Joseph Lenné gestaltete den im 18. Jahrhundert angelegten weitläufigen Park 1859 zu einem italienischen Terrassengarten um. Dieser wie auch das Schloss gehören zum Projekt „Gartenträume" Sachsen-Anhalt. Als 1863 das Geschlecht der Askanier der Bernburger Linie erlosch, war die Anlage zunächst Sommerresidenz und später Wohnsitz der Herzöge von Anhalt. In den letzten Kriegsjahren wurde die romanische Schlosskapelle teilweise und die reiche Innenausstattung des Schlosses zerstört. Für die heutige Gestalt bestimmend war der Ausbau zum Residenzschloss im 18./Anfang 19. Jahrhundert als eine zwei- bis viergeschossige Dreiflügelanlage. Der Erker in historischem Fachwerk an der östlichen Schmalseite wurde 1881 geschaffen. Den Südflügel schuf vermutlich der Landbaumeister Johann Tobias Schuchardt zwischen 1692 und 1706 mit einem stark vorgezogenen Mittelrisalit für die geschwungene Treppenanlage. Mit Aufwertung zur Residenz ließ Fürst Friedrich Albrecht die Räume zwischen 1766 und 1773 als repräsentatives Wohnappartement umgestalten. Das Schlossensemble besteht aus dem Schloss mit Filmmuseum, dem Stadtmuseum und Stadttheater. Der Große Gasthof war seit 1733 ein Teil der Gesamtanlage. Zu DDR-Zeiten befand sich darin ein Internat. Zu Beginn der 1990er-Jahre übernahm die Düsseldorfer Ferdinand-Lentjes-

Stiftung das Objekt und richtete ein Hotel ein. Die Miniatur der ehemaligen Burg Anhalt steht unterhalb des Schlosses über dem Parkplatz. Im Schlossbereich findet man Ausstellungen moderner Künstler, die Landesausstellung „Die frühen Askanier", das Foto- und Filmmuseum „Cinema" sowie die Erich-Müller-Stiftung. In der Schlosskirche kann man sich trauen lassen.

Schloss Barby

39249 Barby
Salzlandkreis

Das Städtchen Barby liegt am linken Ufer der Elbe, nordwestlich von Zerbst. Es kann auf eine 961 erstmals genannte Grenzburg verweisen, die sich zum Ende des 12. Jahrhunderts in Besitz der Herren von Arnstein-Barby befand. Als dieses Geschlecht ausgestorben war, kam 1659 der Besitz an den Administrator von Magdeburg, wurde 1680 an Herzog Heinrich von Sachsen-Weißenfels vererbt und diente diesem bis 1746 als Residenz. Während jener Zeit wurde ab 1687 bis 1715 das repräsentative dreiflüglige Barockschloss nach Plänen Johann Arnold Nehrings mit Stuckarbeiten von Giovanni Simonetti fertiggestellt. Mehrere Brände im Verlauf der Jahrzehnte, davon wohl 1737 und 1917 die verheerendsten, vernichteten einen Teil der einstigen Ausstattung bis hin zum Verlust des Südflügels. Auch durch mehrfache Umnutzung gab es erhebliche Veränderungen, doch noch heute besteht eine stattliche, lang gestreckte zweigeschossige Anlage mit beherrschendem dreieinhalbgeschossigen Mittelbau mit Pilastergliederung sowie Balkon auf vier Säulen. Zu einem Besuch des Herzogs Karl August von Weimar begleitete Johann Wolfgang von Goethe diesen hierher zum Schloss. 1748 wurde die Anlage theologisches Seminar der Herrnhuter Brüderunität und bestand als solche bis 1808. Während der napoleonischen Belagerung richteten hier die französischen Truppen ein Lazarett ein, dem gar 1820 ein Getreidelager folg-

Schloss Barby

te. 1855 verkaufte man die Schlossanlage an das königliche Provinzial-Schulkollegium und während der DDR-Zeit befand sich im Schlossareal ein Aufnahmelager für Übersiedler aus der Bundesrepublik. Von der mittelalterlichen Anlage blieb nichts erhalten. Heute befindet sich im Schloss eine Außenstelle des Amtsgerichts Schönebeck und das Schlossareal ist für die Öffentlichkeit nicht zugänglich.

Schloss Bärenthoren

39264 Bärenthoren
Stadt Zerbst
Landkreis Anhalt-Bitterfeld

Im Naturpark Fläming, am Südrand des Hohen Flämings, findet man den Ort Bärenthoren, 25 Kilometer nordöstlich von Zerbst. Das ehemalige Rittergut wurde erstmals 1572 urkundlich erwähnt. Im Jahre 1843 erwarb der Landrat und Kammerherr Friedrich von Kalitsch das Anwesen von der Fürstin Albertine Charlotte Auguste von Waldeck und Pyrmont, das 1884 sein gleichnamiger Enkel Friedrich von Kalitsch erbte. Dieser begründete die Bärenthorener Kiefernwirtschaft, wurde später Königlich-Preußischer Forstassessor und ging als einer der Begründer des Dauerwaldes in die Forstwissenschaft ein. 1891 übernahm Friedrich das Gut Polenzko von seinem Vater Herrmann und legte gleichzeitig den Grundstein für das Schloss. Gemeinsam mit seiner Frau Marie von Webel wollte er auf Gut Bärenthoren leben und beschloss somit den Bau des neuen Hauses, welches bereits 1892 fertiggestellt war. Die folgenden Jahre zogen noch einige Veränderungen am Schloss nach sich, wie Erweiterungen von 1897 und Baumaßnahmen um 1900 sowie 1920. Als 1948 die letzten Besitzer vertrieben wurden, legte man ein Feierabendheim, darauf ein Pflegeheim in den Herrensitz. Die Schlossanlage ist heute das DRK-Betreuungszentrum „Marie von Kalitsch". Der Schlosspark, 1920 zum Landschaftspark ausgestaltet, mit einem ehemaligen Eiskeller und ausladenden Solitärbäumen, steht Besuchern offen.

Schloss Bärenthoren

Veltheimsburg, Bebertal

Veltheimsburg

39343 Bebertal
Einheitsgemeinde Hohe Börde
Landkreis Börde

Bebertal mit seiner weiträumigen Talrandburg auf annähernd rundem Grundriss liegt etwa sechs Kilometer südwestlich von Haldensleben. Die Anlage ist im Westen und Norden durch eine Talsenke sowie Gräben und Wälle gesichert. Die 1179 erstmals erwähnte Burg, die wohl zur Abwehr der Slawen oder auch später zur Sicherung ihrer Verbindungen in die Altmark dienen sollte, haben die Halberstädter Bischöfe errichtet. Seit Beginn des 13. Jahrhunderts ist ein umfangreicher Burgkomplex bezeugt, der wohl ursprünglich drei Burgen umschlossen haben soll. Als sich zu dieser Zeit der Halberstädter Bischof und der Markgraf um die Besitzrechte der Burganlage zu streiten begannen, erwarb schließlich das Erzstift Magdeburg die Lehnsherrschaft über alle drei Burgen und setzte 1259 die Markgrafen als Lehnsträger ein. Als die Askanier ausgestorben waren, kam die Hauptburg, auch Bischofsburg genannt, ab 1322 in Pfandbesitz verschiedener Adeliger. Die Markgrafenburg kam ab 1437 zunächst als Lehen an die von Veltheim und war mit Unterbrechung bis 1945 in deren Besitz. Im Jahre 1598 richtete man ein landesherrliches Amt auf der Veltheimsburg ein. Das nüchterne Gutshaus aus dem 18. Jahrhundert, mit einfachem Treppenhaus und Festsaal sowie schlichter Stuckdecke, bildete den Abschluss zwischen Erweiterungsbauten von 1882 und 1910. Das Neue Schloss ist ein

Schloss Beesenstedt

östlich an das Gutshaus angefügter, lang gestreckter zweigeschossiger Renaissancebau aus der Zeit um 1882. Der Dachbereich ist mit Risaliten, Türmchen, Erkern, Balkonen, Gauben und Loggien reich verziert. An der östlichen Front befindet sich mittig die korbbogige Tordurchfahrt mit Doppelwappen und darüber ein turmartiger Aufbau mit steilem Dach und Ecktürmchen. Die nördliche Seite bietet einen oktogonalen Turm mit Schweifhaube sowie einen Taubenhauserker am Stallvorbau. Im gärtnerisch gestalteten Innenhof befindet sich der Burgbrunnen. Letztlich wurden, ausgenommen der runde Bergfried und die Reste der romanischen Marienkapelle, alle mittelalterlichen Gebäude abgebrochen. Vorhanden sind noch das Herrenhaus und ein Hofgebäude der Veltheimsburg. Unter dem Park soll sich ein Labyrinth unterirdischer Gänge hinziehen. Die Veltheimsburg diente nach 1945 unter anderem als Kinderheim. Im Jahre 1990 erwarb der Braunschweiger Unternehmer Hans-Dieter Neddermeyer den gesamten Burgkomplex und führt seitdem umfassende Renovierungen durch. Ein Teil der Gebäude wird als Standesamt, als Heimatstube und Café genutzt. Auf dem Burggelände werden Flohmärkte und Gartenfestivals veranstaltet. Schlossführungen und Turmbesteigung sind nach Anmeldung möglich.

Schloss Beesenstedt

06198 Beesenstedt
Einheitsgemeinde Salzatal
Saalekreis

Nordwestlich von Halle (Saale), etwa zwei Kilometer von der Saale entfernt, liegt Beesenstedt mit seinem Schloss. Gebaut wurde der Herrensitz 1895 vom Rittergutsbesitzer Hermann Nette und war bis 1947 der Wohnsitz dieser Familie, deren Vorfahren auf den Dichter Friedrich Gottlieb Klopstock zurückgehen. Das Wohnhaus entstand ursprünglich nach Entwürfen von Reinhard Knoch und Friedrich Kallmeyer. Es bekam um 1915 durch Paul Schultze-Naumburg einen zweiten Flügel als Erweiterung zur Schlossanlage. Während der

Märzkämpfe in Mitteldeutschland 1921 plünderte Max Hoelz den noch heute stark gegliederten Herrensitz. Die Fassade wird durch zahlreiche Vorbauten, Balkone und Türme eindrucksvoll geziert. Die Raumgliederung aus beiden Bauzeiten ist erhalten geblieben. Die Eingangsbereiche und die Halle wurden aufwendig gestaltet und im Obergeschoss befindet sich ein großer Saal mit feingliedrigem Deckenstuck und einem Kamin. Genutzt wurde das Schloss vor allem auch durch die Freimaurer, deren verschiedene Versammlungsräume der unterschiedlichen Logen heute noch bestehen. Während des Zweiten Weltkrieges befand sich hier der Sitz des Regierungspräsidiums Sachsen und nach dem Krieg richtete man im Schloss die Zentrale FDGB-Schule „Otto Schlag" ein. Mit der Wiedervereinigung Deutschlands war die Anlage bis 1996 leer stehend, kam später in Privatbesitz und wird heute als Veranstaltungs- sowie als Drehort für Filmaufnahmen genutzt. Im Jahre 2008 verbrachte die Band Rammstein mehrere Wochen auf Schloss Beesenstedt, um ihr neues Album „Liebe ist für alle da" vorzubereiten. Besonders bei Hochzeitspaaren ist das Schloss aufgrund seiner vielen Räumlichkeiten für den ganz besonderen Tag mit vielen Gästen sehr beliebt.

Burgruine Beetzendorf

38489 Beetzendorf
Verbandsgemeinde
Beetzendorf-Diesdorf
Altmarkkreis Salzwedel

Beetzendorf liegt in der Jeetzeniederung nordwestlich von Klötze und etwa 20 Kilometer südlich der Kreisstadt Salzwedel. Die einstige Burg und heutige Ruine nannte man zu jener Zeit Becendorf. 1140 wurde auf sumpfigem Gelände die markgräfliche Niederungsburg an der Jeetze aufgebaut. Erwähnt wurde die Burg erstmals urkundlich um 1204 bei ihrer Verpfändung durch die Familie von Kröche an die von der Schulenburg, in deren Besitz sie schließlich 1343 gelangte. Nachdem sich die Familie von der Schulenburg im 17. Jahrhundert im Dorf und der Umgebung ansiedelte, verloren die Befestigungsanlagen ihre

Burgruine Beetzendorf

Bedeutung und waren im Dreißigjährigen Krieg nicht mehr verteidigungsfähig. 1642 war die Anlage wohl durch Zerstörungen zur Ruine verkommen. Einige Gebäude jedoch waren noch bis 1760 bewohnt, aber 1780 wurden weitere Teile der Burganlage abgerissen. Ursprünglich war die Anlage eine Rundburg mit zwei Wassergräben und Wällen. Durch das Anlegen eines barocken Parterre-Gartens um 1730 wurde die Rundburg zerstört. Die Kernburg aus Ziegelstein mit einem Feldsteinsockel ist als Ruine noch erhalten. Vorhanden sind weiterhin die Toranlage im Norden, der mächtige Wohnturm im Süden und Reste der Ringmauer mit Wehrgang. Dem nördlichen Burgtor von 1731 und dem im 19. Jahrhundert umgestalteten Gutspark fügte man im 20. Jahrhundert eine Freilichtbühne an.

Schloss Benkendorf

Am Eingang zum Park befindet sich eine gastronomische Einrichtung.

Schloss Benkendorf

06179 Benkendorf
Gemeinde Teutschenthal
Saalekreis

Ort und Schloss Benkendorf sind südwestlich von Halle (Saale) und östlich von Teutschenthal zu finden. Seit wann das Schloss auch als Rittergut bezeichnet wurde, ist nicht bekannt, doch der Ort besteht bereits seit dem 9. Jahrhundert. Im Laufe der Jahrhunderte gab es in Benkendorf und Umgebung immer mehr Rittergüter. Während des 19. Jahrhunderts nahm man umfangreiche Um- und Ausbauten im Stile der Neorenaissance am Schloss vor, als es sich im Besitz der Herren von Krosigk befand. Der Besitz wechselte in der Folge mehrfach, auch an die Familie von Zimmermann und Wentzel. Als die letzten Besitzer 1945 enteignet wurden, stand der Herrensitz viele Jahre ungenutzt. Der älteste Teil des Schlosses ist nachweislich aus dem Jahr 1769. Es liegt in einem Landschaftspark, an den ein Teich angrenzt. Später wurde ein Seniorenheim im historischen Bau unter-

Schloss Bernburg

gebracht. Nachdem die Senioren jüngst ein neues Domizil im rückwärtigen Bereich des Schlosses Benkendorf bekamen, steht das historische Gebäude erneut leer.

Schloss Bernburg

06406 Bernburg
Salzlandkreis

Die Kreisstadt liegt etwa 45 Kilometer südlich von Magdeburg und das Renaissanceschloss, als Krone Anhalts bezeichnet, malerisch hoch über der Saale auf einem Sandsteinfelsen. Im Jahre 961 wurde ein Burgbezirk erwähnt, den Kaiser Ottos I. dem Moritzkloster in Magdeburg schenkte.

Im späten 11. Jahrhundert kam eine Adelsburg der Askanier hinzu, die man 1138 zerstörte, doch bald darauf neu errichtete. Im 14. und 15. Jahrhundert folgten weitere Um- und Neubauten. In der Zeit von 1538 bis 1570 entstand das mehrflügelige Renaissanceschloss unter Nutzung mittelalterlicher Teile durch Nickel Hofmann und Andreas Günther, das Hauptgebäude mit zwei Erkern und Reliefs von Peter von Echternach. Den Auftrag, den später sein Sohn Joachim Ernst fortsetzte, erteilt Fürst Wolfgang zu Anhalt. Der Johann-Georgen-Bau entstand 1586 und 1680 zog man einen barocken Zwischenflügel ein. Nach dem Vorbild des Dresdner Zwingers wurde 1732 die Orangerie gebaut, 1756 die Reitbahn angelegt. 1765 verlegten die Fürsten und späteren Herzöge von Anhalt-Bernburg ihre Residenz nach Ballenstedt und lebten dort bis zum Erlöschen der Linie 1863. Einige Jahre zuvor gestaltete man mehrere Räume im Joachim-Ernst-Bau durch Johann August Philipp Bunge neu, darunter den Thronsaal. 1824 wurde mit dem Bau des Marstalls begonnen. Später nutzte der anhaltinische Staat das Schloss zu Verwaltungszwecken. Ein Brand zerstörte den Johann-Georgen-Bau, der 1895 wieder aufgebaut wurde. Das Kreismuseum wurde 1951 geschaffen und befindet sich im Alten und dem Krummen Haus des Schlosses, welches Einblicke in die Folterwerkzeuge des finsteren Mittelalters gibt. Im Johann-Georgen-Bau findet man die Anhaltinische Mineraliensammlung und seit 2004 auch eine Dokumentation zur Geschichte des DDR-Kabaretts. Die Bausubstanz wurde im 19. und 20. Jahrhundert durch Restaurierungen zum Kulturzentrum erneuert. Schmuckelemente wie Portale, Giebel, Reliefs und Figuren wurden fast durchgängig ersetzt. Aus der Zeit der um 1138 zerstörten Burg stammen vermutlich der teilweise freigelegte Rundbau, ein Wohnturm oder eine Kapelle, die Reste nordwestlich des Bergfrieds vom 12. Jahrhundert und der mächtige runde Bergfried, der sogenannte Eulenspiegel, im Nordosten. Nordöstlich des Schlosses lag auch der einstige Schlosspark. Dieser Bereich ist noch heute von einer barocken Gartenmauer aus dem Jahre 1682 umgeben. Neben dem Museum sind besonders Veranstaltungen und Feste aller Art auf dem Schloss, bei Kindern das Gauklerfest mit dem Eulenspiegel sehr beliebt.

Im Jahre 1997 gingen Teile des Schlosses in das Eigentum der Stiftung Dome und Schlösser in Sachsen-Anhalt über.

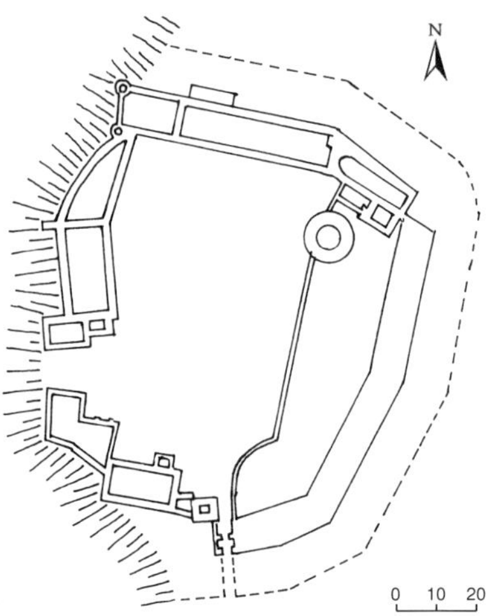

Schloss Bernburg, Grundriss

Burg und Schloss Beyernaumburg

06542 Beyernaumburg
Stadt Allstedt
Landkreis Mansfeld-Südharz

Im Rohnetal und südöstlichen Harzvorland liegt wenige Kilometer östlich von Sangerhausen der Ort Beyernaumburg. Die **Burganlage** mit quadratischem Bergfried und Resten der Ringmauer steht auf einer Bergzunge hinter dem Schloss. Errichtet wurde die Höhenburg im 9. Jahrhundert als „castellum Nivanburg“ und 979 als „civitas et castellum Niwanburch“ erwähnt. Zu Beginn war sie Reichsburg und später Grafenburg, die sich im Besitz des Erzstiftes Magdeburg befand und daraufhin an die Herren von Querfurt ging. In der Zeit von 1430 bis 1653 war sie im Besitz der Grafen von Asseburg und kam durch Heirat von 1653 bis 1945 an die Familie von Bülow, die schließlich enteignet wurde. Ein Jahr später verlegte man in die Burg ein Alten- und Pflegeheim, das sich heute unterhalb der Schlossanlage in neuen Gebäuden befindet. Innerhalb des Burgbereichs befindet sich das **Schloss**, welches ebenfalls im Besitz der Familie des Freiherrn von Bülow war. Friedrich von Bülow ließ 1861 bis 1864 das Oberschloss vom Hamburger Architekten Max Wallenstein neugotisch umbauen und den Schlosspark, in dem sich einige Gräber derer von Bülow befinden, von Eduard Petzold planen sowie anlegen. Burg- und Schlossareal sind seit 2001 in Privatbesitz, nicht zugänglich und bieten sich dem Betrachter in einem bedauerlichen Zustand.

Burg und Schloss Beyernaumburg

Schloss Biendorf

06406 Biendorf
Stadt Bernburg (Saale)
Salzlandkreis

Biendorf hatte seine Ersterwähnung 974 als Biendorp und ist etwa zehn Kilometer südöstlich von Bernburg zu finden. Im Jahre 1623 befand sich das ehemalige Gut im Besitz des magdeburgischen Geheimrates Siegmund von Hagen, dessen Erbherr Busso von Hagen den Bau eines einfachen Gutshauses

Schloss Biendorf

Biendorf

Schloss Biendorf

veranlasste. Es entstand ein kleines spätbarockes Schloss mit einem dreigeschossigen Torhaus. Der folgende großzügige Bau wurde zwischen 1759 und 1784 für den Fürsten Karl Georg Leberecht von Anhalt-Köthen geschaffen, der Besitzer des Rittergutes wurde. Dieser veranlasste auch den Ausbau des Schlösschens als zweigeschossigen Putzbau durch J. George Stauch. In der Zeit von 1760 bis 1763 entstand die dreiflügelige Orangerie. In den Jahren von 1784 bis 1789 kam eine Erweiterung des Schlosses durch einen Flügel und die Schlosskapelle hinzu und 1800 wurde das Mausoleum angefügt. Nachdem der Fürst verstorben war, diente das Sommerschloss seiner Gattin Charlotte Louise Friederike bis 1812 als Witwensitz. Im Jahre 1918 kam die Anlage an die Dessauer Stiftung und 1919 in Privateigentum. Ein Brand vernichtete die Anlage 1919 bis auf das Torhaus und die Orangerie vollständig, worauf 1922 durch den damaligen Besitzer Lampe mit dem Wiederaufbau des Schlosses begonnen wurde. 1926 meldete der Eigentümer Insolvenz an und der Besitz wechselte zu einer Treuhandgesellschaft. Der NS-Staat kaufte 1935 die Anlage und richtete eine Landfrauenschule ein. Während der DDR-Zeit verwilderte der das Schloss umgebende englische Park von 1860. Der historisch noch junge Bau wurde von 1949 bis 1992 als Fachschule für Landwirtschaft sowie als Weiterbildungszentrum genutzt. Mit der deutschen Einheit profilierte sich die Nutzung zu einer Landesfachschule für Landwirtschaft, Gartenbau und Hauswirtschaft bis 2004. Das Anwesen erwarb 2005 die niederländische Familie Van de Merwe. Diese bietet hier ein kleines Wellness- & Freizeitresort mit Komplettversorgung auch für Tagungen und Feiern aller Art an. Seit 2008 werden zudem standesamtliche Trauungen mit Limousinenservice ausgerichtet. Auch ein Raritätenmuseum mit einer großen Fingerhutsammlung kann nach Anmeldung bestaunt werden.

Herrenhaus Birkholz

39517 Birkholz
Stadt Tangerhütte
Landkreis Stendal

Birkholz liegt am Südostrand der Altmark, nur wenige Kilometer südöstlich von Tangerhütte, und wurde 1345 erstmals in einer Besitzurkunde erwähnt. Zuvor nannte man hier urkundlich 1249 einen Ritter Dietherich von Berkholdt. Im 16. Jahrhundert errichtete die Familie von der Schulenburg zu Angern in Birkholz im Bereich einer ehemaligen Wasserburg ein Vorwerk mit Wohnungen, Viehhöfen und Schäfereien. Im Dreißigjährigen Krieg war der Rittersitz verfallen. 1739 erwarb Levin Friedrich von Bismarck auf Briest ihn und ließ eine Siedlung anlegen, die er nach seiner Gemahlin Sophienhof nannte. Im Jahre 1770 baute sein Sohn, Georg Wilhelm von Bismarck, das heutige Gutshaus. Es entstand ein lang gestreckter, zweigeschossiger, heute neu verputzter Bau, der eine Sehenswürdigkeit in Birkholz darstellt. 1850 bekam das Herrenhaus einen Mittelrisalit mit ionischen Kapitellen und einen mit flankierenden Halbsäulen vorgelagerten Eingangsvorbau. Da der Enkel von Georg Wilhelm von Bismarck, Heinrich Achaz, das Gut nicht mehr halten konnte, kam es 1856 an den Leutnant Emil Ballerstedt. Diese Familie saß auf dem Rittergut Birkholz von 1856 bis 1945 und pflanzte auch die Friedenseiche im Jahre 1870. Ein Brand vernichtete 1907 einen Großteil zum Herrenhaus gehörender Bauten. Nach Kriegsende diente der Herrensitz als Flüchtlingsunterkunft. Zu DDR-Zeiten waren hier das staatliche Forstamt Tangerhütte, eine Schule sowie ein Kindergarten untergebracht. Um die Mitte der 1970er-Jahre hatte man eine Poststelle im Herrenhaus eingerichtet und später folgten die Gemeindeverwaltung, das Bürgermeisteramt, die Gemeindeschwester und die Gemeindebibliothek. Im Jahre 2008 kam die Anlage wieder in Privatbesitz, wurde saniert und wird von den Eigentümern bewohnt.

Herrenhaus Birkholz

Burgruine Regenstein
Großes Schloss
Kleines Schloss

38889 Blankenburg
Landkreis Harz

Am Nordrand des Harzes liegt Blankenburg, zwischen Quedlinburg und Wernigerode. Nördlich der Stadt liegen die Reste der ausgedehnten mittelalterlichen **Burgruine Regenstein**, einer barocken Bergfestung auf einem hohen Felsen. Scherben aus dem 11. Jahrhundert verweisen, entgegen dem schriftlich dokumentierten Jahr 1167, auf ein höheres Alter der Felsenburg. Die Grafen von Blankenburg-Regenstein waren im 12. Jahrhundert in deren Besitz, den sie um 1450 aufgaben. Zu Beginn des 17. Jahrhunderts stritten sich Braunschweig und Brandenburg um die Anlage, die schließlich ab 1670 unter brandenburgischer Herrschaft zur Sicherung Halberstadts und Magdeburgs ausgebaut wurde. In den Jahren 1757/58 besetzten französische Truppen die Burganlage, die man nach der Rückeroberung schleifte. In den ersten Jahrzehnten des 19. Jahrhunderts entstand auf den Ruinen ein Ausflugslokal, und besonders heute lohnt sich ein Besuch der weitläufigen Anlage, auf der es wieder eine Gaststätte gibt und vor allem die Veranstaltungen der Turnierkämpfer, Schausteller sowie Zirkusspiele

Burgruine Regenstein, Blankenburg

sehenswert sind. Auch die Falknerei und die herrliche Aussicht locken jährlich viele Besucher auf den Felsen. Von der Burganlage selbst findet man nur noch mittelalterliche Reste eines runden Bergfrieds und künstlich in den Berg gehauene Höhlen sowie ein unterirdisches Gangsystem.

Auf einem Bergkegel, hoch über der Stadt gelegen, steht majestätisch das **Große Schloss**, das erstmals 1123 als Besitz des Herzogs Lothar von Süpplingenburg urkundlich erwähnt wurde. Dieser belehnte Poppo, einen Verwandten der Grafen von Northeim, mit den Burgen Blankenburg und Regenstein. Kaiser Friedrich I. Barbarossa eroberte und zerstörte 1182 die Burg, die im 16. Jahrhundert erneuert wurde. Im Jahre 1599 gehörte sie zum Herzogtum Braunschweig-Wolfenbüttel und war von 1690 bis 1731 Residenz. Aus dem Mittelalter stammen noch die Mauerzüge und der Unterteil des quadratischen Bergfrieds, den später erbaute Handwerkshäuser umgeben. Eine Erneuerung bekam die Anlage im 16. Jahrhundert mit der östlichen Erweiterung des Hauptteils. Das heutige Aussehen des Schlosses ist auf Um- und Neubauten unter Herzog Ludwig Rudolf von Braunschweig-Wolfenbüttel und dem braunschweigischen Landbaumeister Hermann Korb von 1705 bis 1723 zurückzuführen. Die Stuckarbeiten schufen Jakob Perinetti im Festsaal und Carlo Rossi im Grauen Saal sowie im Theatersaal. Zwischen dem West- und Nordflügel gelangt man auf den Innenhof. Der sogenannte Alte Flügel im Osten, mit runden Eckerkern außen

Großes Schloss, Blankenburg

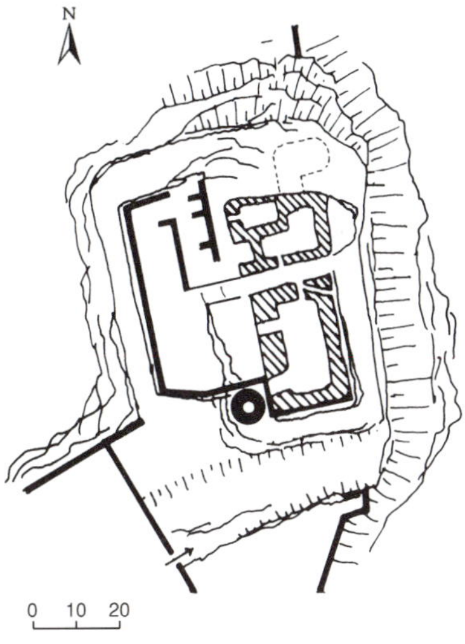

Burgruine Regenstein, Blankenburg, Grundriss

Blankenburg

Kleines Schloss, Blankenburg

und barockisierter Hoffassade innen, bildet den ältesten Teil aus der Mitte des 16. Jahrhunderts. Westlich schließt der Theaterflügel an. Im Kirchenflügel liegt die Schlosskapelle und im Osttrakt der einstige Kaisersaal. Im Jahre 1707 erhob man die Herzöge von Braunschweig-Wolfenbüttel in den Fürstenstand. Der weitläufige Schlosspark des 18. und 19. Jahrhunderts ist landschaftlich gestaltet. Seit 2008 gehört das Große Schloss einer GmbH und befindet sich seither in Rekonstruktion. Den Besuchern werden Ausstellungen und Führungen geboten, im Standesamt kann man den Bund fürs Leben schließen und ein Café lädt zum Verweilen ein. Vom Schloss aus hat man einen schönen Ausblick auf die Stadt.

Das **Kleine Schloss** wurde 1725 als zweigeschossiger Fachwerk-Gartenbau errichtet, bis 1777 dreigeschossig zur Gartenseite mit Sandstein im Stil des Rokoko umgebaut und ein Terrassengarten angelegt. Die Anlage befindet sich unterhalb des Großen Schlosses östlich am Fuß des Burgbergs. Seit 1718 befand sich hier der Lustgarten der Herzogin Christine Luise. Das Schlösschen ist ein vorzüglich gegliederter Quaderbau mit Walmdach, dessen drei Risalite durch geschweifte Giebel hervorgehoben werden. Zur Anlage zählen eine Kapelle, ehemalige Stallungen und ein Gewächshaus sowie der kleine, terrassenförmig angelegte Barockgarten mit Wasserspielen, Vasen und Putti. Die Gärten und der Park gehören zu den

„Gartenträumen – Historische Parks in Sachsen-Anhalt". Die gegenüberliegende ehemalige Schlosskaserne wurde zu einem Vier-Sterne-Hotel ausgebaut.

Herrenhaus Bodendorf

39343 Bodendorf
Stadt Haldensleben
Landkreis Börde

Westlich der Kreisstadt Haldensleben liegt Bodendorf, das urkundlich bereits 995 auf ein Gut verweisen kann, auf dem sich das heutige Herrenhaus (auch als Schloss bezeichnet) befindet. Im 12. Jahrhundert wurde bereits eine erste Burg bezeugt, die vermutlich in einem Stauteich lag. Wissenschaftlichen Vermutungen zufolge war es wohl erst ein Kloster, bevor es zur Burg wurde. Im Jahre 1485 wurden die Herren von der Schulenburg mit dem Gut belehnt, die um 1530 ein Vorwerk anlegten. Barocke Teile davon wurden gegen Ende des 17. Jahrhunderts im Schloss verbaut. 1709 entstand die nordwestlich gelegene Kapelle und dem Schloss wurde 1817 parkseitig ein klassizistischer Flügel, innen mit Wandpilastern und sparsamem Girlandendekor in Stuck, sowie um 1910/20 ein Treppenturm in Formen der Neurenaissance und des Neubarock hinzugefügt. In der Mitte der Südwestfront über dem Eingang befindet sich die Stifterinschrift des Daniel Ludolph von der Schulenburg und der Johanna Susanna von Dieskau. Östlich der Anlage liegt das ehemalige schlichte Küchenhaus von 1815 und im rückwärtigen Bereich des Schlosses eine weitläufige Parkanlage mit Teich. An der Parkmauer steht ein achteckiger Gartenpavillon in Fachwerk von 1826 mit offenem Dachstuhl und Laterne. Im Jahre 1946 enteignete man die Familie, doch diese verblieb im Schloss und führte es als Guts- und Forstbetrieb weiter. Später wurde es ein Pflegeheim, stand nach der Wende lange Zeit leer, bis es an die Nachfahren einstiger Besitzer verkauft wurde. Diese haben schließlich mit einer umfangreichen Sanierung von Schloss und Kapelle begonnen.

Herrenhaus Bodendorf

Schloss Bonau

06682 Bonau
Stadt Teuchern
Burgenlandkreis

Südlich von Teuchern gelangt man zum Ort und ehemaligen Wasserschloss in Bonau, das ab 1627 auf den Grundmauern einer alten Ritterburg errichtet wurde. Das anfangs an vier Seiten von Wasser umgebene Schloss wurde auf Pfählen erbaut. Vom Wirtschaftshof führte eine Brücke zum Wohnhaus des Rittergutes. Um 1800 verfüllte man die Westseite und legte dort einen Hausgarten an. Im Schloss Bonau weilte als Gast während des Siebenjährigen Krieges bei der damaligen Rittergutsfamilie von Zedtwitz der bedeutendste Vertreter der deutschen Aufklärung, der Kirchenlieder- und Fabeldichter Christian Fürchtegott Gellert. Schließlich diente nach der Enteignung des letzten Besitzers das Schloss ab 1945 Flüchtlingen als Unterkunft, doch nach einem Dachstuhlbrand wurde das Haus geräumt. Nach der Wiedervereinigung richtete ein Käufer ein Hotel ein, dessen letzter Pächter in Insolvenz ging. Im Jahre 2005 kam das Schloss in private Hand, wird gegenwärtig vom Besitzer als Urlaubsdomizil genutzt und ist nicht zugänglich.

Schloss Bonau

Herrenhaus Brandenstein

39291 Brandenstein
Stadt Möckern
Landkreis Jerichower Land

Den ehemaligen Gutshof und Rittersitz derer von Arnim findet man am südlichen Rand des Ortes Brandenstein, gut 15 Kilometer östlich der Stadt Burg. Die Baugruppe entstand zu Beginn des 20. Jahrhunderts und besteht aus dem 1900 erbauten Herrenhaus mit Elementen des Jugendstils, einer Gutskapelle von 1911, dem vierseitigen Wirtschaftshof mit Verwalterhaus, Nebengebäuden und einem Park mit einer Grotte. Die eingeschossige Front des Herrenhauses mit Mittelrisalit birgt eine Loggia und am nördlichen Ende einen runden Turm mit dem großen Allianzwappen Achim Fried-

Herrenhaus Brandenstein

rich Hans von Arnims und seiner Gemahlin Anna Maria, geborene von Wietersheim, sowie am südlichen Ende einen Eckpavillon. Die zweigeschossige Gartenfassade überspannt ein Rundbogen, dem sich seitlich ein Pavillon mit geschlossenem Erkervorbau anschließt. Im Inneren der Halle erschließt sich ein Treppenlauf zum Vestibül und dem Gartensaal. Die Räume im Herrenhaus besitzen meist Kassetten- und Stuckdecken sowie Holzvertäfelungen. Der Herrensitz war von 1945 nach der Enteignung der Familie bis 1992 ein Kinderheim. Nach der Wiedervereinigung kaufte Bernd von Arnim den Besitz zurück, renovierte diesen und betreibt nun eine Forstwirtschaft.

Herrenhaus Bucha

06642 Bucha
Gemeinde Kaiserpfalz
Burgenlandkreis

Bucha liegt südlich von Querfurt nahe der thüringischen Landesgrenze und wurde erstmals 1154 urkundlich erwähnt, ent-

Herrenhaus Bucha

stand wohl aber schon in der fränkischen Siedlungsperiode vom 6. bis 9. Jahrhundert. Seinerzeit hatte das altritterliche Geschlecht der Grafen von Buch hier eine Burg und Gerichtsstätte. Als diese 1255 ausgestorben waren, kamen Ort und Burg an die Grafen von Rabinswalde und 1315 an die Orlamünder. Nach dem Thüringer Grafenkrieg von 1342 bis 1346 kam Bucha mit dem Sieg in den Besitz des Thüringer Landgrafen, der den Ort an die Familie von Koller gab. Weitere Besitzer waren bis zum 17. Jahrhundert die von Kommerstedt und die Familie Lauterbach, bis schließlich 1614 die Familie von Breitenbauch, später nannten sie sich Breitenbuch, das Rittergut kaufte und es bis 1945 besaß. Die Nachfahren dieser Eigentümer erbauten anstelle der Burg von 1714 bis 1718 das bestehende Herrenhaus als zweigeschossige Zweiflügelanlage, in dessen Winkel der Vorbau eingestellt wurde. Das Portal wird durch eine Wappenkartusche geziert und darüber liegt ein großes Rundbogenfenster in architektonischer Rahmung. Die Flügelbauten fassen breite gequaderte Ecklisenen ein. Im Inneren befinden sich stuckierte Eckkamine sowie Supraporten und mit Bandelwerk bemalte Türen. Im Obergeschoss liegt der Festsaal mit Kamin und weitere Räume tragen stuckierte Decken. Seitlich des rechten Flügels grenzt eine in Wiesenornamenten, von niedrigen Buchshecken gerahmte Gartenanlage an. Das Herrenhaus befindet sich in Privatbesitz und ist nur äußerlich einsehbar.

Schloss Bündorf

06258 Bündorf
Gemeinde Schkopau
Saalekreis

Westlich von Merseburg und südöstlich von Bad Lauchstädt ist Bündorf zu finden und man geht davon aus, dass bereits vor der ersten Jahrtausendwende an der Stelle des heutigen Schlosses eine befestigte Wehranlage bestand. Im Jahre 981 löste man das Bistum Merseburg auf, worauf Bündorf in den Besitz des Bistums Halberstadt kam, doch 1004 wieder zum Stift Merseburg gehörte. In einer Urkunde König Heinrichs II. von 1012 wird Boiondorf (Bündorf) als Schenkung an die Kirche erwähnt und 1123 benannte sich eine Ministerialenfamilie nach der Ortschaft. Vielfältige Schreibweisen beziehungsweise Benennungen der nachfolgenden Eigentümer traten im Laufe der Zeit auf, wie von Bundorf, Bugendorf, Bogendorf;

1255 wird ein Otto de Bundorph und 1256 ein Hermann de Bugendorff genannt. Um das Jahr 1266 kaufte Bischof Friedrich von Merseburg vom Markgrafen Albrecht dem Entarteten das Anwesen nebst Gericht und Zubehör. Zahlreich wechselten im Laufe der Jahrhunderte noch Eigentümer des Anwesens, bis es schließlich 1529 die von Bothfeld in Besitz nahmen und es bis 1703 besaßen. Ihnen folgte bis 1720 Herzogin Erdmuthe Dorothea von Sachsen-Merseburg, die das Schloss als Witwensitz nutzte, und schließlich nach dieser 1725 der Erbauer des noch heute bestehenden Schlosses, Ludwig Adolph Freiherr von Zech, nach dem Herzog Moritz Wilhelm seinen Töchtern die Erbfolge zusicherte. 1764 wurde von Johann Samuel Löhntz aus Merseburg für den Bauherrn an der Stelle einer frühmittelalterlichen Wasserburg in der Sumpfniederung der Laucha, auf künstlichem Hügel, ein großzügiger, zweigeschossiger barocker Rechteckbau mit Mansarddach errichtet. Die südliche Längsfront des Corps de Logis ist durch flache Kolossalpilaster gegliedert und das Hauptportal mit Wappenrelief unter einem Schweifgiebel verziert, mit darüberliegenden ornamentbekrönten Fenstern. Rückseitig befindet sich ein tiefer dreiachsiger Mittelrisalit. Im Jahre 1743 starb der Sohn des Schlossbesitzers, der mit Christiane Armengart Magdalena von Burkersroda vermählt war und eine Tochter, Louise Christiane Dorothea Freiin von Zech, hinterließ. Die Familie des Grafen von Zech-Burkersroda besaß das ehemalige Rittergut bis zum Ende des Zweiten Weltkrieges. 1945 wurde die Grafenfamilie enteignet und das Schloss von 1950 bis 1996 als Altenheim genutzt, wobei das Innere 1948 stark zum Nachteil verändert wurde. Die Schlossanlage wurde 1998 privatisiert und die

Schloss Bündorf

Restaurierung begonnen. Im Schlossbereich stehende Bauten erstrahlen bereits in neuem Glanz, das Schloss selbst jedoch wartet noch auf einen solchen Schmuck.

Schloss Burgkemnitz

06774 Burgkemnitz
Gemeinde Muldestausee
Landkreis Anhalt-Bitterfeld

Burgkemnitz mit dem Schloss liegt nordöstlich von Bitterfeld. Erstmalig urkundlich erwähnt wurde der Ort im Jahre 1456. Der aus einer mittelalterlichen Wasserburg entstandene Schlosskomplex ging 1665 aus dem Besitz derer von Koseritz an Bodo von Bodenhausen über. Die heutige zweigeschossige Dreiflügelanlage entstand 1869 unter Hans Bodo Freiherr von Bodenhausen, unter Einbeziehung älterer Teile im Stile der Neurenaissance mit lünettenbekröntem Mittelrisalit und seitlichen Ecktürmen. Auf der Nordseite liegt ein korbbogiges Portal, im Bogenfeld darüber eine Inschrift, datiert um 1696. An der Hofseite befinden sich Portale aus den Vorgängerbauten. Die repräsentative historische Ausstattung blieb in großen Teilen erhalten. Die altertümlichen Ecktürme, Fassaden und Giebel heben sich vom großen Park hervor, in dem sich auch mehrere weit ausladende Teiche befinden. Der Landrat Kraft Freiherr von Bodenhausen war der letzte Besitzer des Schlosses nach dem Zweiten Weltkrieg und wurde durch die Bodenreform enteignet. Das Schloss wurde in der Folge als Erholungsheim und SED-Parteischule genutzt. Nach der Wende erwarb die Caritas das Gelände, errichtete Neubauten als Wohn- und Förderstätte St. Lorenz. Das Schloss steht noch immer leer. Grabplatten auf dem Friedhof des Ortes erinnern an die Familie von Bodenhausen.

Schloss Burgkemnitz

Burg Burgliebenau

06258 Burgliebenau
Gemeinde Schkopau
Saalekreis

Burg Burgliebenau

Burgliebenau liegt östlich von Schkopau, südlich des Flusses Weiße Elster und nordwestlich des Wallendorfer Sees. Die Burg Burgliebenau ist eine ehemalige Wasserburg und später gegründete Gutsanlage, deren Ersterwähnung im Jahre 1356 liegt und die im Besitz der Bischöfe und Herzöge von Merseburg war. Einen Neubau erhielt im ersten Drittel des 16. Jahrhunderts der Hauptbau. Vermutlich wurde die Anlage im Dreißigjährigen Krieg beschädigt, da unter Herzog Christian von Sachsen-Merseburg 1687 ein Neu- und Wiederaufbau vollzogen wurde. Der zweigeschossige Hauptbau mit Wendeltreppe liegt im Süden und hat wohl seine Bauzeit im ersten Drittel des 16. Jahrhunderts, ein weiterer eingeschossiger Trakt schließt sich im Westen an. Ein Wappen des Merseburger Bischofs Vinzenz von Schleinitz von 1530 ziert die Fassade. Im Durchgang befindet sich ein Relief mit dem gleichen datierten Bischofswappen und eine spitzbogige Tür. Zusammengefasst ist es eine im Ursprung spätmittelalterliche Anlage mit Veränderungen insbesondere im 19. Jahrhundert, die heute einen maroden Zustand aufweist. Das Anwesen wird im Norden und Osten von einer Umfassungsmauer begrenzt.

Humboldt-Schloss

06333 Burgörner-Altdorf
Stadt Hettstedt
Landkreis Mansfeld-Südharz

Burgörner-Altdorf liegt südöstlich der Altstadt von Hettstedt im Tal und an den östlichen Talhängen. Ursprünglich stand

Humboldt-Schloss, Burgörner-Altdorf

hier eine Burg der Grafen von Arnstein aus dem 13. Jahrhundert, die 1394 in den Besitz der Mansfelder kam. Das Schloss ist der Rest einer bedeutenderen spätgotischen Wasserburg, die auf die vorgenannte Anlage zurückging und bereits seit 1573 als wüst bezeichnet wurde. Erhalten geblieben ist bis heute ein stattlicher runder Bergfried mit hoch gelegenem Eingang und ein östlich angeschlossenes Rechteckgebäude mit Fachwerkaufsatz. Hier war auch später die Heimat des jungen Wilhelm von Humboldt. Nach seinen Studien in Berlin und Göttingen verbrachte er im Schloss nach seiner Eheschließung mit Caroline von Dacheröden 1791 seine ersten Ehejahre, bevor er als preußischer Gesandter nach Rom ging. Hiesiges Schloss sowie das in Auleben befanden sich im Besitz des Schwiegervaters, des Erfurter Kammerpräsidenten Carl Friedrich Freiherr von Dacheröden. Die Familie von Humboldt besaß bis Mitte des 19. Jahrhunderts das Schloss Burgörner, wo Caroline und Wilhelm von Humboldt mit großen Persönlichkeiten der Zeit, wie Goethe und Schiller, Umgang pflegten. Wilhelm von Humboldt entwickelte sich im Laufe der Zeit zu einem bedeutenden Staatsmann und Gelehrten, nahm am Wiener Kongress und der Gründung der Berliner Universität teil. Sein Bruder Alexander von Humboldt trug durch seine Amerika-Entdeckungen wesentlich zur Berühmtheit der Familie bei. Burgörner liegt im ehemaligen Mansfelder Kupferschieferbergbau und im Gutsbereich des Schlosses stand die erste deutsche Dampfmaschine, mit der man Wasser aus den Stollen abpumpte. Die Berg- und Hüttengeschichte sowie eine Präsentation zur Familie von Humboldt wird im Mansfeld-Museum des Humboldt-Schlosses gezeigt.

Schloss Burgscheidungen

06636 Burgscheidungen
Stadt Laucha an der Unstrut
Burgenlandkreis

Nordwestlich von Laucha liegt an der Unstrut Burgscheidungen im Naturpark Saale-Unstrut-Triasland. Hier fand vermutlich im Jahre 531 die Entscheidungsschlacht zwischen Thüringen und Sachsen statt und befand sich wohl im 7. bis 9. Jahrhundert eine merowingisch-fränkische Krondomäne. Noch im 9. Jahrhundert gehörte die Anlage dem Kloster Hersfeld und wurde im Hersfelder Zehntverzeichnis als Scindingeburg bezeichnet. Sie war im 10. Jahrhundert die Reichsburg König

Schloss Burgscheidungen

Heinrichs I. Im Jahre 1043 überließ man die Villa Scheidungen als Morgengabe Kaiserin Agnes, der Gemahlin Kaiser Heinrichs III. Um 1066 kam das Anwesen an den Bischof Hermann von Bamberg und wurde nach 1294 zum wechselnden Pfandbesitz. Zur Adelsburg wurde die Anlage im 14. Jahrhundert, der man von 1445 bis 1450 den alten Schlossflügel hinzufügte. Schließlich wurde sie gegen Ende des 16. Jahrhunderts zu einem vierflügligen Renaissanceschloss ausgebaut. Eine der berühmtesten Bewohnerinnen war Anna Constantia Gräfin von Cosel, die vor ihrer Zeit am Hofe Augusts des Starken mit dem damaligen Eigentümer, Adolf Magnus von Hoym, verheiratet war. Die heutige Schlossanlage ist im Wesentlichen ein Neubau des ersten Drittels des 18. Jahrhunderts anstelle der alten Höhenburg auf dem linken Ufer der Unstrut. Levin Friedrich von der Schulenburg kaufte 1722 das Schloss und ließ vom Leipziger Landbaumeister David Schatz von 1726 bis 1728 einen Neubau zweier Flügel errichten. 1732 war der Ausbau vollendet, den jedoch der Bauherr nicht mehr erlebte, da er 1729 verstarb. Im Jahre 1945 wurde die Familie von der Schulenburg enteignet und das Schloss als FDGB-Erholungsheim und Schule der FDJ genutzt. 1956 nutzte man das Anwesen als Zentrale Schulungsstätte „Otto Nuschke“ der Ost-CDU und auch als Unterrichtsstätte der Universität Halle-Wittenberg. Das Hauptgebäude ziert ein mächtiger Mittelrisalit und im Inneren befindet sich ein prächtiger Festsaal. Der Treppenturm am Südosttrakt besitzt ein Renaissanceportal von 1633, aber auch der von dorischen Säulen gestützte Altan am Nordtrakt ist einen

Schloss Cösitz

Blick wert. Der Zugang zum Garten führt über eine geschwungene Freitreppe. Den italienischen Terrassengarten mit Tierkreisplastiken sowie einem Grottenhof, spätere Grabstätte, und ein östlich gelegenes Teehaus legte ebenfalls David Schatz an. Im Bereich der westlich vorgelagerten Vorburg steht ein spätgotisches Torhaus, das ein Schulenburg'sches Wappen, als Hochrelief von zwei wilden Männern gehalten, trägt. Das vierflüglige Schloss mit großem Innenhof ist ein idealer Ort für Feierlichkeiten aller Art, für Ausstellungen und Konzerte. Im urigen historischen Weinkeller finden Weinverkostungen statt. 2008 wurde die Anlage liebevoll von privater Hand saniert, Schlossführungen und Trauungen in der Kirche werden angeboten. Ein Café gegenüber lädt zum Verweilen ein. Der Park ist Teil der „Gartenträume – Historische Parks in Sachsen Anhalt".

Schloss Cösitz

06369 Cösitz
Stadt Zörbig
Landkreis Anhalt-Bitterfeld

Wenige Kilometer nordwestlich der Stadt Zörbig, an der B 183 Richtung Köthen gelegen, findet man Cösitz mit dem Schloss. Hier stand um 750 bereits eine sorbische Wallburg, 839 erstmals urkundlich erwähnt, als die Sachsen diese eroberten. Zum Stammsitz der Adelsfamilie von Kositz, die bis Mitte des 16. Jahrhunderts Eigentümerin des Gutes war, wurde die Anlage 1370. Ein Vorgängerbau, von dem nichts erhalten geblieben ist, stand vermutlich am Eingang von Cösitz. Im Jahre 1636 raffte die Pest viele Menschen des Ortes dahin, im Dreißigjährigen Krieg fielen Dorf und Gut brandschatzenden schwedischen Soldaten zum Ofer, sodass die Gegend viele Jahre als wüst bezeichnet wurde. Hubert Freiherr von dem Bussche-Lohe und Jeannette von Wuthenau, deren Verbindung auch im Allianzwappen an der gartenseitigen Balkonbrüstung und am Turm sichtbar wird, errichteten 1891 das Schloss. Im Jahre 1877 trug man den Wall der Burg ab und ermöglichte somit, den Ostflügel an das Schloss anzufügen. Diesem folgte 1937 der Westflügel und die Anlage eines englischen Landschaftsparks, in dem eine Buche von sechs Metern Durchmesser und einem Kronendurchmesser von 38 Meter steht, die zu den dicksten Buchen Deutschlands zählt. 1945 kam es zu einer Zwangsversteigerung. Das Schloss wurde in jüngster Zeit durch einen Investor saniert und soll Wohnzwecken dienen.

Schloss Coswig

06869 Coswig

Landkreis Wittenberg

Westlich der Lutherstadt Wittenberg liegt Coswig, das bereits 1187 mit der Burg Cossewiz erwähnt wurde. Eng verbunden ist die Kleinstadt seit dem 12. Jahrhundert mit der Geschichte der Askanier. Mit Beginn des 13. Jahrhunderts, ab dem Jahre 1212, herrschten hier die Fürsten von Anhalt. Im Jahre 1342 ist eine Ersterwähnung des Schlosses als Leibgedinge der Fürstin Agnes von Anhalt bekannt. Noch heute kann die Stadt auf eine fürstliche Residenz und Witwensitz am rechten Elbufer verweisen, in der auch zahlreiche Mitglieder der fürstlichen Familie von Anhalt ihre Grabstätten haben. Nachdem die Spanier 1547 im Zuge der Eroberung der Stadt das Schloss durch Brand zerstörten, errichtete man den Fürstensitz von 1555 bis 1560 neu und baute diesen 1622/23 aus. Schon ab 1562 wurde wiederholt das Vorgängerschloss als Witwensitz genutzt. Das Schloss bekam von 1667 bis 1677 einen Ausbau, dessen Südflügel 1676 bis 1679 unter Cornelius Ryckwaert erneuert, doch 1698 bis auf die Terrasse abgetragen wurde. Weitere Umbauten erfolgten 1725 bis 1740 unter Johann Christoph Schütze. Das Innere des Schlosses wurde völlig ver-

Schloss Coswig

ändert. Die Witwe Friederike Auguste Sophie von Anhalt-Zerbst, eine geborene Prinzessin von Anhalt-Bernburg, vermählt mit Friedrich August Fürst von Anhalt-Zerbst, übernahm ab 1793 nach dem Tode ihres Gemahls die Regierungsgeschäfte. Doch das Geschlecht des Hauses Anhalt-Zerbst starb im Mannesstamm aus. Gemäß ihrer Herkunft entsprach das alte Schloss keinesfalls den Bedürfnissen als Witwensitz, den sie zum heute bestehenden Schlossgebäude ausbauen ließ. Nach ihrer Abdankung verbrachte sie auf Schloss Coswig mit ihrer Schwester Christine von Schwarzburg-Sondershausen die restlichen Jahre ihres Lebens und verstarb 1827 kinderlos, womit auch die glanzvolle Zeit Coswigs endete. Im Jahre 1866 legte man in das Schloss ein Militärlazarett und 1870/71 war es Kriegsgefangenenlager, wurde schließlich ab 1873 Zuchthaus. Während der DDR-Zeit schloss man 1957 die Strafanstalt Coswig, worauf man 1958 mit Restaurierungsmaßnahmen und Nutzung als Landes- und Staatsarchiv begann und das Schloss bis zur Wiedervereinigung Deutschlands 1989 als Außenstelle des zentralen Staatsarchivs nutzte. Ab dem Jahre 1998 blieb der große Schlossbau bis 2006 leer stehend. Mit der Berliner Arcadia GmbH & Co. KG ist es in den Besitz der Italienerin Dr. Magnolia Albertazzi aus Mailand gelangt. Am Schloss selbst hat sich bisher zumindest äußerlich noch nichts verändert. Geplant ist die Nutzung als „Zentrum für transnationale Kooperation und Austausch auf dem Gebiet der Kultur“, zu dessen Zweck die Eigentümerin das Schloss in Zusammenarbeit mit dem Berliner Architekten Frank Augustin in den ursprünglichen Zustand von 1679 zurückversetzen will.

Herrenhaus Dehlitz

Herrenhaus Dehlitz

06686 Dehlitz
Stadt Lützen
Burgenlandkreis

Am rechten Saaleufer, nordöstlich von Weißenfels, liegt Dehlitz und wurde erstmals im Jahr 993 urkundlich erwähnt. Im

Gutspark erinnert ein Gedenkstein an den Beobachtungspunkt Friedrichs des Großen in der Schlacht von Roßlau. Auf dem alten Rittergut errichtete um 1730 Daniel Bodo Graf von der Schulenburg das Herrenhaus und ließ auch den Park mit der besonderen Hängebuche anlegen. Der hohe steinerne Treppenturm in Formen der Renaissance trägt einen Fachwerkaufbau, Haube und Laterne, vermutlich aus dem 16. beziehungsweise 18. Jahrhundert. Von den Hofgebäuden ist besonders der Kuhstall, westlich gelegen, hervorzuheben, der eine beeindruckende dreischiffige, kreuzgratgewölbte Pfeilerhalle in der Art romanischer Klosterbauten aus der Mitte des 19. Jahrhunderts birgt. Im Jahre 1845 wurde das Anwesen an private Nutzer verkauft, die jedoch 1945 mit der Bodenreform enteignet wurden. Für viele Jahre wurde das Gutshaus als Schule genutzt. Nach deren Auszug übernahm die Gemeinde den Herrensitz. Das neue Herrenhaus steht nördlich außerhalb des Hofbereiches. Es ist ein zweigeschossiger Bau mit rustizierten Ecklisenen, Mansardwalmdach sowie einem Mittelportal über der Freitreppe aus der zweiten Hälfte des 18. Jahrhunderts. Das alte Gut befindet sich in einem maroden Zustand. Das neue Herrenhaus lädt mit einer gastronomischen Einrichtung die Besucher zum Verweilen ein. Es ist zudem zu Wohnzwecken hergerichtet und verfügt über Räume für die Gemeinde.

Schloss Dessau

06844 Dessau-Roßlau

Kreisfreie Stadt

Die kreisfreie Stadt Dessau liegt nordwestlich der A 9 zwischen Lutherstadt Wittenberg im Osten und Bernburg im Westen. Das in der früheren Altstadt stehende ehemalige Schloss, auch Stadtschloss genannt, ist nur noch teilweise erhalten geblieben und diente einst den Fürsten und Herzögen von Anhalt-Dessau als Residenz. War es früher eine mehrflügelige Schlossanlage, findet der Besucher heute nur noch den Flügel des

Schloss Dessau, Dessau-Roßlau

sogenannten Johannbaus vor, den ältesten Teil der ehemaligen Gesamtanlage. Errichtet wurde die Anlage durch Fürst Albrecht II. und Woldemar von Anhalt mit den Steinen der vom Muldehochwasser 1341 zerstörten Burg Waldersee. Ein knappes Jahrhundert später, 1405, sowie nochmals 1467 brannte das Schloss ab, doch die Brüder Johann IV., Georg III. und Joachim bauten die Anlage um 1529 wieder auf. Der noch heute bestehende Johannbau wurde nach erstgenanntem Bruder benannt, der im Wesentlichen die Federführung zum Bau innehatte. Ob der Baumeister und Steinmetz Ludwig Binder aus Halle maßgeblich am Gesamtbau beteiligt war, kann nicht bestätigt werden, doch am Treppenturm findet man dessen Signaturen. Ein erster Ausbau erfolgte in der Zeit von 1571 bis 1580 durch den Architekten Rochus Graf von Linar unter Mitarbeit des kurbrandenburgischen Generalbaumeisters Peter Niuron. Den Nordflügel ließ 1708 Fürst Leopold abbrechen, worauf die Residenz zur Dreiflügelanlage wurde. Zwischen 1748 und 1753 gestaltete man nach Entwürfen des Architekten Georg Wenzeslaus von Knobelsdorff den Bau, in dessen Ostflügel sich die Gemächer der fürstlichen Familie mit Blick auf die Mulde und den Tiergarten befanden, um und erweiterte ihn. Im Südflügel lag der prachtvolle Festsaal. Im Jahre 1777 errichtete Friedrich Wilhelm von Erdmannsdorff ein Theater. 1812/13 erfolgte eine Aufstockung am Westflügel. Der Mittelbau bekam 1874 einen Treppenturm im Stil der Neorenaissance. Bei der Bombardierung im März 1945 wurde die Schlossanlage schwer beschädigt, wobei der Ost- und Südflügel fast gänzlich zerstört wurden. Nur der Johannbau blieb, ebenfalls schwer getroffen, als Ruine erhalten. Von den DDR-Behörden unter Denkmalschutz gestellt, erhielt er 1957 vorerst ein provisorisches Dach und wurde lange Zeit vom Landestheater Dessau als Lager für Kulissen genutzt. Eine Wiedergeburt erfuhr der Johannbau durch die Wiederherstellung des ursprünglichen Zustandes in den Jahren 1990 bis 1997 und 2001 bis 2005. Die Inneneinrichtung ging jedoch im Krieg vollständig verloren. Das Schloss ist seit 2005 als Museum für Stadtgeschichte der Öffentlichkeit zugänglich.

Burg Roßlau, Dessau-Roßlau

Burg Roßlau

06862 Dessau-Roßlau

Kreisfreie Stadt

Im Stadtteil Roßlau befinden sich die 1359 urkundlich erwähnte Wasserburg, deren älteste Teile aus dem 12. Jahrhundert stammen. Eine slawische Siedlungsburg hat zuvor an gleicher Stelle gestanden. Die erste urkundliche Erwähnung geht ungefähr in die Zeit des Rückkaufs der Burg von den Lindauer Grafen an die Fürsten von Anhalt zurück. Hervorzuheben sind vor allem der repräsentative Wohnturm und die mittelalterliche Warmluftheizung. Bei Ausgrabungen auf dem Gelände fand man unter weniger bedeutenden Gegenständen eine Schachfigur und einen goldenen Roßlauer Treuering, der wohl einer der ältesten Eheringe Deutschlands ist. In der Folgezeit bis in das 16. Jahrhundert baute man die Anlage aus, erweiterte sie erheblich, bis sie im 17. Jahrhundert an Bedeutung verlor, da die Fürsten schließlich nach Zerbst umgezogen waren und sich 1740 das Jagdschloss Zerbst errichten ließen. Das Schloss befand sich nahe der Burg und war durch eine Brücke direkt mit dieser verbunden. Ursprünglich bestand die Burg aus einer ovalen Anlage der Haupt- und Vorburg mit dreifachem Wallgrabensystem, deren ältester Teil der mächtige Wohnturm mit anschließender Ringmauer aus dem 13. Jahrhundert war. Zu Beginn des 18. Jahrhunderts begann die Burg zu verfallen, doch zwischen 1836 und 1838 ließ sie Fürst Heinrich von Anhalt-Köthen romanisierend sanieren. Nach dem Aussterben dieser Linie trat ab 1847 ein häufiger Besitzerwechsel ein. Gegen Mitte des 19. Jahrhunderts verlegte man die herzögliche Revierförsterei in die Anlage, bis diese schließlich 1870 völlig ausbrannte. Erst ab 1923 bis 1986 konnte man sie wieder als Wohnbereich nutzen, der nach

Burg Roßlau, Dessau-Roßlau, Grundriss

Kriegsende noch das Katasteramt der Gemeinde zusätzlich aufnahm. In den Sommermonaten finden Open-Air-Veranstaltungen statt. Heute steht die Burganlage samt Gelände unter Denkmalschutz und wird von einem Förderverein betreut.

Jagdschloss Diebzig

Jagdschloss Diebzig

06369 Diebzig

Gemeinde Osternienburger Land
Landkreis Anhalt-Bitterfeld

Diebzig liegt zwischen Dessau-Roßlau und Calbe (Saale) im Biosphärenreservat Flusslandschaft Mittlere Elbe. Der zweigeschossige Putzbau des Spätbarock mit Mansardwalmdach aus der ersten Hälfte des 18. Jahrhunderts ist das kleinste Jagdschloss im Bundesland. Die Eingangshalle wurde mit Korbbögen und Pfeilern ausgestattet. Ursprünglich bestand hier 1468 ein Vorwerk im Besitz der Anhalt-Bernburger, das bis 1566 zu Anhalt-Köthen und schließlich noch zu Anhalt-Dessau kam. Ab dem Jahre 1603 begann es zu verfallen. Um 1700 existierte wieder ein fürstliches Haus. Das Jagdschloss, ausgestattet im barocken Stil, errichtete man im Auftrag des Fürsten Ludwig von Anhalt um 1792. Es diente seiner Familie und Jagdfreunden als Ausgangspunkt für ihre Jagdleidenschaft. Zu Beginn des 20. Jahrhunderts riss man die beiden eingeschossigen Wirtschaftsflügel ab, die einen Ehrenhof flankierten, wie auch das Gesindezimmer und die Schlossküche. Das Jagdschloss wurde 1918 Revierförsterei und Wohnsitz des Försters. Im Jahre 1919 ließ Herzog Joachim von Askanien wertvolle Einrichtungsgegenstände in das Zerbster Schloss verfrachten, das jedoch im Zweiten Weltkrieg zerstört wurde, wobei auch die wertvolle Einrichtung verloren ging. Der 1921 in Diebzig verstorbene preußisch-königliche Forstmeister und bedeutende Jagdschriftsteller Gustav Freiherr von Nordenflycht unternahm bereits mit anderen Jagdfreunden der gehobenen Schichten vor 1900 Jagdausflüge in der Region. Nach Kriegsende legte man 1945 Umsiedlerfamilien in das Haus und 1992 begann man mit der schrittweisen Sanierung mithilfe von Fördermitteln. Vorgesehen war, das ehemalige

Jagdschloss für kulturelle Zwecke, unter anderem als Heimatmuseum, für Kunstausstellungen und Konzerte zu nutzen, doch im Frühjahr 2014 gewann man den Eindruck, dass sich das einstige Vorhaben wohl zerschlagen hat und das Jagdschloss ungenutzt steht.

Schloss Dieskau

06184 Dieskau
Gemeinde Kabelsketal
Saalekreis

Acht Kilometer östlich von Halle (Saale), nahe der B 6 sowie der A 14, liegt der Ort Dieskau, aus dem wohl um 1200 aus einer Lehensvergabe die Familie von Dieskau hervorging. Aus zwei Sattelhöfen gestaltete diese ein Rittergut. Im 16. Jahrhundert entstand durch Hieronymus von Dieskau d. J. anstelle einer mittelalterlichen Burg eine dreiflügelige, dreigeschossige Anlage, um einen rechteckigen Hof gruppiert. Dem Ostflügel wurde ein Treppenturm vorgestellt, der Scheintreppenturm in der Südwestecke des Hofs stammt aus dem 19. Jahrhundert und das breite, heute vermauerte Portal mit Inschrifttafel am Südflügel ist aus dem frühen 17. Jahrhundert. Im Mittelgeschoss befindet sich eine ungewöhnliche Kassettendecke aus der Zeit zwischen 1622 und 1624. Im 18. Jahrhundert veranlasste Christoph von Hoffmann, Kanzler der Universität Halle, wesentliche Veränderungen im Innern der Anlage und die Familie von Bülow gestaltete 1878 das Schloss im Stile der Neurenaissance um. Im Jahre 1945 wurde auch sie enteignet. Heute findet man eine unregelmäßige Spätrenaissanceanlage anstelle einer mittelalterlichen Wasserburg in der Auenlandschaft am Nordufer der Reide vor. Der Park, südwestlich des Schlosses gelegen, wurde für Karl Christoph von Hoffmann durch Johann George Gottlieb Schoch zwischen 1778 und 1784 als englischer Landschaftsgarten nach dem Vorbild von Wörlitz angelegt. 1988 wurden die Ruine der Orangerie und das Denkmal für Johann Friedrich Goldhagen restauriert. Das Schloss befindet sich in Privatbesitz, verfügt aber über ein Restau-

Schloss Dieskau

rant. Im Sommer kann man sowohl Kino- als auch Theaterveranstaltungen besuchen oder im frei zugänglichen Park spazieren gehen.

Herrenhaus Döbbelin

39576 Döbbelin
Stadt Stendal
Landkreis Stendal

Südwestlich von Stendal liegt Döbbelin, das 1160 erstmals urkundlich erwähnt wurde. Fast 600 Jahre später erbte Hans-Christoph von Bismarck 1730 den Ort und ließ sechs Jahre später das Herrenhaus durch den Umbau eines bestehenden älteren Hauses erbauen. Es entstand ein barockes, lang gestrecktes, eingeschossiges, mit Mansardwalmdach versehenes Gebäude. An der Hof- und Gartenfront befinden sich dreiachsige Mittelrisalite, die sich über zwei Geschosse erstrecken, ein Portal mit zweiläufiger Treppe und geschwungenem Giebelfeld und Allianzwappen derer von Bismarck und von Jagow. Die Dorfkirche ließ man 1747 zur Gutskirche umbauen. Eine positive Handlung der Familie von Bismarck geht auf das Jahr 1786 zurück, als man mit den Bauern einen Erbpachtvertrag schloss, der sie aus ihrer Abhängigkeit befreite. Ein erstes Schulgebäude für die Ortskinder wurde 1863 errichtet. Die Familie von Bismarck besitzt das 1968 restaurierte, 1999 renovierte und neu verputzte Herrenhaus seit 19 Generationen, es ist somit der älteste Familienbesitz eines altmärkischen Adelsgeschlechts.

Herrenhaus Döbbelin

Ab dem Jahre 1963 befanden sich im Herrensitz Wohnungen, ein Konsum, die Post, ein Kindergarten, eine Arztpraxis und eine Bücherei. Es war der heutige Herrenhausbesitzer, Alexander von Bismarck, der dem Bau mit einer neuen Fassade nebst anderen Erneuerungen wieder ein glanzvolles, prächtiges Aussehen verlieh, dem sich der Landschaftspark mit Schlossteich stilvoll anschließt. Das an den Park angrenzende Damwildgehege ist ein besonderer Anziehungspunkt für die jüngsten Besucher. Die kleine Kirchenkapelle aus dem 12. Jahrhundert birgt noch heute die Familiengruft. Ein Café im Erdgeschoss des Herrenhauses lädt zum Verweilen ein und im angrenzenden Laden können Weihnachtsartikel erworben werden.

Schloss Dölkau

06254 Dölkau
Stadt Leuna
Saalekreis

Nördlich von Bad Dürrenberg, nahe der B 181 zwischen Leipzig und Merseburg, liegt Dölkau, dessen Schloss der ehemaligen Besitzer der Herren von Zweymen im 17. und 18. Jahrhundert mehrfach seine Eigentümer wechselte. Von 1803 bis 1806

Schloss Dölkau

ließ der Bauherr Karl Ludwig August von Hohenthal, dessen Familie von 1749 bis 1945 im Besitz des Anwesens war, einen Barockbau durch den Leipziger Architekten und Baumeister Johann Friedrich Dauthe errichten. Umgeben wird der Herrensitz von einem Park im englischen Stil. Es ist ein großartiger, klassizistischer Rechteckbau, zur Straßenseite dreigeschossig. Die Hauptfassade öffnet sich nach Norden. In der Mitte liegt ein mächtiger Portikus aus sechs Säulen mit davorliegender Freitreppe und großen antiken Gefäßen in Eisenkunstguss. Die Südfassade enthält einen quadratischen Ausbau für das große Treppenhaus, das durch dorische Säulenstellungen zu beiden Obergeschossen geöffnet ist und von einer Ovalkuppel mit illusionistischer Kassettierung abgeschlossen wird. Verschiedene Säle besitzen Originalstuckdecken und Kamine,

Schloss Dornburg

und die großen historischen Wandgemälde von Carl von Binzer aus der Zeit um 1860 sind zurzeit überdeckt. Das um 1751 errichtete zweigeschossige Torhaus ist mit einer stichbogenartigen Durchfahrt und bekröntem Risalit gestaltet. Im Park befindet sich ein klassizistisches Denkmal von Johann Jacob von Hohenthal aus dem Jahre 1803. Zu den Besitzern zählten im 15. Jahrhundert die Familien von Zweymen, ab 1509 die von Brandenstein, denen 1650 die von Goldstein folgten. Ab 1689 hatten die Stösser von Lilienfeld das Anwesen inne, diese wurden durch die von Bibra um 1749 abgelöst, schließlich ab 1749 bis 1945 die Grafen von Hohenthal und Bergen. Heute ist das Schloss Privatbesitz und öffentlich nicht zugänglich.

Schloss Dornburg

39264 Dornburg
Stadt Gommern
Landkreis Jerichower Land

Dornburg liegt südöstlich von Gommern, südwestlich von Leitzkau und nördlich von Barby. Der Ort erhielt 937 seine erste urkundliche Erwähnung und war eine Pfalz der sächsischen Kaiser. Es war eine Burgstelle auf einer hochwasserfreien Erhebung in der Elbeniederung und befand sich seit dem 12. Jahrhundert im Besitz von Albrecht dem Bären. 1634 kam die Anlage nach wechselnden Eigentümern zu Lehen an die Askanier. Von 1727 bis 1738 begann man mit dem Neubau einer hochbarocken Dreiflügelanlage mit vorgelagertem Wirtschaftshof und Gartenparterre zur Elbe durch Johann Christoph Schütze. Dieses Anwesen wurde 1750 durch einen Brand zerstört. Diesem folgte ab 1751 der Bau eines dreigeschossigen Gebäudes als Maison de plaisance (Lustschloss, Landhaus) und Witwensitz für die Fürstin Johanna Elisabeth von Anhalt-Zerbst. Die Pläne kamen vom Saarbrücker Hofarchitekten und Generalbaudirektor Friedrich Joachim Stengel, die Bauleitung übernahm Christian August Guth sowie ab 1752 Karl

Wilhelm Christ. Hierbei wurde die Kapelle ausgegliedert und die Kirche neu gebaut. Der Barockbau an der Elbe wurde bis 1758 als unvollendetes Schloss eingestellt und nach dem Erlöschen des Hauses Anhalt-Zerbst und der Dornburger Nebenlinie setzte ein zunehmender Verfall der Anlage ein. 1872 kaufte sie der Amtsrat Hühne. Heute präsentiert sich ein dreiteilig ausgerichteter, dreigeschossiger Bau in einer Flucht, dessen mit plastischen Gliederungselementen aus Cottaer Sandstein verzierter Mittelteil mit gewölbter Dachform in der Höhe über die Seitenflügel hinausragt. Auf dem Mittelrisalit liegt das Allianzwappen zwischen Minerva und Bellona bzw. Fortuna und Fama. Innen sticht sofort die großartige, einarmige dreiläufige Paradetreppe des Mittelrisalits ins Auge, und im Obergeschoss befinden sich die herrschaftlichen Gemächer. Zur Elbseite liegen die Reste einer terrassenförmigen Gestaltung mit barocker Treppenanlage, deren Garten- und Parkanlage einen verwilderten Eindruck macht. Während der Naziherrschaft war im Schloss der Arbeitsdienst untergebracht und nach 1945 wurde der Herrensitz geplündert, verfiel und sollte abgerissen werden. Von 1953 bis 1962 restaurierte man das Objekt und nutzte es als Archiv sowie als Außenstelle des Landesamtes für Archäologie Sachsen-Anhalt. Heute werden nach Anmeldung und zum Tag des offenen Denkmals Gruppenführungen in zwei renovierungsbedürftigen Räumen angeboten. Das Schloss ist ein hervorragendes Beispiel mitteldeutschen Barocks, war ursprünglich als großzügige Dreiflügelanlage mit Ehrenhof geplant.

Herrenhaus Dorst

39638 Dorst
Gemeinde Calvörde
Landkreis Börde

Östlich von Calvörde, am Rande des Naturparks Colbitz-Letzlinger Heide und südlich von Gardelegen, liegt der Ort Dorst. Im Jahre 1311 wurde er erstmals erwähnt und während des Drei-

Herrenhaus Dorst

ßigjährigen Krieges lag das Land hier wüst, bis Dorst 1704 neu gegründet wurde. 1863 entstand ein erster Herrensitz, wogegen der heutige breit gelagerte, von zwei Rundtürmen flankierte zweigeschossige Klinkerbau ein noch recht junger aus den Jahren 1922/23 ist. Die damaligen Gutsbesitzer Paul und Margarete Fischer ließen die ungewöhnlich große, zweigeschossige Anlage bauen. Am Vorder- und Parkbereich prunkt je eine qualitätsvolle Freitreppe und Figurenschmuck wertet das Herrenhaus auf. Über der Traufe befinden sich Skulpturen von Jägern und Bauern bei der Arbeit und nach Süden ausgerichtet findet man die dreitürige monumentale Portalanlage mit der Freitreppe zum Park.
Geziert von mehreren Farbfenstern wird die gotisierende Eingangshalle. Ebensolche befinden sich im Jagdzimmer des östlichen Rundturms mit analogen Szenen. Auch die rudimentäre Parkanlage vereint sich mit der Bauarchitektur der 1920er-Jahre in der Mischung von Elementen des Neubarock und der Sachlichkeit jener Zeit sowie im Innern vom Expressionismus und der Neugotik. Bis zum Jahre 2009 befand sich hier der Sitz der ehemaligen Gemeinde Dorst, die später in der Gemeinde Calvörde aufging. Für Interessenten werden Führungen im Schloss angeboten und im Saal kann man Feiern ausrichten.

Herrenhaus Dretzel

Herrenhaus Dretzel

39307 Dretzel
Stadt Genthin
Landkreis Jerichower Land

Dretzel liegt 13 Kilometer südlich von Genthin an der Einmündung der B 107 nahe der Abbiegung nach Burg, am Südrand des Fiener Bruchs. Hier vereint sich harmonisch das Herrenhaus mit der Kirche und dem Park. Bereits im 14. Jahrhundert stand an jenem Platz eine mittelalterliche Burganlage der Familie von Kracht. Sie wechselte mehrfach den Besitzer und kam schließlich 1790 an die Familie von Stilcke. Dessen Familienoberhaupt, Kriegs- und Domänenrat Hermann Ludwig, ließ von 1807 bis 1810 das heutige Herrenhaus anstelle des abgebrannten Vorgängerbaus errichten. Nur eine einzige Änderung wurde bis zum Jahre 1954 am Herrensitz vorgenommen, als man den überdachten westlichen Eingang durch eine Terrasse mit zwei Treppenaufgängen ersetzte. Der zweigeschossige verputzte Bau ruht auf hohem Sockel und ist mit einem Mansardwalmdach gedeckt. Mittel- und Seitenrisalite lockern die Fassade auf, die mit kannelierten ionischen Pilastern verziert ist. Östlich des Herrenhauses befinden sich barocke Wirtschaftsbauten des 18. und späten 19. Jahrhunderts. Im Jahre 1945 wurden die Besitzer enteignet. Heute befinden sich im ehemaligen Herrensitz Wohnungen und in einem stilvollen Ambiente werden Trauungen durchgeführt. Räumlichkeiten für Feste aller Art werden ebenso angeboten.

Schloss Droyßig

06722 Droyßig
Burgenlandkreis

Nur wenige Kilometer westlich von Zeitz und östlich der A 9 liegt das Städtchen Droyßig, dessen Schloss sich im Zentrum befindet und seinen Ursprung in einer vermutlich wohl durch Albert von Droyßig erbauten mittelalterlichen Niederungsburg des 12./13. Jahrhunderts hat. Errichtet wurde diese zur Sicherung eines wichtigen Straßenkreuzungspunktes. Ursprünglich gab es hier einen doppelten Mauerring, von einem Graben umgeben, dessen Außenmauer von sechs Halbrundtürmen verstärkt war. Im Gefolge Kaiser Friedrichs I. Barbarossa tauchte 1181 ein Albert von Turt in hiesiger Gegend auf, der 1190 den Beinamen Droyßig führte und somit wohl auch Lehnsherr des Ortes war. Er schenkte seine Niederlassung dem Templerorden, was von König Friedrich II. 1214 in Nürnberg bestätigt wurde. Als Papst

Schloss Droyßig

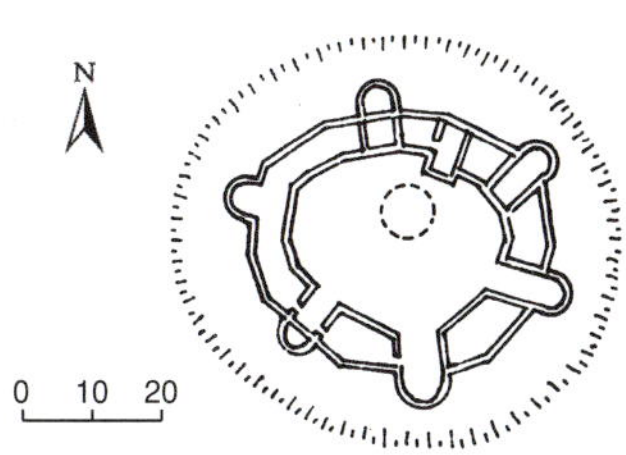

Schloss Droyßig, Grundriss

Clemens V. den Templerorden in Droyßig auflöste, folgte diesem der Johanniterorden als Besitzer. Im Zentrum der Anlage stand 1605 noch ein hoher starker Rundturm und in die Burg gelangte man nur über eine Zugbrücke, die von Osten her zwischen zwei Türmen in den Hof führte. Mehrfach wurde die Burg in den Jahrhunderten um- und ausgebaut. Im südwestlichen Turm befindet sich ein klassizistisches Treppenhaus vom Anfang des 19. Jahrhundert. Als die Feuerwaffen erfunden wurden, verlor die Burg an Bedeutung, sodass Christian Julius von Hoym Anfang des 17. Jahrhunderts diese als repräsentativen Herrensitz zum Schloss umbauen ließ. Die Schlosskapelle der Spätrenaissance von 1622 blieb im Inneren nach teilweisem Abbruch der ehemaligen Befestigungsanlage unvollendet. Veränderungen am Schloss wurden Anfang des 19. Jahrhunderts und nach 1863 vorgenommen. Restaurierungen erfolgten 1996. Prinz Hugo von Schönburg-Waldenburg ließ einen Bärenzwinger im Schlossgraben anlegen, in dem die Bären Toni und Aiko 2003 ihr neues Zuhause fanden, doch heute steht der Zwinger leer. Im Schloss befindet sich eine gastronomische Einrichtung mit deutsch-spanischer Küche und im Keller wird Wein gekeltert. Die Gemeinde organisiert jährlich Veranstaltungen im Schlosspark, wie historische Märkte, und in der Schlosskapelle regelmäßige Konzert-, Kabarett- und Theaterveranstaltungen. In der Schlosskirche kann man den Bund fürs Leben schließen, wer noch gut zu Fuß ist, eine Turmbesteigung vornehmen. Des Weiteren gibt es eine Heimatstube, Gemeindebibliothek, Vereinsräume und Wohnungen. Die Gesamtanlage befindet sich im Gemeindeeigentum.

Eckartsburg

06648 Eckartsberga

Burgenlandkreis

Das Städtchen Eckartsberga liegt an der Landesgrenze Sachsen-Anhalts zu Thüringen, etwa 22 Kilometer südwestlich von Naumburg (Saale) an der B 87. Es besitzt eine ansehnliche Burgruine auf dem Auslauf des lang gestreckten Finne-Höhenrückens, an einem Pass zur Kontrolle der Straßen. Im Jahre 1073 ist in einer Urkunde ein Reihendorf erwähnt, doch 998 hatte vermutlich schon eine Anlage des Markgrafen von Meißen, Ekkart I., gestanden, der getreuer Parteigänger Kaiser Ottos III. war. Als die Ekkehardiner ausgestorben waren, übernahm von 1112 bis 1115 Wieprecht von Groitzsch die Burg. Belegt ist ein Reichsbesitz in der Zeit von 1046 bis 1121, als durch Kaiser Heinrich V. die Burg dem Landgrafen Ludwig dem Springer von Thüringen als Reichslehen überlassen wurde. Es waren wohl die Ludowinger, Ludwig III. und Hermann I., die mit dem Bau der heute noch bestehenden Anlage begonnen haben. 1247 zerstörte Markgraf Heinrich der Erlauchte die Burg. So ging die weitläufige Anlage, bestehend aus Vor- und Hauptburg, von einem Graben-Wall-System umgeben, in den Besitz der Wettiner über. Von 1457 bis 1462 verbannte Herzog Wilhelm III. von Sachsen und Landgraf von Thüringen seine Gemahlin Anna von Österreich in die Festung. 1559 verkaufte die kursächsische Regierung das Burgzubehör und nach dem Dreißigjährigen Krieg befand sich die Burg in einem wüsten Zustand, doch einzelne Gebäude wurden dennoch wirtschaftlich genutzt. Die Anlage blieb bis in das 18. Jahrhundert ein befestigter Wohnsitz, begann später aber zu verfallen. In der Vorburg findet man das Torhaus und

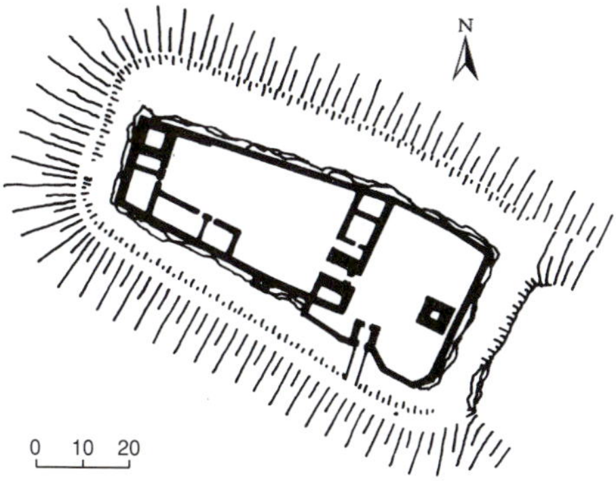

Eckartsburg, Eckartsberga, Grundriss

Eckartsburg, Eckartsberga

den frühgotischen Bergfried. Die Hauptburg birgt einen romanischen Wohnturm aus der Zeit um 1160/70 und die Reste des romanischen Palas. Im Jahre 1806 fand bei Eckartsberga ein Gefecht der Doppelschlacht von Jena-Auerstedt statt, und Johann Wolfgang von Goethe dichtete 1813 auf der Burg seine Ballade „Der getreue Eckert“. Burg und Stadt wurden 1815 nach dem Wiener Kongress preußischer Besitz. Eine Restaurierung am Bergfried wurde von 1819 bis 1821 vorgenommen. Seit 1861 befindet sich auf der Burg eine Gaststätte, 1926 richtete man den „Rittersaal“ ein. Eine Instandsetzung bekam die Anlage 1991 bis 1998. Heute bietet der beliebte Ausflugsort neben einem Museum, das es auch schon 1937 gab und das 1955 wieder eröffnet wurde, ein Burgrestaurant, ein Diorama der Schlacht von Auerstedt im Jahre 1806, auch Spielmöglichkeiten für Kinder an der Burg. 1996 ging die Eckartsburg in das Eigentum der Stiftung Dome und Schlösser in Sachsen-Anhalt über.

Wasserburg Egeln, Grundriss

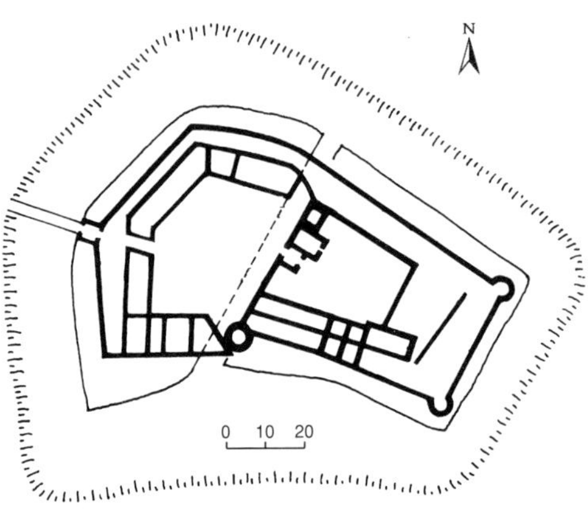

Wasserburg Egeln

39435 Egeln
Salzlandkreis

Egeln ist etwa 20 Kilometer südwestlich von Magdeburg, auf halbem Weg nach Halberstadt, im Salzlandkreis zu finden. Als „Osteregulon“ wurde der Ort erstmals im Jahre 941 mit einem neuen Kastell durch König Otto I. erwähnt, als er Teile des Hakewaldes Siegfried, dem Sohn des Markgrafen Gero, schenkte. Es diente dem Schutz der Heerstraßen von Erfurt, Quedlinburg und Goslar, die an der Furt durch den Bodefluss vereint zu einer Straße nach Magdeburg weiterführten. Im 10. und 11. Jahrhundert entstand durch die Askanier eine neue Burg, die jedoch 1250 durch die Edlen von Hadmersleben erobert wurde, die ihren Hauptsitz dorthin verlegten und sich nun Herren von Egeln nannten. 1416 starb Graf Curd von Hadmersleben zu Egeln ohne männlichen Nachkommen, womit das Anwesen über die Grafen von Barby 1418 an das Magdeburger Domkapitel kam. Erzbischof Günther von Schwarzenburg gestaltete die Burg zu einer spätgotischen Anlage um, die man als Sommerresidenz und Tafelgut nutzte. Die schwedischen Truppen verlegten im Dreißigjährigen Krieg zeitweise ihr Heereshauptquartier in das Schloss, auch als Wohnsitz des Generalfeldmarschalls Johan Banér diente es. Später bekamen Offiziere die nun preußisch gewordene Domäne als Pachtgut. 1945 wurde die Anlage ein volkseigenes Gut, worauf logischerweise der Verfall begann. Couragierte Bürger, wie der Egelner Uhrmacher Hans Grube, verhinderten 1987 in der „Aktion Wasserburg" vor dem Stadtrat die Verschüttung des gesamten Burggrabens und erreichten in der Folge 1993 die Restaurierung des Bergfrieds und des Torhauses, das seitdem das Egelner Museum für Vor-, Früh- und Stadtgeschichte birgt. Im Jahre 1995 gelangte die Burganlage in den Besitz der Stadt Egeln, die hier langfristig ein kulturelles Zentrum für die Bevölkerung plant. Auf der Oberburg mit Freilichtbühne, Kreativzentrum und Kellertheater finden ganzjährig verschiedene Veranstaltungen sowie standesamtliche Trauungen im Torhaus statt. Im romanischen Gewölbe kann man Feiern ausrichten und im Palas, mit reich geschmücktem Volutengiebel von 1617, gibt es seit 2008 Übernachtungsmöglichkeiten.

Wasserburg Egeln

Herrenhaus Eichenbarleben

39167 Eichenbarleben
Einheitsgemeinde Hohe Börde
Landkreis Börde

In der Magdeburger Börde, an der B 1 zwischen Magdeburg

Herrenhaus Eichenbarleben

und Helmstedt, liegt die Gemeinde Eichenbarleben. Bis 1452 befand sich das Anwesen im Besitz derer von Wanzleben. Joachim I. von Alvensleben erwarb 1565 mit Schloss Hundisburg auch das Herrenhaus Eichenbarleben, entstanden auf dem Gelände einer 1140 erstmals urkundlich erwähnten mittelalterlichen Wasserburg. Er baute die Anlage mit runden Ecktürmen für seinen jüngsten Sohn aus und gründete hier eine Lateinschule, die jedoch dem Dreißigjährigen Krieg zum Opfer fiel. Sein Nachfolger, Gebhard Johann I. von Alvensleben, richtete später eine Sternwarte ein, doch zuvor wurden die Kriegszerstörungen von 1654/55 beseitigt. Im Jahre 1703 gab man den zuvor errichteten Palas wieder auf, um das von 1701 bis 1703, vermutlich vom braunschweigischen Hofbaumeister Hermann Korb, errichtete Herrenhaus zu beziehen. Helene von der Schulenburg, die Witwe des Bauherrn, ließ den Eckturm und das angrenzende Gebäude für sich umgestalten. Auf dem Sprenggiebel des Ädikularportals befindet sich ein Allianzwappen von Gebhard Johann von Alvensleben und seiner Frau Helene von der Schulenburg. Seit 1700 war in Eichenbarleben der Hauptsitz einer weitverzweigten Linie mit höheren militärischen Persönlichkeiten, wie den preußischen Generälen Gustav und Constantin von Alvensleben. Im Jahre 1858 fiel der Burgbesitz an die Herren von Krosigk, die bis 1945 Eigentümer waren. Die im Hintergrund liegende Kirche, die mit interessanten Grabmälern des 16. bis 18. Jahrhunderts belegt ist, wurde von der Witwe Joachims, Margaretha von der Asseburg, erbaut und durch Helene von der Schulenburg barock erneuert. Der zweigeschossige Putzbau ist heute marode und schmucklos und an das Anwesen grenzt ein ehemaliger Garten im englischen Stil an.

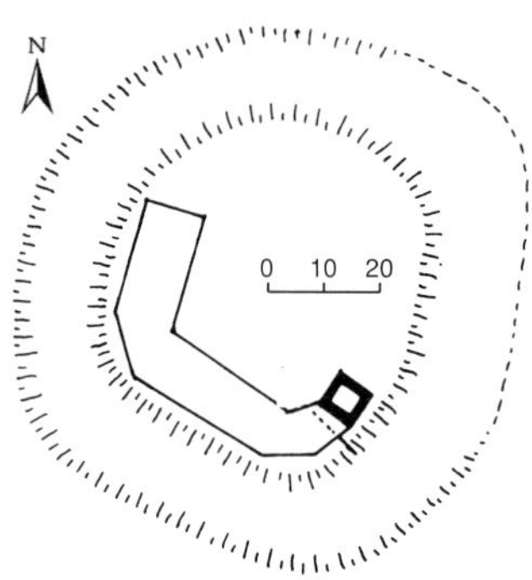

Burg Emersleben, Grundriss

Burg Emersleben

38822 Emersleben
Stadt Halberstadt
Landkreis Harz

Emersleben, 1045 erstmals genannt, ist ein Stadtteil nordöstlich von Halberstadt im Harzvorland an der Holtemme, in dem

Burg Emersleben

urkundlich besiegelt 1136 das Halberstädter Sankt Paulsstift Land besaß. Elf Jahre später wird ein Geschlecht der „Edlen von Amerslove“ erwähnt. In der Zeit von 1120 bis 1180 entstand hier die Burg Falkenstein, einige Jahre später baute man unweit die Rundburg Emersleben. Die noch bestehende Anlage ist ein Burgrest und wurde erstmals 1248 urkundlich erwähnt. Sie war 1253 im Besitz des Klosters Corvey. Vom auch als Schloss bezeichneten Anwesen existiert nur noch der fünfstöckige Bergfried, ein spätgotisches Wohnhaus mit Treppenturm und Reste der Ringmauer. Die Geschichte der Burg weist erhebliche Lücken in den folgenden Jahrhunderten auf. Das Portal stammt aus dem ehemaligen Schloss Gröningen. Das Anwesen wird landwirtschaftlich genutzt. Die Gaststätte „Storchennest“ war im Sommer 2014 nicht mehr geöffnet. Das Anwesen kann nicht besichtigt werden und ist nur von außen einsehbar.

Konradsburg

06463 Ermsleben
Stadt Falkenstein (Harz)
Landkreis Harz

Ermsleben ist ein östlicher Stadtteil von Falkenstein am Nordostrand des Harzes. Die

Konradsburg, Ermsleben

Konradsburg liegt südlich der Stadt und wurde erstmals 1021 erwähnt. Gedient hatte sie dem Schutz des Reichsgutes Harz, besaß allerdings keine Merkmale einer Wehranlage. Schon 1120 verließen die Konradsburger Ermsleben und erbauten auf einem Bergsporn im Selketal die Burg Falkenstein, nach der sie sich ab 1142 nannten. Die Konradsburg wurde ein Benediktinerkloster und somit ein geistliches und wirtschaftliches Zentrum des Umlandes. Diese neue Funktion der einstigen Burg soll eine Sühneleistung für den um 1080 von Egeno II. von Konradsburg an dem Grafen Adalbert II. von Ballenstedt begangenen Mord gewesen sein. Nach dem Bauernkrieg gaben die Mönche das Kloster, von dem heute noch der hohe Chor und die darunterliegende Krypta der dreischiffigen, romanischen Basilika erhalten geblieben sind, im Jahre 1526 auf. Im 18. Jahrhundert baute man das Fachwerk-Brunnenhaus mit großem hölzernen Esel-Tretrad und 1852 das Wirtschaftsgebäude. An Letzterem befindet sich ein barockes Wappen der Familie von Hoym und eine Inschrifttafel von 1693. Nach dem Zweiten Weltkrieg brachte man hier Flüchtlinge unter und in den 1970er-Jahren stoppten engagierte Bürger den Verfall der Anlage. 1990 gründete sich der Förderverein Konradsburg e. V. und sechs Jahre später ging die Anlage in das Eigentum der Stiftung Dome und Schlösser in Sachsen-Anhalt über. Zahlreiche Veranstaltungen werden auf dem Gelände durchgeführt. Auf dem im Areal befindlichen Gnadenhof finden Kinderfreizeiten statt.

Schloss Erxleben

39343 Erxleben
Landkreis Börde

Erxleben liegt 18 Kilometer südwestlich von Haldensleben und etwa 29 Kilometer westlich von Magdeburg an der B 1. Es wurde 958 erstmals urkundlich erwähnt. Ursprünglich entstand hier vermutlich um 1170/80 durch das Ministerialengeschlecht derer von Erxleben eine Wasserburg. 1273 wurde die Familie von Alvensleben mit dieser belehnt. Von der vermutlich romanischen Burg des frühen 13. Jahrhunderts ist nur der quadratische Bergfried bekannt, der einst frei im Hof hinter dem großen östlichen Flügel stand. Als die Vorgängeranlage nach einem Brand vernichtet wurde, begann Busso von Alvensleben mit einem umfassenden Um- und Schlossneubau. Dies war der Beginn einer aus der Niederungsburg hervorgegangenen, völlig neuen Schlossanlage des 16. Jahrhunderts von imponierenden Ausmaßen mit in Renaissance- und Frühbarockformen verändertem spätgotischem Schloss II und spätbarockem Schloss I, je mit einem Wirtschaftshof. Zunächst baute man 1526 den Ostflügel des Vorderschlosses unter Nutzung älterer Teile. 1553 starb die rote Linie der von Alvensleben aus. Im Jahre 1554 teilte man das Anwesen in zwei Herrensitze für die weiße und schwarze Linie der Familie von Alvensleben, wobei beide Linien die von 1564 bis 1580 erbaute Schlosskapelle St. Godehardi nutzten. Diese besitzt eine sehenswerte barocke Ausstattung, die zum Teil aus der Werkstatt des Tobias Wilhelm aus Magdeburg stammt. Die Kirche birgt zahlreiche edel gestaltete Grabmale dieser Familie aus dem 16. bis 18. Jahrhundert. Von 1556 bis 1563 wurden das Brauhaus und der dreigeschossige Südflügel erbaut und 1583 entstand das dreigeschossige Wohnhaus. Erneut beschädigte 1632 ein Brand die Anlage, die Gebhard Johann VIII. von Alvensleben erst von 1679 bis 1682 wieder herstellen ließ. Von 1679 bis 1682 erneuerte man den dreigeschossigen Ostflügel, der ein prächtiges Barockportal von 1682 besitzt. Das neue barocke, zweigeschossige Schloss mit hohem Mittelrisalit entstand von 1782 bis 1784 für Friedrich August II. von Alvensleben durch den königlichen Landbaumeister J. C. Huth aus Halberstadt im Nordostbereich der Anlage. Im angrenzenden Schlosspark steht ein klassizistisches Gartenhaus und eine barocke Schlossbrücke führt in

Schloss Erxleben

Burg Etzoldshain

den alten Vorburgbereich. Auch die Familie von Alvensleben wurde, wie viele andere adelige Besitzer, 1945 enteignet. Später hatte im Gut und Schloss I die Verwaltungsgemeinschaft Beverspring ihren Sitz und heute wird die Anlage von der Verbandsgemeinde Flechtingen, Außenstelle Erxleben, genutzt.

Burg Etzoldshain

06729 Etzoldshain
Gemeinde Elsteraue
Burgenlandkreis

Die heute marode und eingewachsene Burg Etzoldshain ist der Rest einer ehemaligen Wasserburg im gleichnamigen Ortsteil der Gemeinde Elsteraue, gelegen nordöstlich von Zeitz, nahe der Landesgrenze zu Sachsen, unweit der B 2. Erstmals urkundlich erwähnt wurde die Wasserburg im Jahre 1415. Die einst runde Burganlage, von der heute nur noch der fünfgeschossige quadratische Bergfried und zwei Meter starke Mauern erhalten geblieben sind, wurde von einem Wassergraben mit Wall umgeben und stand auf einem nahezu kreisrunden Hügel. Die ursprüngliche Geländekonstellation in der Elsteraue ist noch weitgehend erkennbar. Auf dem Areal befindliche Gutsgebäude aus dem 19. Jahrhundert bezogen die Burgreste mit ein. Die bestehende Anlage befindet sich in Privatbesitz und ist nicht zugänglich.

Burg Falkenstein

06463 Falkenstein (Harz)
Landkreis Harz

Burg Falkenstein war die Namensgeberin der heutigen Stadt Falkenstein, die sich am Nordostrand des Harzes, südwestlich von Aschersleben an der B 185, befindet. Im Jahre 1115 wurde ungefähr zwei Kilometer westlich der späteren Burg Falkenstein die ehemalige Reichsburg „Alter Frankenstein" zerstört. Gebaut wurde die heute bestehende Burganlage als Höhenburg auf felsiger Bergzunge über dem Selketal zwischen 1120 und 1180. Im Laufe der Jahrhunderte erfuhr sie zwar zahlreiche Veränderungen, behielt aber trotzdem ihren mittelalterlichen Charme. Aufgrund der günstigen Lage wurde sie nie erobert. Erbauen ließ sie der Sohn des Egeno II. von Konradsburg, Burchard von Konradsburg, nachdem der Vater um 1080 den Grafen Adalbert II. von Ballenstedt erschlagen hatte. Die Herren von Konradsburg nannten sich von nun an von Falkenstein, doch Graf Burchard III. von Falkenstein schenkte die allodiale Stammgrafschaft 1332 dem Bistum Halberstadt. Ein gutes Jahrhundert später verkaufte man die Burg und Herrschaft 1437 an die Herren von der Asseburg und baute 1491 die Anlage um. In den Jahren 1642/43 war die Burg von Schweden besetzt. Noch 1600 bekam sie eine Umgestaltung zum Wohn- und Jagdschloss, und auch im 19. Jahrhundert wurde die Anlage mehrfach verändert. Von 1909 bis 1912 wurde der Südflügel restauriert. Die Familie von der Asseburg wurde 1945 enteignet. 1962 erfolgte eine weitere Restaurierung vor allem der Aufbauten südlich der Kernburg. Im Wesentlichen profiliert sich die Burganlage, in welcher der Verfasser des

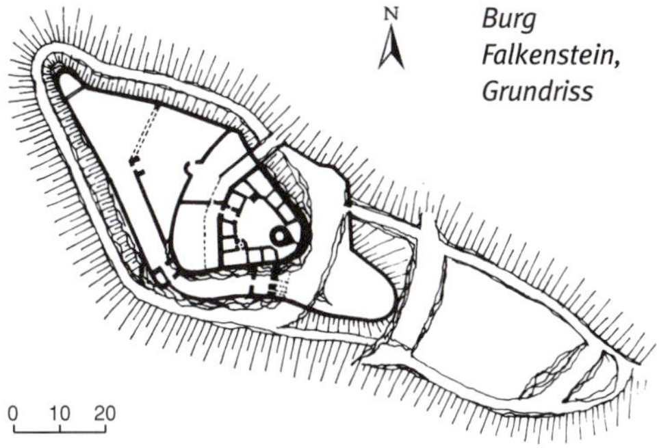

Burg Falkenstein, Grundriss

Sachsenspiegels und der Sächsischen Weltchronik, der anhaltinische Eike von Repgow lebte, mit sieben Toren, fünf Zwingern und drei schützenden Gräben. Drei unregelmäßige Flügel mit

Burg Falkenstein

dem Bergfried aus dem 12. Jahrhundert und die Kapelle aus dem 13. Jahrhundert liegen hinter einer hohen Schildmauer mit Wehrgang. Das Wohnschloss trägt an der Südseite Volutengiebel und an der Westseite steht ein reicher Fachwerkbau auf massivem Untergeschoss. An der Südwestecke ziert ein reiches Portal den Treppenturm. Seit 1990 gab es an der Burg Falkenstein umfassende Instandsetzungen und Rekonstruktionen. In heutiger Zeit ist sie mit ihrem Museum, der Falknerei und gastronomischen Betreuung mit traditionellen Ritteressen ein Besuchermagnet und zählt zu den beliebtesten Ausflugszielen im Harz. Bereits um 1800 gab es hier ein Museum, das der Öffentlichkeit zugänglich war. Jährlich im Sommer findet seit 2006 ein „Minneturnier“ in Tradition eines mittelalterlichen Sängerwettstreits statt, an dem bekannte Sänger aus Deutschland, Österreich, der Schweiz und Italien teilnehmen. Auch Wanderer laufen die Burg gern an, da sie hier den Stempel 200 für die Harzer Wandernadel erhalten. Seit 1996 ist die Burg in das Eigentum der Stiftung Dome und Schlösser in Sachsen-Anhalt übergegangen, mit Sitz einer Außenstelle.

Wasserburg Oberfarnstädt, Farnstädt

Wasserburg Oberfarnstädt

06279 Farnstädt

Verbandsgemeinde Weida-Land
Saalekreis

Nahe der A 38 liegt nördlich von Querfurt der Ort Farnstädt an der B 180. Er ist eine sehr alte Siedlungsstätte und es wird vermutet, dass die Ortschaft bereits in der Zeit des Thüringer Reiches bestand, also vor der Schlacht im Jahre 531 bei Burgscheidungen an der Unstrut. Im Zehntverzeichnis des Klosters Hersfeld, welches in die Zeit zwischen 881 und 899 einzuordnen ist, wird die Ansiedlung als zehntpflichtiges „Farnistat im Friesenfeld“ erstmals urkundlich erwähnt. Hier existierte zu jener Zeit eine Pfalz mit dem Königshof Farnstädt. Die heutige stattliche, barocke zweigeschossige Vierflügelanlage mit einem flachen Mittelrisalit stammt aus dem 17. Jahrhundert durch Umbauten der Familie von Geusau und wurde in der Folgezeit durch eine starke Überformung entstellt. In der Mitte des Ostflügels liegt der quadratische, mittelalterliche dreigeschossige Turm mit Wappentafel derer von Geusau aus dem Jahre 1615. Vom umlaufenden Wassergraben blieben der westliche und nördliche Graben erhalten. Der ehemalige Vorhof, auf dessen Nordseite sich ein bemerkenswertes Fachwerkhaus befindet, wurde im Laufe der Zeit durch moderne Bauten entfremdet. Die Anlage ist in Privatbesitz. Räume für Feierlichkeiten können angemietet werden.

Burg Flechtingen

39345 Flechtingen

Landkreis Börde

Der Luftkurort Flechtingen liegt etwa 15 Kilometer nordwestlich von Haldensleben, unweit des Mittellandkanals und des Flechtinger Höhenzuges. Im Jahre 961 wird in einer Schenkungsurkunde von König Otto I. für das Magdeburger Moritzkloster der Ort Flechtingen erwähnt. Die Entstehung der zweiteiligen, malerisch wirkenden Wasserburg auf einem Porphyrfelsen im

Burg Flechtingen

See, bestehend aus Vor- und Hauptburg, geht auf das 13. Jahrhundert zurück. Mit dem Bau hatten Alverich und Heinrich von Schenck begonnen. 1426 entstand die Kemenate, doch 1483 beschädigte ein Großbrand die Anlage, welche anschließend in den Obergeschossen in niedersächsischem Fachwerk erneuert und die Kernburg in den westlichen Vorburgbereich verlegt wurde. Bedeutende Umbauphasen vollzogen sich zum Ende des 15. und im ersten Viertel des 16. Jahrhunderts im spätgotischen Stil, Ende des 16./Anfang des 17. Jahrhunderts in Formen der Renaissance. So wurde un-

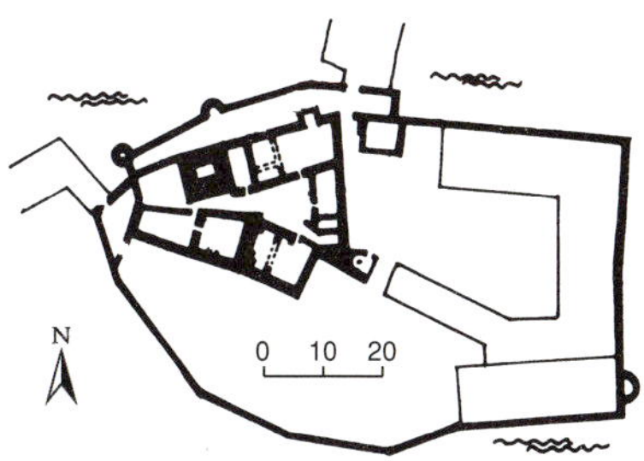

Burg Flechtingen, Grundriss

Schloss Unterfrankleben, Frankleben

ter Werner von Schenck und seiner zweiten Ehefrau Sabine von Bredow um 1590 bis 1600 die zum Ort gerichtete Nordfassade mit Renaissancefenstern versehen und der Anbau des Renaissance-Erkers im Nordflügel gestaltet. Sie schufen ein neues Eingangsgebäude mit vorzüglichen Steinmetzarbeiten am Portal sowie den Prachterker mit Wappen und Masken. Des Weiteren ersetzten die Besitzer die ehemalige Zugbrücke durch einen Ausfahrtsdamm. Den Querflügel nach Westen gaben vermutlich um 1610 bis 1619 Kersten von Schenck und Maria Magdalena von der Schulenburg in Auftrag. Eine historisch-neugotische Umgestaltung erfolgte von 1860 bis 1897, hierbei erfolgte auch die Gestaltung der Ufereinfassung des Sees und des sich weiträumig um den See ziehenden Landschaftsparks, des heutigen Kurparks, unter Eduard von Schenck angelegt. Die Familie von Schenck, bereits seit 1307 Besitzer der Anlage, wurde 1945 enteignet. Als die Burg 1946/47 in den Besitz des Kreises Gardelegen gelangte, wurde sie unterschiedlich genutzt und bekam 1957 eine Restaurierung. Zwischen 1964 und 1966 führte man umfangreiche Umbauten für ein Altersheim und seit dem Jahre 2000 erneute Instandsetzungsarbeiten durch. Im Torhaus befindet sich ein Restaurant.

Schloss Unterfrankleben

06259 Frankleben
Stadt Braunsbedra
Saalekreis

In der Mitte der Diagonale von Braunsbedra nach Merseburg, an der A 38, liegt Frankleben im Geiseltal. Ursprünglich stand hier anstelle des heutigen Schlosses eine ehemalige Wasserburg, die bereits 1326 im Besitz der Familie von Bose war. Das Renaissanceschloss Unterfrankleben, auch als Unterhof-Frankleben bezeichnet, hatte diese Familie zwischen 1597 und 1603 errichten lassen und es war 619 Jahre, bis 1945, in deren Besitz. Das im Erscheinungsbild ansprechende, unregelmäßige vierflüglige Schloss mit der westlichen Schauseite zählt zu den bedeutendsten Renaissanceschlössern des Landes Sachsen-Anhalt. Der Zugang befindet sich neben dem südwestlichen Turm, dessen Portal stark verwitterte Gaffköpfe zeigt und eine Giebelverdachung trägt. Der mittig angeordnete dreigeschossige Standerker und die beiden runden Ecktürme geben dem Bau eine besondere Würde. Den von vier Flügeln umgebenen Innenhof dominiert ein hoch aufragender, achteckiger Treppenturm mit geschweifter Haube. Die umlaufenden, offenen, flachbogigen Arkaden auf toskanischen Säulen stammen aus dem 20. Jahrhundert. Das rundbogige Sitznischenportal weist eine reiche Dekoration auf und im Aufsatz befindet sich das Allianzwappen des Dietrich von Bose und seiner Gemahlin Magdalene von Berbisdorf aus dem Jahre 1602. Die Innenräume weisen sehenswerte Holz- und Stuckdecken auf und der ehemalige Rittersaal wird von einem repräsentativen Sandsteinportal des 16. Jahrhunderts gerahmt. Umgebende Wassergräben sind heute nur noch in teichartiger Form an der Süd- und Ostseite vorhanden. Der renovierte Schlosskomplex bietet Interessierten Gästezimmer, Ausstellungen sowie weitere stilvolle Räume für Feierlichkeiten. Des Weiteren befindet sich hier eine Außenstelle des Standesamtes.

Burg Freckleben

06449 Freckleben
Stadt Aschersleben
Salzlandkreis

Freckleben liegt nördlich von Hettstedt und südöstlich von Aschersleben im Wippertal und kann in Teilen noch auf eine mittelalterliche, romanische Höhenburg auf einer Bergnase am östlichen Ufer der Wipper aus der Zeit um 1200 verweisen. Der Ort wurde 762 erstmals urkundlich im Fuldaer Stiftungsbuch als Frekenlevo erwähnt, dessen älteste Anlage eine frühmittelalterliche, befestigte Siedlung mit beeindruckendem Befesti-

Burg Freckleben

gungssystem war, das noch gut erhalten ist. Wahrscheinlich stammen die noch sichtbaren Wallanlagen aus dieser Zeit. Erzbischof Adalbert von Magdeburg erhielt 973 bei einem von Kaiser Otto II. bestätigten Gütertausch mit Abt Werner von Fulda das Anwesen Freckleben, auf dem Adalbert 981 verstarb. Spätere Nachfolger auf der Burg waren im 12. Jahrhundert die Markgrafen der Nordmark vom Grafengeschlecht von Stade, die wohl die älteste steinerne Burg anlegten, vermutlich nördlich der romanischen Kernburg. Ein schreckliches Ende erfuhr der Letzte der Familie von Stade, Graf Udo von Freckleben, der 1130 von den Getreuen Albrechts des Bären in Aschersleben erschlagen wurde, worauf Kaiser Lothar III. die Herrschaft als herrenloses Lehen einzog. Im Jahre 1135 bezeugte man urkundlich einen Eckerich und Otto von Frakenleve und wiederum durch einen Gütertausch erhielt Erzbischof Wichmann von Seeburg 1166 von Kaiser Friedrich I. den Besitz Freckleben. Aus der hochromanischen Zeit stammen der runde Bergfried, Reste der Ringmauer und Fundamente des südwestlichen Eckgebäudes. In nachfolgender Zeit verwalteten Burggrafen bis 1296 die Anlage, die später an verschiedene Adelsfamilien als Lehen vergeben und somit die Herrschaft geteilt wurde. Das Erzbistum Magdeburg gab sie als Lehen an die Fürsten Waldemar und Georg von Anhalt, nachdem diese die Herrschaft 1479 von den Familien Dorstädt und Storbart abgekauft hatten. Im 16. Jahrhundert wurde das Anwesen als Domäne bewirtschaftet. Im 17. Jahrhundert kam Freckleben an die Dessauer Linie und im 19./20. Jahrhundert wurden die Wirtschaftsgebäude unter landwirtschaftlicher Nutzung mehrfach umgebaut und zahlreiche Veränderungen vorgenommen, so auch der große Rundturm niedergelegt. Mit der Aufteilung der Domäne 1945 entstanden mehrere Neubauernhöfe auf dem Gelände. Heute ist der Außenbereich frei zugänglich, eine kleine Heimatstube wurde eingerichtet und die Besteigung des Bergfrieds ist über Leitern, deren oberste zwei Etagen mit Drehspindelleitern ausgestattet und in Deutschland einmalig sind, möglich.

Burg Freckleben, Grundriss

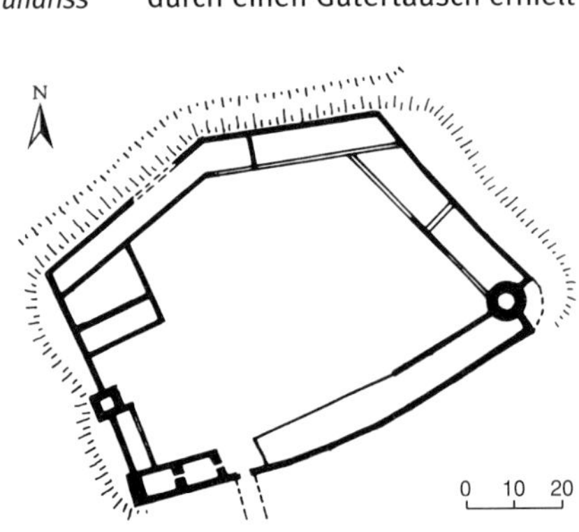

Schloss Neuenburg

06632 Freyburg (Unstrut)
Burgenlandkreis

Schloss Neuenburg, Freyburg (Unstrut)

Freyburg mit seinem gewaltigen Schloss Neuenburg liegt nördlich von Naumburg und westlich von Weißenfels. In den Jahren 1080 bis 1090 begann die Geschichte Freyburgs mit dem Bau der Neuenburg als romanische Anlage durch die Thüringer Landgrafen. Sie steht dominant auf einem Berg über der heutigen Stadt. Die Burg bildete den Gegenpol zur Wartburg im Westen Thüringens und sicherte den Ludowingern die Vorherrschaft über ganz Thüringen, diente diesen auch als zeitweilige Residenz. Freyburg wurde 1203 erstmals urkundlich als Ort erwähnt und erhielt 1261 das Stadtrecht. Im 13. Jahrhundert erfuhr die Anlage eine Erweiterung und befand sich 1247 im Besitz der Markgrafen zu Meißen und 1292 der Bischöfe von Merseburg, später wurde die Neuenburg Lehen des Markgrafen Otto von Brandenburg. Erneut gelangte 1332 der Landgraf von Thüringen in den Besitz der Anlage, die ab 1541 zu einem Wohnschloss für den Herzog August von Sachsen ausgebaut wurde. Nach den Verwüstungen im Dreißigjährigen Krieg begann man mit der Neugestaltung der Hofflächen und dem Brunnenbau 1665 bis 1677. Ställe und Wohnungen, Fürstensaal und ein neues Treppenhaus über dem Löwentor von 1673 entstanden neu oder wurden wieder hergestellt. Die Küche bekam eine Modernisierung, eine Badestube wurde im Keller des Fürstenbaus eingebaut und das Remisegebäude errichtet. Ein erneuter Umbau des Schlosses erfolgte 1666 für die Herzöge von Sachsen-Weißenfels, ein weiterer Ausbau unter dem sächsischen Kurfürsten Friedrich August II., auch im 18. Jahrhundert Umbauten am Schloss. Wiederum wurde die Anlage im Jahre 1853 und schließlich die Hauptburg, von einer Ringmauer umgeben, 1955 zur Einrichtung eines Heimatmuseums ausgebaut. Im Inneren befindet sich der prächtige Fürstensaal, versehen mit einem Portal von 1552, aber auch die romanische Doppelkapelle aus der Zeit um 1220 lenkt den aufmerksamen Blick auf die außergewöhnlichen Bauzierden. Nach 1945 nutzte man den ehemaligen Herrensitz zur Einrichtung zahlreicher Wohnungen. In den 1980er-Jahren stand der gewaltige Bau für einige Zeit leer und die Instandsetzungen schritten vor allem am Bergfried „Dicker Wilhelm“ nur langsam voran. Seit 1990 ist die Anlage der Öffentlichkeit wieder zugänglich und wurde schrittweise für das Schlossmuseum, welches seit 1992 geöffnet ist, instand gesetzt. Auf dem Schloss finden zu besonderen Anlässen verschiedene Veranstaltungen statt. Die Gesamtanlage steht seit 2005 unter der Obhut der Stiftung Dome und Schlösser in Sachsen-Anhalt.

Burg Friedeburg

Burg Friedeburg

06347 Friedeburg
Stadt Gerbstedt
Landkreis Mansfeld-Südharz

Friedeburg liegt etwa 18 Kilometer nordöstlich von Eisleben und keine 15 Kilometer östlich von Hettstedt an der Saale. Vermutlich ist Friedeburg vom Bistum Halberstadt gegründet worden und war wohl in der Zeit der Ottonen im 10. Jahrhundert ein Zentrum der ostfränkischen Königsherrschaft. Im 11. Jahrhundert saßen hier die Wettiner Grafen auf der schon bestehenden Burganlage, die von den Mansfelder Grafen abgelöst wurden. Die Gemeinde wurde 1183 erstmals als Vredeberch urkundlich erwähnt. 1215 wurde ein Odelricus de Vredeberge in einer Urkunde genannt. Graf Burchard III. von Mansfeld kam 1264 in den Besitz der Friedeburg, die kurz darauf ein Wernerus de Hadmersleve als Lehen bekam. Im 14. Jahrhundert kam es mehrfach zu Verpfändungen des Anwesens. 1442 kaufte Volrad von Mansfeld die Burg mit allen zugehörigen Besitzungen, Rechten und Bergwerken. Im Jahre 1519 begann Hoyer VI. von Mansfeld mit Bauarbeiten; Amt und Burg fielen 1540 an den Gouverneur von Luxemburg, Peter Ernst I. von Mansfeld. 1595 übernahm die Linie von Mansfeld-Vorderort-Bornstedt das Areal, deren Nachfahren bis 1780 im Besitz des Anwesens blieben. Magdeburger Truppen nahmen 1630 während des Dreißigjährigen Krieges das Schloss ein, plünderten es aus, sodass Ort und Schloss wüst lagen. Wiederhergestellt hatte man Letzteres bis 1670. Auf dem Herrensitz verlebte der spätere Dichter Friedrich Gottlieb Klopstock von 1732 bis 1736 seine Kindheitsjahre. Nachdem 1780 der letzte Graf von Mansfeld und Friedeburg verstorben war, wurde das Anwesen preußische Domäne und mit der DDR-Gründung ein volkseigenes Gut. Seit 2000 bemühen sich die neuen Eigentümer um die Erhaltung des Renaissancebaus aus dem 16. Jahrhundert, mit starken Veränderungen aus dem 19. Jahrhundert.

Burg Gatersleben

06466 Gatersleben
Stadt Seeland
Salzlandkreis

Nordöstlich von Quedlinburg liegt im nördlichen Harzvorland der Ortsteil Gatersleben mit seiner zum Teil erhaltenen Burg in der Selkeaue. Vermutlich entstand bereits im 9. Jahrhundert durch die Herren von Gatersleben eine runde Niederungsburg, die urkundlich erstmals 964 erwähnt wurde und von Wassergräben umgeben war. Von 1179 bis 1183 ergänzten die Bischöfe von Halberstadt im Auftrag des Bischofs von Halberstadt die Rundburg um ein viereckiges Kastell, das als „castrum Gatersleve“ und 1262 als „castrum Gaterslebe“ erwähnt wurde. Ein weiteres Geschoss erhielt die Burg im 13. Jahrhundert für die Einrichtung

Burg Gatersleben

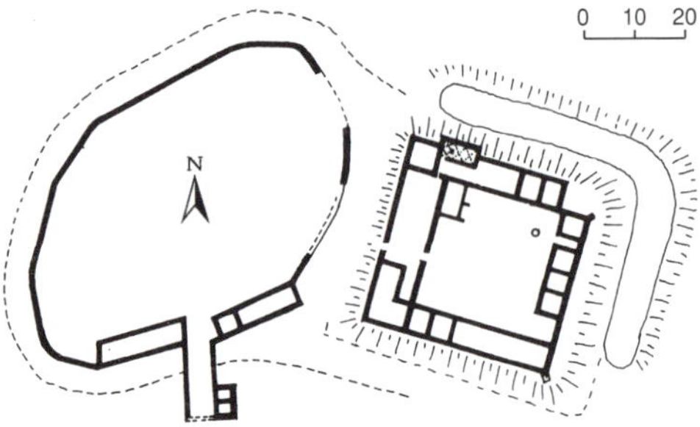

Burg Gatersleben, Grundriss

eines Rittersaals und eine weitere Aufstockung mit Schießscharten 1460. Es folgte 1465 auch ein Umbau der fünfgeschossigen spätgotischen Kernburg, wobei der romanische Wohnturm mit seinem hohen Zugang seine ursprüngliche Beschaffenheit bewahrte und auch der Ringgraben erhalten blieb. Das Areal besaß eine große Vorburg, deren starke Mauern zu DDR-Zeiten in den landwirtschaftlichen Betrieb einbezogen wurden. Heute wird die Anlage bewohnt.

Schloss Gerbstedt

Schloss Gerbstedt

06347 Gerbstedt

Landkreis Mansfeld-Südharz

Gerbstedt liegt auf der Mansfelder Platte, östlich von Hettstedt im Harzvorland. Hier wurde im 15. Jahrhundert ein Rittergut, der sogenannte von Steuben'sche Hof erwähnt, mit dem man die Herren von Steuben belehnt hatte. Die Gründungszeit des Gutes und seine Vorbesitzer sind nicht bekannt, doch seit dem 13. Jahrhundert waren die Grafen von Mansfeld Besitzer der Ländereien, lebten aber nicht hier. Die Herren von Steuben hatten das Gut fast 200 Jahre in ihrem Besitz und kauften im 17. Jahrhundert weitläufige Ländereien hinzu, obwohl das Gut bereits hoch verschuldet war. Zunächst verpfändeten sie ihren Besitz, bis sie ihn schließlich an König Friedrich Wilhelm I. verkauften und dieser es wiederum der Familie von Plotho weitergab. Der Gutsbereich wurde gleichzeitig Amtssitz des Prinzen Ferdinand von Preußen.

Es ist eine weitläufige Anlage, bestehend aus einem repräsentativen Herrenhaus des 16./17. Jahrhunderts, einem eingeschossigen Inspektorenhaus von 1910 sowie einer großen Scheune und weiteren Wohn- und Wirtschaftsgebäuden des 18. und 19. Jahrhunderts. Das Herrenhaus, auch als Schloss bezeichnet, ab 1904 erbaut, ist ein stattlicher zweiflügliger, in Bruchstein errichteter Renaissancebau mit einem von welscher Haube bekrönten Wendelstein im südwestlichen Bereich. Die Fassaden sind vielgestaltig durch Treppen, Erker und Balkone aufgelockert. Am hofseitigen Haupteingang erblickt man eine Sandsteintafel mit von stehenden Putti gehaltener Inschrift von 1625, und am Eingang zum Treppenturm ein Allianzwappen und eine Wappentafel mit der Jahreszahl 1810. Südlich des Herrenhauses befindet sich eine Grabkapelle mit Wappenstein der Familie von Neumann aus dem 19. Jahrhundert. Der Prinz verkaufte das Rittergut Gerbstedt 1810 einem Oberamtmann, dessen Sohn in den Adelsstand emporstieg. Nur kurze Zeit später kam das Gut durch Heirat an die Grafen von der Schulenburg, die hier bis zu ihrer Enteignung 1945 lebten. Während der gesamten DDR-Zeit wurde das Anwesen landwirtschaftlich genutzt, kam aber mit der Vereinigung Deutschlands erneut in Privatbesitz, nun an den Sänger Phil Stewman. Dieser richtet auf dem Gelände auch Veranstaltungen aus und vermietet Räumlichkeiten.

Burg Giebichenstein

06114 Giebichenstein
Stadt Halle (Saale)
Kreisfreie Stadt

Giebichenstein ist ein nördlich gelegener Stadtteil von Halle am Ostufer der Saale. Die Burg war die erste von zahlreichen Burgen entlang der Saale. Sie wurde erstmals 961 als „ciuitas Giuicansten“ urkundlich erwähnt und im 17. Jahrhundert als „Alte Burg“ bezeichnet. Sie war zunächst im Besitz der sächsischen Kaiser, denen die Wettiner folgten. Nachdem man

Burg Giebichenstein, Grundriss

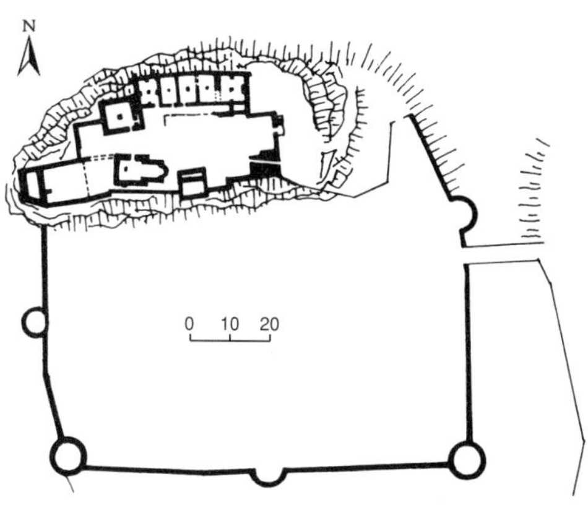

Giebichenstein

Burg Giebichenstein

968 das Erzbistum Magdeburg gegründet hatte, kam die Anlage an die Erzbischöfe und diente diesen zeitweilig als Residenz und seit 1382 als Hauptsitz. Die Anwesenheit von Heinrich IV. 1064, auch 1157 Friedrich I. Barbarossa, der die Fürstenversammlung auf der Burg einberief, unterstrich die Bedeutung der Burg. Im ausgehenden Mittelalter war sie für das Erzstift von großer Bedeutung, doch verlor sie ihre Residenzfunktion nach Errichtung der Moritzburg um 1500 am Rande der Altstadt. Im 15. Jahrhundert errichtete man die Unterburg und 1473 das Kornhaus im Hof derselben. Im Jahre 1636 zerstörte man die im 12./13. Jahrhundert errichtete Oberburg auf dem hohen Porphyrfelsen über der Saale durch einen Brand. Noch heute ist sie teils mit Ringmauer und gotischem Bergfried als Ruine erhalten. Sie wurde von 1838 bis 1844 gesichert und durch eine Pergola für Besucher zugänglich gemacht. Paul Thiersch richtete 1919 in der Unterburg mit den Wirtschaftsgebäuden, unter Wahrung des Wehrcharakters, die Werkstätten und Schulungsräume der Kunstschule ein. Heute hat die Hochschule für Kunst und Design dort ihren Sitz. In den Jahren von 1961 bis 1965 fanden Freilegungen auf der Oberburg

statt und das Freilichtmuseum wurde eröffnet. Seit 1997 werden fortlaufende Instandsetzungen durchgeführt. Von der Burg hat der Besucher eine grandiose Aussicht über das Saaletal.

Schloss Gleina

06632 Gleina
Verbandsgemeinde Unstruttal
Burgenlandkreis

Gleina, 1144 erstmals urkundlich erwähnt, liegt zwischen Querfurt im Norden und Freyburg (Unstrut) im Süden an der B 180. Es war der Stammsitz der Ritter „von Gleina", die ihre Ersterwähnung 1245 hatten. Das Schloss, eine hufeisenförmige zweigeschossige Anlage, baute der Oberjägermeister Hans Dietrich von Geißmar im Jahre 1689. Sein Bau zog sich bis 1739 hin. Im Jahre 1830 kaufte Kammerherr Bernhard Heinrich von Helldorff das Rittergut in Gleina; seine Familie hatte den Besitz bis zur Enteignung 1945 inne. Anschließend nutzte die sowjetische Militäradministration den historischen Bau als Nebenkommandantur. Ab 1948 richtete man ein Altersheim ein. Auch eine Landambulanz und Kinderkrippe waren in den Räumlichkeiten untergebracht. Bis 1996 genutzt und bis 2000 im Besitz des Landes Sachsen-Anhalt, kam das Anwesen schließlich durch Verkauf an die Baugesellschaft Renova GmbH. Letztlich kauften es 2007 die Holländer Hilbert Tjalkens und Vera Teunen, die seitdem das Schloss schrittweise sanieren. Ein schmaler Mitteltrakt hat eine Durchfahrt, die Hof und Park miteinander verbindet. Zahlreiche Räume sind mit hervorragenden Rokokostuckaturen ausgestattet, etwa der ehemalige Speisesaal im Erdgeschoss und der Salon mit Vorraum im Obergeschoss. Ebenso weisen auch die Türen Rokokoschnitzereien und Wandkamine in Stuckmarmor auf. Im östlich anschließenden weiträumigen Landschaftspark findet man noch Fragmente barocker Plastiken. Das Parkportal ist mit Vasenaufsätzen und schmiedeeisernem Gitter geziert. Heute

Schloss Gleina

kann man im Schloss einen Saal für Feste mieten und seit 2010 finden hier verschiedene Veranstaltungen statt.

Wasserburg Gommern

39245 Gommern

Landkreis Jerichower Land

Gommern liegt an der Ehle, einem Nebenfluss der Elbe, und südöstlich von Magdeburg. Der Ort Gommern hatte 948 als „Guntmiri“ seine Ersterwähnung. Schon im 10. Jahrhundert gab es auf einem künstlich angelegten Hügel eine slawische Wallburg, die ab 943 durch eine neue Niederungsburg im Sumpfgebiet mit Vor- und Kernburg, Wällen und doppelten Wassergräben errichtet und erstmals urkundlich genannt wurde. Der heute noch existierende Bergfried hat eine Höhe von 40 Meter und zehn Meter Durchmesser. Der Zugang zur Vorburg von der Stadt her war durch den quadratischen Turm, im Kern aus dem Mittelalter, geschützt. Im Jahre 1578 ließ der sächsische Kurfürst August weite Teile der Burg abbrechen, worauf der Baumeister Paul Buchner unter Einbeziehung der verbliebenen Reste ein Jagdschloss errichtete. Zu dieser Zeit bekam der Bergfried im Innern eine Wendeltreppe und eine welsche Haube als Bedeckung. Eine weniger rühmenswerte Nutzung erhielt das Schloss ab 1853 für hundert Jahre als Haftanstalt, später als Sozialheim und von 1969 bis 1989 als Berufsausbildungsstätte. Im Jahre 1990 kam die Anlage wieder in Privatbesitz und wurde zum Hotel- und Gaststättenbetrieb mit eigener Bierbrauerei umgewandelt. Zehn Jahre später wurde der Betrieb wieder aufgegeben und es kam zur Zwangsversteigerung. Später etablierte sich erneut ein Hotel mit Gaststättenbetrieb und auch die Brauerei wurde 2008 wieder eröffnet. Ein Standesamt wurde ebenfalls eingerichtet.

Wasserburg Gommern

Schloss Goseck

Schloss Goseck

06667 Goseck
Verbandsgemeinde Unstruttal
Burgenlandkreis

Zwischen Naumburg und Weißenfels, am nördlichen Steilhang der Saale, findet man den Ort Goseck, dessen Schloss aus einer mittelalterlichen Burg- und späteren Klosteranlage hervorging. Errichtet hat die Burg vermutlich schon im 9. Jahrhundert das Thüringer Grafengeschlecht. Friedrich I., Herr zu Goseck und Weißenburg, Graf zu Wettin, Brehna und Eilenburg und Burggraf zu Zörbig, entstammte diesem Geschlecht und hinterließ die Söhne Adalbert, Dedo und Friedrich II. Daraufhin kam die Anlage als Stammsitz an die Pfalzgrafen von Sachsen. Im 9. Jahrhundert wird die Anlage erstmals als Grenzburg „civitas Gozacha" im Hersfelder Zehntverzeichnis erwähnt und 1041 wurde dort das Benediktinerkloster gegründet, 1061 die Klosterkirche geweiht. Während der Säkularisierung löste man das Kloster 1540 auf. Die Besitzungen gingen an den Kurfürsten Moritz und bald darauf an Feldwachtmeister Georg von Altensee, der sie nur bis 1548 innehatte. Im 16. und 17. Jahrhundert errichtete man das zweiflügelige Schloss. 1609 war die damals bestehende Anlage im Besitz der Familie von Pöllnitz. 1636 plünderten die Schweden sie im Dreißigjährigen Krieg. Nachdem die Schlossanlage über einen langen Zeitraum mehrfach die Eigentümer wechselte, kauften die Grafen von Zech-Burkersro-

Herrenhaus Grabow

da diese 1840 und führten im 19. Jahrhundert umfangreiche Restaurierungen durch. Sie blieben bis zu ihrer Enteignung 1945 Besitzer. Der Westturm der Klosterkirche aus der ersten Hälfte des 13. Jahrhunderts ist in das Schlossgebäude mit einbezogen. Letzteres ist eine schlichte Dreiflügelanlage der Renaissance aus dem 16./17. Jahrhundert und besitzt drei spätgotische Portale mit gekreuztem Stabwerk, eines aus der Zeit um 1520. Das südlich an den Turm anschließende Giebelhaus ist wohl ein ehemaliges Klausurgebäude und der westliche zweigeschossige Querflügel stammt aus der Zeit um 1602 und wurde unter Franz von Königsmarck erbaut. Neben dem östlichen Eingang befindet sich ein polygonaler Treppenturm. Nach 1945 diente die Schlosskirche zeitweise als Kornspeicher. Wertvolle Kunst- und Kulturgüter wurden zerstört, beschädigt oder entfernt. Bis zum Jahre 1992 war im Schloss eine Jugendherberge, Schule und Touristenstation untergebracht. 1997 ging es in das Eigentum der Stiftung Dome und Schlösser in Sachsen-Anhalt über. Der Sitz des Europäischen Musik- und Kulturzentrums wurde etabliert, eine Heimatstube eingerichtet, und die Konzertangebote, Führungen in der Schlosskirche und weitere Veranstaltungen ziehen zahlreiche Besucher an.

Herrenhaus Grabow

39291 Grabow
Stadt Möckern
Landkreis Jerichower Land

Am Westrand des Flämings findet man Grabow am Ufer des Flusses Ihle, keine zehn Kilometer südöstlich der Kreisstadt Burg. Bereits um 940 wurde dieser Ort genannt und 948 von König Otto I. dem Mauritiuskloster in Magdeburg übereignet. Im Jahre 1334 gelangte das Anwesen an die Familie von Wulffen. Die frühere Rundburg auf einer künstlichen Erhöhung, von einem breiten Wassergraben umgeben, lag südlich des Ortes. Errichtet wurde der stattliche, zweigeschossige barocke Rechteckbau mit schlichter Pilastergliederung und Mansardwalmdach um 1713 für Hans-

Christoph von Wulffen, jedoch um 1900 stark verändert. Über dem Portal liegt eine von Wulffen'sche Wappentafel aus dem Vorgängerbau, datiert auf das Jahr 1621. An der Südfassade befindet sich eine Freitreppe und auf dem Burggelände liegen noch Reste der Feldsteinringmauer der mittelalterlichen Wasserburg sowie ein Ringgraben mit einbogiger Steinbrücke. Auch ein Fragment des quadratischen Bergfrieds ist noch vorhanden. Das Einfahrtstor stammt vom Anfang des 18. Jahrhunderts und ist mit Korbbogen und Sprenggiebel versehen. Der Wintergarten aus der Zeit um 1900 ist auf den weitläufigen ehemaligen Gutspark ausgerichtet. Angelegt wurde dieser 1901 vom damaligen Besitzer und Forstmeister Olof von Lindequist. Hier findet man auch Grab- und Gedenksteine dieser Familie und derer von Rohr. Das Anwesen ist in Privatbesitz und öffentlich nicht zugänglich.

Schlossruine Gräfenhainichen

06773 Gräfenhainichen
Landkreis Wittenberg

Gräfenhainichen liegt etwa 25 Kilometer südwestlich von Wittenberg und südöstlich von Dessau am Rande der Dübener Heide. Der Ort wurde 1285 erstmals urkundlich als Lehen des Grafen Albrecht II. von Anhalt erwähnt. Das einstige Gräfenhainicher Schloss wurde im 12./13. Jahrhundert auf den Ruinen einer älteren Burganlage errichtet. Im Jahre 1371 kam „zo deme Hayne" von Anhalt nach Sachsen, und da Fürst Albrecht II. in Anhalt regierte, kam es schließlich mit „Albrechtshayn" oder „Grafenalbrechtshayn" zur Benennung des Ortes und schließlich zum heutigen Stadtnamen. Die Markgrafen von Meißen verpachteten in den nachfolgenden Jahrhunderten häufig das Land, Schloss und die Stadt, wobei Letztere 1637 während des Dreißigjährigen Krieges von den Schweden zerstört wurde und das Schloss den Flammen zum Opfer fiel. Es wurde nicht wieder aufgebaut. Auf dem Gelände der Schlossruine wurde eine Bühnenanlage für Konzerte und verschiedene Veranstaltungen geschaffen.

Schlossruine Gräfenhainichen

Herrenhaus Gröbers

06184 Gröbers
Gemeinde Kabelsketal
Saalekreis

Gröbers liegt südöstlich von Halle, nördlich verläuft die A 14 und südlich die B 6. Urkundlich erstmals erwähnt wurde der Ort, dessen Herrenhaus ein herrschaftliches Anwesen war und auch als Villa Knauer bezeichnet wurde, 1182. Gebaut wurde der Herrensitz 1857 im Stil der Neogotik und nach dem Vorbild italienischer Renaissance-Palazzi der zweiten Hälfte des 19. Jahrhunderts für den Rübenzuckerfabrikanten Ferdinand Knauer. Über dem Haupteingang des Herrenhauses befindet sich ein Medaillon mit einer Zuckerrübe und der Inschrift „Dir verdankt dieß Haus sein Entstehen". Das denkmalgeschützte Herrenhaus wird von einem Park umgeben, in dem sich das einstige Laboratorium befindet. Das Haus wurde aus verkieseltem Holz errichtet, einem Abfallprodukt des umliegenden Bergbaus. Bedauerlicherweise stehen die Gebäude seit einigen Jahren ungenutzt und verfallen. Auch der Park erweckt einen verwilderten Eindruck.

Herrenhaus Gröbers

Schlossturm Gröbzig

06388 Gröbzig
Stadt Südliches Anhalt
Landkreis Anhalt-Bitterfeld

Südlich von Köthen liegt an einem Arm der Fuhne der Ortsteil Gröbzig. Als Rest der früheren Burg, auch als Schloss bezeichnet, blieb der Schlossturm erhalten. Gröbzig erhielt eine erste urkundliche Erwähnung 1291 und entstand vermutlich aus einem slawischen Burgwall im 8./9. Jahrhundert. Eine erste Erwähnung des Schlosses existiert durch Fürst Otto III. von Bernburg, der seiner Gemahlin Lutrud von Querfurt dieses als Leibgedinge überschrieb. Das Erzbistum Magdeburg hatte wohl bereits vor 1176 Rechte an hiesigem Land und 1291 saß auf der Burg ein anhaltinischer Vogt. Gröbzig wurde in späteren Jahren Mittelpunkt eines Gerichtsbezirkes und landesherrliches Amt. Nachdem das Schloss den Dreißigjährigen Krieg ohne

Schlossturm Gröbzig

besondere Schäden überstanden hatte, versah man den Turm 1678 nach dem Stadtbrand von 1675 mit einem Fachwerkgeschoss und einer barocken Haube. Schließlich ließ man 1809 das seit 1784 nicht mehr genutzte Schloss bis auf den Bergfried aus dem 14. Jahrhundert abtragen. Die Steine dienten einer jüdischen Gemeinde für einen Friedhof am Fuß des Akazienberges. Mit der Gründung der DDR nutzten später Jugendliche den auch als „Mauseturm" bezeichneten Schlossturm als „Station der jungen Naturforscher". Auch mit Astronomie und Elektronik beschäftigte man sich. So war es auch der Lehrer Ehrhardt, dem die Verhinderung des Turmverfalls zu verdanken ist. Seit einigen Jahren ist dieser das Domizil des Gröbziger Heimatvereins. Über das Jahr werden hier verschiedene Ausstellungen gezeigt und das Areal in unterschiedliche Veranstaltungen einbezogen.

Schloss Bartensleben

39343 Groß Bartensleben
Gemeinde Erxleben
Landkreis Börde

Groß Bartensleben liegt etwa 20 Kilometer südwestlich von Haldensleben und nahe der niedersächsischen Stadt Helmstedt, nördlich der A 2. Im 12. Jahrhundert stand hier ursprünglich eine Wasserburg derer von Bartensleben, welche die Vorgängerin des Mitte des 18. Jahrhunderts erbauten Barockschlosses war. Im Jahre 1188 kam es auch zur urkundlichen Ersterwähnung der Familie von Bartensleben, die im 13. Jahr-

Schloss Bartensleben, Groß Bartensleben

hundert in das heutige Wolfsburger Gebiet übersiedelte und die dort um 1300 erbaute, festungsartige Wasserburg bezog. Dort herrschte die Familie von Bartensleben bis zu ihrem Aussterben 1742. Im 14. und 15. Jahrhundert folgte auf der Bartenslebener Anlage die Familie von Obisfelde und später von 1438 bis 1945 die Familie von Veltheim. Ludolf I. von Veltheim wurde durch den Erzbischof von Magdeburg mit der Burg und Hilmar I. von Veltheim 1474 mit dem Dorf belehnt. Die bis dahin bestehende Anlage bekam 1578 den Südflügel unter Verwendung älterer Bauteile hinzugefügt. Auf den Grundmauern der einst bestehenden früheren Wasserburg mit drei Vorburgen entstand das heutige Barockschloss. Im Jahre 1757 ließ Heinrich Adrian von Veltheim das Schloss um einen mittleren und westlichen Flügel erweitern und innen im Rokokostil ausstatten. Nachdem 1945 die Familie von Veltheim in die westliche Besatzungszone geflohen war, erfolgte bald darauf die Enteignung. Die Anlage nutzte die sowjetische Besatzungsmacht und später die NVA (Nationale Volksarmee). Im Jahre 1949 wurde die Anlage vielfältig verändert und 1963 restauriert. Sie wurde als Frauen-Kurheim „Clara Zetkin“ betrieben und bis 1991 als Altersheim. Durch die unterschiedliche Nutzung gingen bedeutende ursprüngliche Ausstattungen wie das Treppenhaus mit Galerie verloren oder wurden zerstört. Umgeben ist das Schloss von einem weitläufigen englischen Landschaftspark mit Teich und zahlreichen Baumgruppen sowie Resten der ehemaligen Orangerie aus dem 19. Jahrhundert. Mit der Wende 1989 begann die Gesamtanlage zu verwahrlosen, kam später in Privatbesitz einer Firma, und das nicht zugängliche Schloss wurde wieder hergerichtet. Der heute gepflegte Park mit seltenen Baum- und Straucharten ist öffentlich zugänglich und lädt zu ausgedehnten Spaziergängen ein.

Herrenhaus Groß Schwarzlosen

39517 Groß Schwarzlosen
Stadt Tangerhütte
Landkreis Stendal

Heute bilden die Ortsteile Lüderitz und Groß Schwarzlosen ein historisch zusammenge-

Herrenhaus Groß Schwarzlosen

wachsenes Dorf. Es liegt südwestlich von Stendal und nordwestlich von Tangerhütte, nahe der B 189 bei Lüderitz. Viel ist über das frühere Anwesen und auch über das spätere Herrenhaus nicht zu erfahren. Erstmals erfolgte 1050 eine urkundliche Erwähnung der Familie von Borstell, die im 14. Jahrhundert im heutigen Ortsteil Groß Schwarzlosen ein Rittergut besaß. Die damalige Wasserburg fiel 1500 einer Brandstiftung zum Opfer und 1744 ließen die Eigentümer das noch heute bestehende Herrenhaus erbauen. Über die Funktion in der Nachfolgezeit wurden keine Aufzeichnungen gefunden, auch nicht zur Baugeschichte. Seit geraumer Zeit steht der einstige Herrensitz leer, ist vollkommen schmucklos und weist einen maroden Zustand auf.

Schloss Großkühnau

06846 Großkühnau

Stadt Dessau-Roßlau

Kreisfreie Stadt

Schloss Großkühnau

Nordwestlich von Dessau liegt im Biosphärenreservat Mittelelbe, in Richtung Aken, der Stadtteil Großkühnau. Bereits 945 fand dieser in einer Schenkungsurkunde von König Otto I. als Qiuna erstmals urkundliche Erwähnung. Innerhalb des Dessau-Wörlitzer Gartenreiches steht das zweigeschossige, rechteckige Schloss. Es wurde unter der Regentschaft des Fürsten Dietrich von Anhalt-Dessau 1754 mit flachen Risaliten, geräumigem Treppenhaus und zweiläufiger Holztreppe im Stil des Spätbarock erbaut. Als planender Architekt wird der damalige Hofbaumeister Christian Friedrich Damm vermutet. Im Jahr 1780 ließ Prinz Albert Friedrich von Anhalt-Dessau, ein Sohn Leopolds II., das Schloss durch Portalgestaltungen, Treppenhaus und den Gartensaal teilweise klassizistisch neu gestalten. Der Festsaal im ersten Obergeschoss war mit Dekorationsmalerei ausgestattet, die Entwürfe stammen von Friedrich Wilhelm von Erdmannsdorff. Der Saal unterschied sich von den anderen solide und einfach eingerichteten Räumen des Schlosses. Die gärtnerische Gestaltung erfolgte von 1753 bis 1764 durch Johann Leopold Lud-

Schloss Großmühlingen

wig Schoch. Im Jahr 1805 folgte eine Parkerweiterung am Südufer des Kühnauer Sees und auf künstlichen Inseln im See. So verband man den Park über den Amaliensitz mit dem Georgengarten. Ignazio Pozzi errichtete im Terrassenweinberg 1819 bis 1821 ein Weinberghaus, von dem man einen herrlichen Ausblick in die Elbelandschaft hat. Einige Skulpturen und Kleinarchitekturen vervollständigen das architektonische Bild der Parkanlage. Die letzte Veränderung und Ergänzung erfolgte um die Mitte des 19. Jahrhunderts. 1932 nutzte man das Schloss als Schule des Reichsarbeitsdienstes (RAD). Seit 1998 hat die Hauptverwaltung der Kulturstiftung DessauWörlitz ihren Sitz im Schloss. Diese setzt sich mit viel Engagement für die Erhaltung der in ihrer Obhut befindlichen Objekte ein. Vor allem während des Sommers werden den Besuchern vielfältige Veranstaltungen wie Konzerte, Vorträge, Sonderausstellungen und Theateraufführungen in den Schlössern und Parkanlagen des Wörlitzer Gartenreichs geboten.

Schloss Großmühlingen

39221 Großmühlingen

Gemeinde Bördeland

Salzlandkreis

Nahe der A 14 liegt zwischen Calbe und Schönebeck der Ort Großmühlingen, der 936 seine erste urkundliche Erwähnung fand, als König Otto I. dem Stift Quedlinburg einen Teil der Einnahmen vom Ort Mulinga übertrug. Hier gab es vermutlich im 12. Jahrhundert an Stelle des heutigen Schlosses eine Niederungsburg unter Wolfgang I., in der sich Eike von Repgow zwischen 1219 und 1233 mehrfach aufgehalten haben soll und Teile des „Sachsenspiegels“ schrieb. Die erste Erwähnung eines Schlosses, das durch den Erzbischof Burchard III. von Magdeburg in einer Fehde mit den Askaniern zerstört wurde, erfolgte 1318. Graf Albrecht von Arnstein ließ es danach wieder mithilfe der Magdeburger Bürger aufbauen. Von 1531 bis zum Beginn des Dreißigjährigen Krieges war das Anwesen, dessen Westflügel 1585 ein Brand stark beschädigte und der unter Wolfgang II. neu ausgestattet wurde, Residenz der Grafen von Barby. Der Rittersaal im Untergeschoss mit Netzrippengewölbe erhielt 1602 reiche italienische Wand- und Deckenstuckaturen. Im Jahre 1632 verwüsteten die Pappenheimer das Schlossareal, worauf 1669 Fürst Anton Günter von Anhalt-Zerbst das Schloss als Wohnsitz neu errichten ließ. Es entstand eine kleine Dreiflügelanlage der Renaissance mit parallel liegendem Ost- und Westflügel sowie engem Hof, der im Süden durch eine Mauer mit Torfahrt abgeschlossen war. Von 1705 bis 1714 ließ Fürst Anton den pavillonartigen Mittelbau errichten, der der Schlossanlage ein barockes Aussehen verlieh. An der Hofseite des Westflügels befindet sich ein rundbogiges Portal mit reizvoller Frührenaissance-Ornamentik, im Aufsatz Porträtmedaillons des Grafen Wolfgang von Barby und seiner Frau Agnes von Mansfeld aus der Zeit von 1540, die noch vom Vorgängerbau stammen, neben dem Eingang deren Wappen von 1531. Im Jahre 1797 wurde das Schloss ein Amtssitz und der bis dahin noch mit Wasser gefüllte Schlossgraben 1875 trockengelegt. Von 1981 bis 1993 hatte man die Anlage rekonstruiert und seit 1994 befindet sie sich in Privatbesitz, der heute als Haus der freien Berufe genutzt wird. Auch finden zu bestimmten Anlässen Konzerte und Ausstellungen statt.

Wasserschloss Großpaschleben

06369 Großpaschleben

Gemeinde Osternienburger Land
Landkreis Anhalt-Bitterfeld

Den Ortsteil Großpaschleben findet man zwischen Bernburg (Saale) und Köthen (Anhalt) am Rande des Biospährenreservats Flusslandschaft Mittlere Elbe. Eine erste urkundliche Erwähnung von Paschleben erfolgte im 11. Jahrhundert. Zu jener Zeit gab es dort vermutlich eine ältere Wasserburg. Im Jahre 1400 kam es zu einer Trennung des Ortes in Klein- und Großpaschleben. Heinrich von Wuthenau kaufte

Wasserschloss Großpaschleben

1602 Paschleben und ließ anstelle einer alten Niederungsburg 1706/07 einen dreigeschossigen, stattlichen Putzbau mit mächtigem Schopfwalmdach, umgeben von einem Wassergraben, errichten. Der Hauptflügel wird an den Ecken von zylindrischen Erkern mit Schweifhauben flankiert und an der Hoffront des Schlosses steht ein polygonaler Treppenturm mit welscher Haube und Ädikulaportal. Das südlich gelegene, eingeschossige Wirtschaftsgebäude mit zweigeschossigem Mittelrisalit, auf dessen Hof ein hoher, massiver, achteckiger Taubenturm von 1703 mit barocker Haube steht, stammt aus dem 18. Jahrhundert. Im Jahre 1945 wurden die Besitzer enteignet und das Schloss als Altersheim genutzt. Die Anlage, die heute von der Unternehmensgruppe Burchard Führer betrieben wird, kann nur von außen besichtigt werden.

Burg Hadmersleben

Burg Hadmersleben

39387 Hadmersleben
Stadt Oschersleben (Bode)
Landkreis Börde

Nur zwei Kilometer von der Bode entfernt, südöstlich von Oschersleben, liegt in der westlichen Magdeburger Börde der Stadtteil Hadmersleben, der rechts der Bode im Schutze der ursprünglich halbrunden Uferrandburg entstand, die im 10. Jahrhundert mit Vor- und Hauptburg bezeugt wurde. Heute ist nur noch das Grabensystem, ein Torturm der Vorburg und ein zweigeschossiges spätgotisches Wohnhaus aus der Zeit um 1509 in der Hauptburg erhalten geblieben. Die südwestliche Außenmauer birgt Teile des Segmentbogenfrieses, über dem ehemals der Wehrgang vorkragte. Genutzt wurde die Burg als Raub-, aber auch als Fluchtburg und war der Stammsitz der Grafen von Hadmersleben, von denen Gardolf von Hadmersleben im 11. Jahrhundert erstmals urkundlich genannt wurde. Im Jahre 1367 belagerte Erzbischof Dietrich von Magdeburg die Anlage, die er schließlich mit Stadt und Dorf in Besitz nahm. Die Magdeburger Erzbischöfe wurden Lehnsherren. Zur Folge hatte dies eine häufige Verpfändung der Burg. Im 15. Jahrhundert wütete ein Brand vor allem in der Stadt. 1489 verpfändete Erzbischof Ernst von Sachsen die Burg, Stadt und Dorf an seinen Hofmeister Christoph von Hagen. Die Kernburg wurde im 16. Jahrhundert kastellartig ausgebaut und war mit einem Innengraben geschützt. Als Domäne wurde die Anlage, deren Gebäude um einen weitläufigen Hof gruppiert sind, vielfach verändert. Neben dem Vorbau von 1904 befindet sich eine spätgotische Reliefplatte mit einem fahnenlanzetragenden Ritter und Doppeladler. Westlich steht eine große Scheune mit Wappenfries der Magdeburger Erzbischöfe und der Datierung 1586, südlich entlang der Mauer befinden sich Wohn- und Wirtschaftsgebäude des 16. Jahrhunderts. In heutiger Zeit wird das Gesamtanwesen als landwirtschaftlicher Betrieb genutzt und ist nicht zugänglich.

Jagdschloss Haideburg

06849 Haideburg

Stadt Dessau-Roßlau

Kreisfreie Stadt

Haideburg ist ein südlicher Stadtteil von Dessau an der B 184. Er kann auf das Jagdschloss, einen gotisierenden zweigeschossigen Backsteinbau mit schlankem fünfgeschossigem Treppentürmchen, erbaut in den Jahren 1782/83, verweisen. Geplant wurde dieser im neugotischen Stil durch Friedrich Wilhelm von Erdmannsdorff für Fürst Leopold III. Friedrich Franz von Anhalt-Dessau, errichtet vermutlich durch Architekt und Baumeister Georg Christoph Hesekiel. Das Schloss sollte eine wichtige Funktion in der landschaftlichen Gestaltung übernehmen und ein weit sichtbarer Blickpunkt für den Reisenden nach dem Lebensmotto des Fürsten, „das Nützliche mit dem Schönen zu verbinden“, sein. Durch Umbau und Erweiterung 1903 und 1921/22 unter Herzog Friedrich von Anhalt veränderte sich die Anlage. So wurde dem Jagdschloss 1903 ein Anbau an der Südwestseite hinzugefügt und später verändert. Gestalterisch herausgehoben wurde der zwischen zwei Achtecktürmen eingespannte östliche Ruinengiebel. Der fünfgeschossige

Jagdschloss Haideburg

Jagdschloss Spiegelsberge, Halberstadt

Nordostturm mit vier Erkertürmchen bindet den Bau in die neugotische „Turmlandschaft" des Dessau-Wörlitzer Gartenreichs ein. Umfangreiche Sanierungen erfolgten in den Jahren 1982 und 2000 bis 2005. Als zum Ende des 19. Jahrhunderts in der Nähe eine Eisenbahnstrecke gebaut wurde, zerstörte man den das Schloss umgebenden Landschaftspark. Neben dem Jagdschloss blieb auch das Gartenhaus von 1783/84 erhalten. Heute verweist das Hirschdenkmal vor dem Schloss, das ein Forstamt beheimatet, auf die Zeit der Parforcejagden im Fürstentum Anhalt-Dessau. Es wurde 1787 aufgestellt und im Zuge der veränderten Straßenführung 1937/38 an den heutigen Standort platziert. Die Forst- und Torhäuser kamen im Zuge der Umstrukturierung des Forstwesens um das Jahr 2000 in Privatbesitz.

Jagdschloss Spiegelsberge

38820 Halberstadt

Landkreis Harz

Auf einem der Spiegelsberge, einer im Süden von Halberstadt parallel zum Harz verlaufenden Hügelkette, befindet sich das Jagdschloss. Die Kreisstadt selbst liegt im nördlichen Harzvorland, nordöstlich von Wernigerode und nördlich von Quedlinburg. Hier kaufte der Domdechant Ernst Ludwig Christoph Spiegel, Freiherr zum Desenberg, 1761 die Hügel auf und gestaltete eine weitläufige Parkanlage mit vielfältigen Gartenarchitekturen, die 1771 auch der Bevölkerung offen stand. Das Schloss mit seitlich geschweiften Giebeln wurde 1780 bis 1782 für Ernst Ludwig Spiegel gebaut. Von Süden her gelangt man über eine Freitreppe zum im Obergeschoss befindlichen Saal. Einige Gebäudeteile stammen vom abgerissenen Schloss Gröningen, wie das Portal am Zugang zum Schlosskeller, in dem sich das außergewöhnliche Gröninger Fass befindet. Geschaffen hatte dieses 1594 Michael Werner, der auch Erbauer der Heidelberger Fässer war. Es wurde 2008 als das älteste, größte und einzig noch original erhaltene Riesenweinfass der Welt ins „Guinnessbuch der Rekorde“ aufgenommen. Gefertigt wurde es für Heinrich Julius, Herzog von Braunschweig und Administrator des Halberstädter Bistums, anlässlich seiner Hochzeit mit Prinzessin Elisabeth von Dänemark. Als es dann Freiherr von Spiegel 1781 erwarb, ließ er das Fass vom Gröninger Schloss auf das Jagdschloss Spiegelsberge bringen. Am Aufsatz des Portals erblickt man die Wappen des Bischofs Heinrich Julius und seiner beiden Gemahlinnen als frei stehende Bekrönung. Im Jahre 1958 wurde im Jagdschloss eine stilvolle gastronomische Einrichtung geschaffen, wobei eine innere Holzwendeltreppe die beiden übereinanderliegenden Gasträume verbindet. Mit dem Umbau zu einem Gastronomiegebäude errichtete man auch einen Wirtschaftsanbau. Besucher werden dort mit einer schönen Aussicht belohnt. Eine weitere Gaststätte befindet sich vor dem Aufstieg zum Jagdschloss, wo auch ein schmaler kurzer Waldweg zum Tierpark mit Spielplatz für die Kleinen führt.

Moritzburg Neue Residenz

06108 Halle (Saale)
Kreisfreie Stadt

Halle liegt am Nordwestrand der Leipziger Tieflandbucht und wurde als Ort „Halla“ 806 erstmals erwähnt. Erzbischof Ernst von Magdeburg ließ sich von 1484 bis 1503 unter Mitwirkung des Architekten und Baumeisters Konrad Pflüger eine **Burg** errichten, die auch den nachfolgenden Bischöfen als Residenz diente. Sie liegt nördlich der Altstadt an einem Saalearm, stellt eine monumentale Vierflügelanlage mit Eckbastionen dar und verdeutlicht in der Verbindung von Wehr-, Wohn- und Verwaltungsbau den Übergang von der spätmittelalterlichen Burg zum frühneuzeitlichen Schloss. Der Name Moritzburg ist auf den Schutzpatron, den heiligen Mauritius zurückzuführen. Der

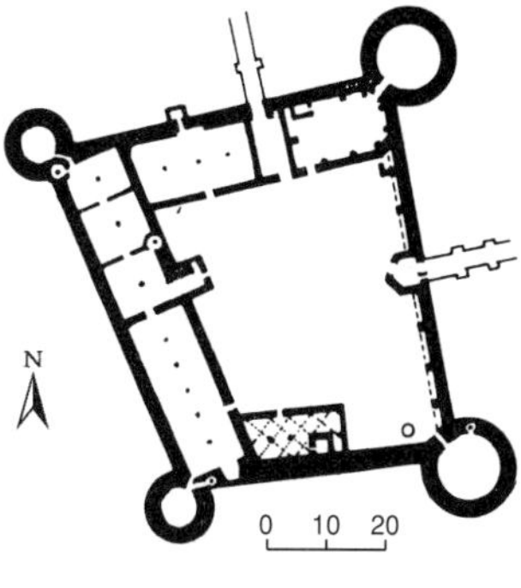

Moritzburg, Halle (Saale), Grundriss

Halle (Saale)

Moritzburg, Halle (Saale)

Kardinal Albrecht von Brandenburg nahm 1517 Veränderungen am Ostflügel vor und 1533 bis 1537 wurden neue Gräben angelegt, die Nordschanze durch Generalbaumeister Andreas Günther geschaffen. Im Jahre 1637 wurden vor allem der West- und Nordflügel teilweise durch einen Brand zerstört und der Südwestturm durch die Schweden gesprengt. Im Jahre 1852 kam der preußische Staat in den Besitz der Moritzburg. Die Kapelle im Nordflügel wurde 1509 geweiht und 1894 neu eingewölbt. Zur Nutzung für Universitätszwecke bekam der Westflügel 1895 einen Ausbau und 1897 eine Turnhalle sowie Fechtsäle. Einen weiteren Ausbau führte man in den Jahren von 1902 bis 1914 mit dem teilweisen Neubau des stadtseitigen Flügels und der Errichtung des Talamtsgebäudes an der Südseite des Hofes für die städtischen Sammlungen nach Plänen von Carl Rehorst durch. Ein Kunstmuseum legte man bereits 1904 in die Moritzburg, wo von 1929 bis 1931 Lyonel Feininger sein Atelier im Torturm hatte, in dem er die Halle-Bilder malte. Bedauerlicherweise gingen der Burg im Jahre 1937 über 150 international herausragende Kunstwerke im Zuge der „Säuberungsaktion" von „Entarteter Kunst" verloren. Nach 1945 diente die Moritzburg als Depot für Kunst- und Kulturgüter, die im Zuge der Bodenreform enteignet wurden. Eine umfassende äußerliche Instandsetzung bekam die Anlage von 1988 bis 1998. Die Moritzburg ist eine unregelmäßige Vierflügelanlage mit vier mächtigen Rundbastionen an den Ecken. Im Zentrum des Ostflügels befindet sich ein Torturm sowie an der Hofseite ein Treppenturm. Über dem Eingang befindet sich eine Sandsteinskulptur der heiligen Katharina. Im Inneren des Westflügels liegen zweischiffige Festsäle und Wohnräume mit Gewölben. Heute kann man in der Moritzburg die Staatliche Galerie, eines der bedeutendsten Kunstmuseen des Landes Sachsen-Anhalt, besuchen sowie an verschiedenen Veranstaltungen teilnehmen. Darüber hinaus lädt ein Café im Schloss zum Verweilen ein, oder man verbringt noch ein paar schöne Stunden bei einem Spaziergang durch die Innenstadt von Halle. Seit 1644 wird die Anlage als **Neue Residenz**, eines der bedeutendsten Bauwerke der Frührenaissance, bezeichnet, nachdem zuvor hier Kardinal Albrecht von Brandenburg das Städtische Hospital St. Cyriacus erworbenen hatte und 1531 bis 1539 als vierflügligen Wohnsitz mit Verbindung zum Garten durch Andreas Günther anlegen ließ. Im zweiten Drittel des 17. Jahrhunderts wurde das Anwesen herzogliche Residenz und seit 1735 auch von der Universität mit zeitweiligem Provinzialmuseum genutzt. Durch eingreifende Veränderungen im 18./19. Jahrhundert verlor die prächtige Fassade über der Saale ihre Zwerchgiebel und die Erdgeschossarkaden sind nur noch teilweise vorhanden. Der Flügel zur Domstraße, dessen Hauptportal der mitteldeutschen Frührenaissance entstammt, ist im Kern aus dem 16. Jahrhundert. Die Kapelle „Aller Heiligen“, deren Kapellensaal im Obergeschoss das Geiseltalmuseum birgt, nimmt den größten Teil des Nordflügels ein.

Neue Residenz, Halle (Saale), Kapelle der Ostseite

Schlossruine Harbke

39365 Harbke
Landkreis Börde

Harbke ist an der Landesgrenze zu Niedersachsen im Ost-Lappwald südlich der niedersächsischen Kreisstadt Helmstedt zu finden und wurde erstmals 1040 urkundlich erwähnt. Gebaut wurde das Schloss auf den Grundmauern einer mittelalterlichen Rundburg, die erstmals 1207 erwähnt wurde. Beide Anlagen entstanden durch das Adelsgeschlecht derer von Veltheim, die hier von 1303 bis 1945 sesshaft waren. Die mittelalterliche Burg war eine mit doppelten Wassergräben und Wällen errichtete Anlage. In den Jahren 1572 bis 1578 ließ Achatz von Veltheim die Burg zur zweiflügeligen Renaissanceanlage umbauen. 1731 beschädigte ein Brand das Schloss erheblich und in den Jahren 1751 bis 1759 nahm Landbaumeister Martin Peltier de Belford aus Braunschweig barocke Veränderungen vor. Eine neugotische Erweiterung erfolgte 1825. 1945 wurde die Familie von Veltheim enteignet. In den Folgejahren wurde das zum Teil noch vom Wassergraben umgebene Schloss durch unsachgemäße Nutzung stark beschädigt. Die heute stark verfallene Anlage ging ursprünglich aus einer vierseitigen Bebauung um einen geräumigen Hof mit einem polygonalen Treppenturm hervor. Ein von Friedrich August von Veltheim um die Mitte des 18. Jahrhunderts angelegter Park mit barocker Gartenplastik, einer neugotischen Orangerie von 1825 und seltenen Bäumen umgibt das einstige Schloss. Es befindet sich heute im Eigentum der Gemeinde Harbke, die im Grauen Hof eine Museumsstube errichtete. Die Parkanlage gehört zu „Gartenträume – Historische Parks in Sachsen-Anhalt“, in der auch Parkführungen von den Besuchern gern angenommen werden. Im Areal befindet sich ein Reiterhof und in der 1990 restaurierten Orangerie ein Sommercafé.

Schlossruine Harbke

Burgruine Arnstein, Harkerode

Burgruine Arnstein Schloss Harkerode

06543 Harkerode
Stadt Arnstein
Landkreis Mansfeld-Südharz

Harkerode, 936 erstmalig urkundlich erwähnt, liegt am östlichen Harzrand, keine zehn Kilometer nordwestlich von Hettstedt entfernt, dessen **Burgruine Arnstein** zwischen den Orten Sylda und Harkerode auf einer hohen Erhebung steht. Die Burg ging im 12. Jahrhundert aus einer mittelalterlichen Befestigung der Herren von Arnstein hervor und war deren Stammsitz. Sie kamen aus dem schwäbischen Geschlecht der Herren von St(r)eußlingen und Walther II. nannte sich 1156 nach der Burg. Aus jener Zeit stammten auch die zwei östlichen Rundtürme und die dazwischen gelegene Ringmauer. Walther III. von Arnstein war durch Heirat mit den Askaniern und Wettinern verbunden und zählte somit zum großen sächsischen Adel. Um 1294 trat Walther IX. dem Deutschen Orden bei und übergab seinen Besitz an seinen Schwager Otto von Falkenstein, der wiederum die Burg durch Vögte verwalten ließ. Nach den Falkensteinern 1334

Burgruine Arnstein, Harkerode, Grundriss

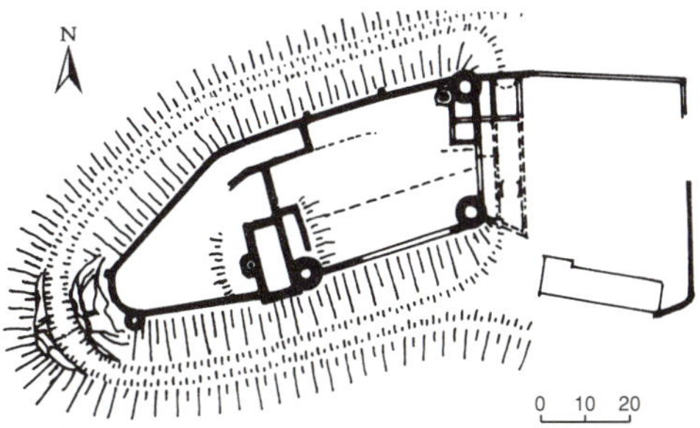

Harkerode

Schloss Harkerode

folgten die Regensteiner im Besitz und verkauften die Burg 1387 an die Grafen von Mansfeld. Um 1400 entstand der gotisch wohnturmartige Saalbau mit vier Geschossen. Im Bauernkrieg wurde die Burg zerstört und vom Grafen Hoyer IV. um 1530 wieder errichtet. Im Jahre 1563 baute Johann Albrecht die Burg um zwei Geschosse wohnlicher aus. Die Burgkirche und das Küchenhaus entstanden neu. Von 1615 bis 1637 nutzte die Linie Mansfeld-Vorderort die Anlage als Wohnschloss. Um 1850 erwarben die Freiherren von Knigge, die am Bau Sicherungsmaßnahmen ergriffen und eine touristische Erschließung einleiteten, die Burg Arnstein und besaßen sie bis 1945. Am Palas befindet sich die Renaissance-Wappentafel der Grafen von Mansfeld. Seit dem 18. Jahrhundert begann die Burg, der man noch um 1850 einen Anbau eines Aussichtserkers im Palas hinzufügte, zu verfallen. Erhalten blieben von der weiträumigen Anlage um 1335 Palas und Bergfried. Bis in die 1930er-Jahre erfolgten weitere Reparaturarbeiten und seit 1992 nimmt sich der Heimatverein der Sicherung der Ruine an.

Das **Schloss** befindet sich am Rande des Ortes. Es wurde im Kern um 1700 im historischen Hausteinbau erbaut und besitzt ein aufwendiges neuromanisches Stufenportal von 1905. Es war einst der Wohnsitz der Freiherren von Knigge und enthält zwei Mausoleen, von denen das südliche der Familie von Knigge vorbehalten war. Von 1900 bis 1910 bekam der Bau eine Restaurierung. Der südwestliche halbrunde Erkeranbau stammt aus dem ersten Viertel des

20. Jahrhunderts und die Hof- und Gartenfront wurde mit etwas überragenden Mittelrisaliten gestaltet. Im Obergeschoss befinden sich die Diele und zwei Räume mit Kaminen und Stuckdecken. Heute wird das Schloss als Kinderheim genutzt.

Schloss Harzgerode

06493 Harzgerode

Landkreis Harz

Harzgerode wurde 994 erstmals erwähnt und liegt auf halber Strecke zwischen Sangerhausen und Quedlinburg. Hier findet man im Nordwesten der Altstadt das Schloss des Fürsten von Anhalt-Bernburg-Harzgerode, welches seine Ersterwähnung im 14. Jahrhundert hatte. Vermutlich bestand an jener Stelle Anfang des 13. Jahrhunderts eine von den Fürsten von Anhalt errichtete Zwingburg gegen das Kloster Nienburg. Neu gebaut wurde die Vierflügelanlage wahrscheinlich von 1549 bis 1552, auf Veranlassung Georgs III., durch den Baumeister Kurt Apel. Von 1635 bis 1709 war sie Residenz einer Nebenlinie Anhalt-Bernburgs. Im Jahre 1775 trug man Teile des Schlosses ab, von dem der Nordwestturm, das Sandsteinrelief am Ostflügel und Reste von Wandmalereien des 17. Jahrhunderts sowie Balkendecken und Fußböden erhalten geblieben sind. Die Anlage um einen fast quadratischen Innenhof war gleichzeitig Bestandteil der Stadtbefestigung und bestand aus Bruchstein. Drei Seiten wurden von Blendbögen und gedeckten Wehrgängen geschützt und in der Nord- und Westmauer war ein massiver Rundturm mit Schlüssellochscharten enthalten. Der dreigeschossige Wohnflügel liegt auf der Ostseite, auf der Hofseite ein Treppenturm. Am Wendelstein befindet sich auf barocker Sandsteintafel das Wappen des Fürstentums Anhalt-Bernburg-Harzgerode. Im Keller liegen drei große Räume mit Tonnengewölbe. Das Obergeschoss birgt eine Fensternische mit dekorativer, floraler und figürlicher Wandmalerei aus der Zeit um 1660, das zweite Obergeschoss besitzt einen zweischiffigen Saal über die gesamte Gebäudebreite. Den Fest-

Schloss Harzgerode

saal schmückt ein Parkett aus 18 im Harz vorkommenden Holzarten. Heute ist das Schloss ein Kulturzentrum der Stadt mit Festsaal, Spezialausstellungen, Bibliothek, Schlosskellergastronomie und Veranstaltungen im Schlosshof.

Herrenhaus Hasselburg

39345 Hasselburg
Gemeinde Flechtingen
Landkreis Börde

Hasselburg liegt am Nordrand des Flechtinger Höhenzuges im Nordwesten des Bundeslandes, nur zwei Kilometer südöstlich von Flechtingen und gut zehn Kilometer von Haldensleben. Der Ort war Besitz einer Seitenlinie der Familie von Schenck, bis 1890 der Familie von Spiegel, und kam schließlich durch Erbschaft an die Familie von Davier.

Herrenhaus Hasselburg

Das Herrenhaus ließen um 1870 die von Spiegel auf ihrem Gut in Hasselburg errichten, lebten aber in Halberstadt und nutzten das Schloss Seggerde als ihre Sommerresidenz. Das Hasselburger Gutshaus, wohin die Herren von Spiegel vorrangig nur zur Jagd kamen, war der Wohnsitz des Verwalters Karl, der Vater von Volrath von Davier und Landrat von Gardelegen, verpachtete das Gut in Hasselburg 1916 seinem Sohn, da dieser sich in der Landwirtschaft bewähren wollte. Da es ihm gut gelang, bewirtschaftete er auch die Ländereien in Seggerde und Weferlingen. Auch er siedelte 1935 nach Seggerde über. Als die Familie 1945 enteignet wurde, legte man die Gaststätte „Lärchenwald“ in das Herrenhaus in Hasselburg. Es folgten eine Bibliothek, eine Schwesternstation, Verkaufsstelle und die Nutzung als Wohnhaus. Es handelt sich um einen schlichten Bau von zwei Geschossen mit teilweise ausgebautem Dachgeschoss und zum Garten gestaltetem Mittelrisalit mit Spitzgiebel. Ein Erlebnis für Naturfreunde sind die bis zu 140 Jahre alten Hasselburger Lärchenbestände, die der Forstaufseher Heinrich Christoph Hallmann aus Samen zog. Leider weist das leer stehende Herrenhaus heute einen maroden Zustand auf und der Park ist verwildert.

Burg Hausneindorf

Burg Hausneindorf

06458 Hausneindorf
Gemeinde Selke-Aue
Landkreis Harz

Nordöstlich von Quedlinburg liegt Hausneindorf, um 570 gegründet. Die umfangreiche Burganlage auf einem Hügel nordöstlich über der Selkeniederung ließ um 1140 Heinrich der Löwe vermutlich von einem Ministerialen errichten. Nach ihrer Zerstörung 1168 durch Erzbischof Wichmann von Magdeburg wurde sie schon 1172 wieder aufgebaut. Später diente die Anlage als Lehnsgut den sächsisch-welfischen Herzögen. In den Besitz des Bischofs von Halberstadt gelangte die Burg 1261, in der Folge wechselten die Eigentümer. Eine erste urkundliche Erwähnung bekam die Burganlage 1310, als sich diese im Pfandbesitz der Grafschaft Regenstein befand und als ebensolche von 1429 bis 1573 den Herren von Hoym gehörte. 1711 wurde sie eine brandenburgische Domäne. Sie war ursprünglich eine große stark befestigte Rundburg, von Wall und Graben umgeben, welche zum Teil heute noch erhalten sind. Neben der kastellartigen Kernburg im Südwesten der Anlage steht ein frühgotischer Bau mit gekuppelten Fenstern, die heute weitgehend vermauert

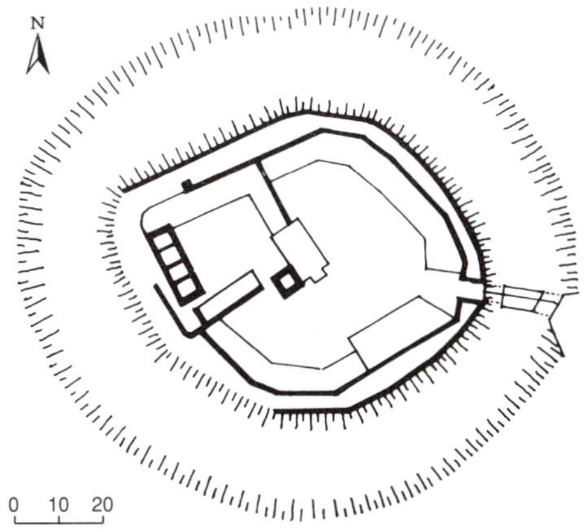

Burg Hausneindorf, Grundriss

sind. Der Nord- und Ostflügel wurde 1967/68 zum Teil abgebrochen. Weitere Bauten stammen aus dem 16. bis 18. Jahrhundert. Seit dem Abbruch 1975 steht der quadratische Bergfried isoliert in der Mitte des Burghofs. Der östliche Bogen der ehemaligen dreibogigen Torbrücke blieb erhalten und geht wohl in seiner gotischen Entstehung auf das 16. Jahrhundert zurück. Die Anlage wurde zu DDR-Zeiten landwirtschaftlich genutzt. Auf dem Gelände werden verschiedenartige Veranstaltungen durch den Heimatverein organisiert.

Burg Haynsburg

06722 Haynsburg
Gemeinde Wetterzeube
Burgenlandkreis

Burg Haynsburg

Nur sieben Kilometer südwestlich von Zeitz und zehn Kilometer nördlich von Bad Köstritz findet man Haynsburg. Die Talrandburg zum Schutz der Handelsstraßen und Kontrolle der Elsterfurten bekam 1185 ihre erste Erwähnung mit Edelherr „Conradus de Hagensberg", der bis 1223 nachweisbar ist. Von der Anlage sind nur der runde Bergfried und der im Kern spätgotische Südflügel mit Mauerwehrgang und Rondell erhalten geblieben. In einer Urkunde des Markgrafen Heinrich von 1238 wurde dieser Bereich als befestigter Ort genannt. Im Jahre 1295 verkaufte der Eigentümer die Burg mit Ländereien an Friedrich von Meißen, aber schon 1305 kam sie in den Besitz des Bistums Naumburg-Zeitz und war deren stärkstes Bollwerk zum Schutze der kaiserlichen Jagdpfalz in Kayna sowie zur Sicherung und Kontrolle der vorbeiführenden drei Höhenstraßen und Elsterfurten. Während des Sächsischen Bruderkrieges 1450 konnte die Burg nicht erstürmt werden, worauf im Jahre 1460 Bischof Peter von Schleinitz umfangreiche Baumaßnahmen ausführen ließ. Bischof Johannes III. von Schönburg restaurierte 1515 die Burg und baute sie weiter um. Ab 1549 wurde der Burgbereich eine kursächsische Domäne. Schließlich kam diese 1815 mit Beschluss des Wiener Kongresses in preußischen Besitz und die Gebäude wurden im 19. Jahrhundert stark verändert. Nach Kriegsende 1945 wurde das Anwesen ein Provinzialgut. Sieben Jahre später erfolgte die Umwandlung zu einem volkseigenen Gut. Ab 1972 beherbergte sie einen Kindergarten mit Kinderkrippe. 1990 in preußischem Eigentum, wurde die Burganlage 1992 von der Treuhandanstalt der Gemeinde übertragen. Diese begann ab 1993 mit der Sanierung und dem Ausbau zu touristischen Zwecken mit Umbau zum Hotel mit Burgcafé, Kegelbahn und Heimatmuseum. Auch ein Reiterhof mit Reithalle freut sich auf Pferdeliebhaber. 1999 kamen die Nebengebäude ebenfalls an die Gemeinde, der 1990 restaurierte Burgturm ist begehbar.

Schloss Hecklingen

39444 Hecklingen
Salzlandkreis

Hecklingen liegt südlich von Magdeburg und westlich von Staßfurt im Harzvorland am Rande der Magdeburger Börde und wurde 944 erstmals erwähnt. Nach 1319 gingen die Vogteirechte an die Fürsten von Anhalt über. Im Jahre 1559 gab es hier ursprünglich einen Wirtschaftshof des säkularisierten Benediktinerinnen-, später Augustinerinnen-Klosters Hecklingen. Der damalige Bau aus dem 16. Jahrhundert, dem 1757 ein zweigeschossiger Barockanbau hinzugefügt wurde, ging aus einer mittelalterlichen Burganlage hervor. Das Kloster fiel nach der Reformation und dem Tod der letzten Nonne an die Herzöge von Anhalt, worauf es Fürst Joachim Ernst 1571 an Christoph von Trotha verkaufte. 1617, gute 40 Jahre später, begann auf dem Gelände Wolf-Friedrich von Trotha unter Einbeziehung eines Klostergebäudes ein Schloss zu bauen. So entstand der Renaissanceflügel mit dem kleinen Turm, den man noch heute begehen kann. Rund 100 Jahre später erhielt das Schloss schließlich sein heutiges Aussehen mit dem 1721 fertiggestellten Barockflügel mit Festsaal durch Thilo Lebrecht von Trotha. Das Stadtschloss Hecklingen befand sich etwa 350 Jahre im Besitz der Familie von

Schloss Hecklingen

Wasserschloss Hemsendorf

Trotha. 1945 wurde sie entschädigungslos enteignet und Fritz von Trotha verhaftet, der 1947 im sowjetischen Speziallager Buchenwald umkam. In das Schloss verlegte man ein Pflegeheim und Wohnungen. Heute finden wir eine Zweiflügelanlage vor, bestehend aus einem älteren Renaissanceseitenflügel und einem barocken zweigeschossigen Hauptflügel mit Erneuerungen von 1887. Hofseitig befindet sich das Portal mit vorgelegter Treppe. Innen liegt ein weiträumiges Treppenhaus und der Festsaal im ersten Obergeschoss von 1719 gilt als Prunkstück mit reichlichen Stuckornamenten und Deckenmalerei. Der Seitenflügel, der zum Hof hin einen Treppenturm hat und auf der Stirnseite einen Standerker und Renaissancefenster, stammt wohl aus der Zeit nach 1571. Der Festsaal ist heute ein Ort vielfältiger Veranstaltungen und das Hotel bietet zahlreiche Arrangements an.

Wasserschloss Hemsendorf

06917 Hemsendorf
Stadt Jessen
Landkreis Wittenberg

Hemsendorf liegt westlich von Jessen südlich der Schwarzen Elster und besaß einst ein Rittergut, das anstelle einer 1380 erstmals erwähnten Wasserburg entstanden ist. Zu jener Zeit belehnte Herzog Wenzel die Brüder von Glyne mit dem Anwesen, die es gut 70 Jahre besaßen. Daraufhin kam die Familie von Reisen in den Besitz des Gutes, die es in etwa zwei Jahrhunderten vergrößerte und 1533 eine Kapelle hinzufügte. In den folgenden Jahrhunderten bewohnten hochrangigere Persönlichkeiten das Rittergut. So verlieh es der Kurfürst August von Sachsen seinem kursächsischen Hofrat Dr. Michael Teuber und 1589 kam Dr. jur. Andreas Rauchbar durch die Heirat mit Teubers Tochter Euphrosina an die Anlage, nachdem Teuber verstorben war und sie das Gut Hemsendorf erbte. Kurfürst Christian I. von Sachsen erneuerte 1592 diese Belehnung und nach dem Tode Rauchbars erhielt dessen Witwe 1603 durch Kurfürst Christian II. von Sachsen einen neuen Lehnsbrief. Über Euphrosinas Söhne Andreas und Georg kam der Festungskommandant von Wittenberg 1652 an das Rittergut, zu dem auch die Dörfer Gorsdorf und Ruhlsdorf gehörten. Das unter Christian Dietrich von Röbel auf Schönhausen, Buchholz und Schöneicho zweigeschossige Wasserschloss, das sich heute in Hemsendorf präsentiert, wurde wohl noch vor 1697 errichtet. Im Südosten der Anlage steht ein fünfgeschossiger unregelmäßiger oktogonaler Turm mit Schweifhaube und Lisenengliederung; zur Hofdurchfahrt sowie zur Kapelle befinden sich Ädikularportale. Die Ausstattung des Schlosses ging bis auf geringe Reste aus dem frühen 18. Jahrhundert verloren. Es ist eine von Wassergräben umgebene Vierflügelanlage in reizvoller landschaftlicher Lage in der Niederung der Schwarzen Elster. Im Jahre 1838 brannte das zum Schloss gehörende Brauereigebäude nieder, der Herrensitz blieb von Schäden verschont. Ab dem 20. Jahrhundert ging die Schlossanlage vom adligen Besitz meist an reiche Bankiers und Kaufleute über, nachdem das Schloss vom Gut getrennt wurde. Nach dem Zweiten Weltkrieg wurde es als Kindergarten, Konsum und zu Wohnzwecken genutzt. Später begann die Anlage zu verwahrlosen, bis ein privater Investor diese 2003 erwarb und mit einer umfassenden Sanierung begann. Da das Wasserschloss privat bewohnt wird, kann es nur von außen besichtigt werden. Die Schlosskapelle ist von Juni bis August der Öffentlichkeit zugänglich.

Schloss Hessen

38835 Hessen
Stadt Osterwieck
Landkreis Harz

Hessen liegt nördlich von Osterwieck an der B 79 und wurde erstmalig in einer Schenkung Ottos I. im Jahre 966 an einen Grafen Mamaco als Hessenheim erwähnt. Namentlich weist es wohl auf eine fränkische Besiedlung des 8. oder 9. Jahrhunderts hin. Hier stand um 1129 eine ältere

Schloss Hessen

Burg, die von Regensteiner Grafen zur Sicherung des sogenannten Hessendamms durch das Große Bruch, des Hauptverkehrswegs von Braunschweig über Halberstadt nach Leipzig, seit dem 14. Jahrhundert ausgebaut wurde. Es kam in der Folge zu mehrfachem Besitzerwechsel. Ab 1560 baute Herzog Julius von Braunschweig die bestehende Anlage unter Erhaltung der beiden mittelalterlichen Türme des 14. Jahrhunderts zum Renaissanceschloss aus. Seit Ende des 16. Jahrhunderts diente das Schloss als Witwensitz der Braunschweiger Herzoginnen und wurde später eine Domäne. Im Jahre 1641 verwüsteten die Schweden das Schloss, 1726 erfolgten Instandsetzungsarbeiten unter Leitung Hermann Korbs, wobei die Renaissancezwerchgiebel am Südflügel der Oberburg entfernt wurden. Im Jahre 1806 übernahm die Familie von Schwartz die Domäne als Pächter, 1810 verfüllte man die Burggräben. Das Schloss wurde seit 1840 erneut umgebaut und um 1948 der West- und Nordflügel abgetragen. Im angrenzenden Herrenhaus brachte man einen noch heute dort befindlichen Kindergarten unter. Der Bergfried der Oberburg bekam 1991 eine Instandsetzung. 1995 gründete man den Förderverein Schloss Hessen e. V. und ab 2000 erfolgten weitere Sanierungen. Der ehemalige Lustgarten des Schlosses entstand im ersten Viertel des 17. Jahrhunderts durch den fürstlich-braunschweigischen Gärtner Johannes Royer und ist nur in seiner ehemaligen Abgrenzung noch erkennbar. Angrenzend befindet sich eine Gaststätte.

Schloss Heuckewalde

Schloss Heuckewalde

06712 Heuckewalde
Gemeinde Gutenborn
Burgenlandkreis

Heuckewalde liegt unmittelbar an der Landesgrenze zu Thüringen, nördlich von Gera und südlich von Zeitz. Die ehemalige Wasserburg wurde vermutlich um 1156 für das Kloster Posa in Zeitz als kastellartige Burganlage gebaut. Der hohe Wehrturm entstand zu Verteidigungszwecken von 1250 bis 1370; sein hoher Aufsatz lässt den früheren Befestigungscharakter einer von Sümpfen und Wasser umgebenen Wasserburg erkennen. Eine erste urkundliche Erwähnung hatte die Burg 1318 bei einem Vergleich um den Besitz von Heuckewalde zwischen dem Landgrafen Friedrich I. und dem Bischof Heinrich von Naumburg-Zeitz. Die Bischöfe nutzten im 14. Jahrhundert das Objekt als Jagd- und Lustschloss, schließlich wurde es verkauft und in der Folge als Grenzhaus und zu Wohnzwecken genutzt. Im Jahre 1720 erfolgte ein Umbau zum Wohnschloss unter Nutzung einer älteren, wahrscheinlich gotischen Anlage durch den Besitzer Bernhard von Pflugk und dessen Sohn Georg. Es entstand ein zweigeschossiges Schloss über hohem Kellersockel, teilweise noch umgeben von breitem Wassergraben. Die beiden Hauptflügel besitzen schlichte Zwerchhäuser in Frontmitte und sind an der Westseite durch eine schmale zweigeschossige Galerie mit dem Eingangstor verbunden. Die Galerie ist außen in beiden Geschossen durch toskanische Pilaster gegliedert. Zur barocken Ausgestaltung zählen weiterhin die Rundtürme mit Schweifhaube von 1723 sowie die halbrunden Erkerausbauten. Das Schloss kam an die Gemeinde, nachdem man 1945 die letzten Eigentümer der Familie von Herzenberg enteignete. Es wurde zunächst als Schule, Kindergarten, Kinderkrippe, Schulküche, schließlich als Gemeindeamt und als Wohnanlage genutzt. Nach der Wiedervereinigung Deutschlands stand das Gebäude, das im Innern stuckverzierte Decken besitzt, ungenutzt und verfiel. Interessenten gründeten 2003 den Förderverein Schloss Heuckewalde e.V. zur Erhaltung und Nutzung des Schlosses. 2011 kam es erneut in Privatbesitz und wird zur Zeit rekonstruiert. Der Schlosspark weist noch einen verwilderten Zustand auf.

Herrenhaus Krusemark

39596 Hohenberg-Krusemark
Verbandsgemeinde
Arneburg-Goldbeck
Landkreis Stendal

Hohenberg-Krusemark, dessen Herrenhaus eng mit der Ge-

Herrenhaus Krusemark, Hohenberg-Krusemark

schichte des Gutsortes verbunden ist, liegt etwa 17 Kilometer nordöstlich von Stendal. Im Jahre 1208 hatte hier, neben dem Kirchenpatronatsrecht bestand auch die Gerichtsherrlichkeit, die ritterliche Familie von Krusemark drei Güter im Besitz. Sie lebten auf diesem Gut bis 1822. 1845 kam es an die Familie von der Schulenburg, die es später wieder verkaufte. Erbaut wurde das schlichte, historische eingeschossige Gutshaus mit ausgebautem Dachgeschoss um 1800. Die Familie Teute war bis 1945 Besitzer und wurde nach dem Zweiten Weltkrieg enteignet. Um das Jahr 2000 kaufte die Familie Tappe das Herrenhaus, sanierte es grundlegend und gestaltete auch wieder den umliegenden kleinen Park. Ziel war es, bis 2003 eine Pension zu eröffnen und die ersten Gäste im „Gutshaus Krusemark" begrüßen zu können. Die Zimmer sind liebevoll eingerichtet und in Gesellschaftsräumen kann man mit anderen Gästen plaudern oder sich im kleinen Wellness-Bereich im Gewölbekeller entspannen. Das Herrenhaus liegt am beliebten „Elbe-Radweg" und in Hohenberg-Krusemark befindet sich zudem eines der Reitsportzentren der Altmark.

Schloss Hohenerxleben

39418 Hohenerxleben
Stadt Staßfurt
Salzlandkreis

Hohenerxleben liegt im Osten von Staßfurt und wurde erstmals 1205 als „Errikesleva justa Bodam" in einer Urkunde des römischen Papstes Innozenz III. gemeinsam mit dem Schloss er-

Schloss Hohenerxleben

wähnt. Es war im Besitz derer von Freckleben und kam 1435 an die von Hoym und 1466 an die Familie von Krosigk. Zu jener Zeit befanden sich hier noch an drei Seiten Trockengräben. Die Familie Krosigk baute den Herrensitz zu ihrem Hauptsitz in exponierter Lage oberhalb der Bode aus, hatte aber auch große Teile des Dorfes und die Kirche errichten lassen. In der ersten Hälfte des 16. Jahrhunderts entstand auch der Ostflügel mit den Renaissancegiebeln. Im Jahre 1543 wurde der Besitz geteilt und ein weiteres Haus errichtet. Vollrat von Krosigk vereinte den Besitz wieder, der darauf erneut geteilt und endgültig durch Anton Friedrich von Krosigk 1744 wieder zusammengeführt wurde. Auch stark befestigt wurde die Schlossanlage, deren ältester Teil, der Ostflügel aus dem ersten Viertel des 16. Jahrhunderts, 1999 teilweise erneuert wurde. Westlich davon stand ursprünglich ein älteres Turmhaus. Beide wurden unter Anton Friedrich von Krosigk durch einen Mitteltrakt verbunden und das Turmhaus 1807 durch den Westflügel ersetzt. Im Jahre 1807 baute man das Schloss erstmals um und gegen Ende des 19. Jahrhunderts wurde es nach Plänen des Architekten Ferdinand Schorbach erneut verändert. Auch der Park wurde ab 1800 entlang des südlichen Bodehanges angelegt. Nach 1945 wurde der damalige Besitzer enteignet und das Schloss zum Schulungsort und Internat für die Technische Universität Magdeburg umfunktioniert. Seit 1997 wurden einige Teile der Anlage restauriert. Heute ist die Schlossanlage im Besitz der „Schloss Theatrum Herberge Hohenerxleben Stiftung“, die zahlreiche Veranstaltungen organisiert, darunter auch Künstlerauftritte ohne Gage, deren Erlös man zur Verwendung der Restaurierung einsetzt.

Schloss Hohenthurm

06188 Hohenthurm
Stadt Landsberg
Saalekreis

Weithin sichtbar ist der Bergfried aus der Zeit um 934 vom

Schloss Hohenthurm

Ort Hohenthurm, welcher nur acht Kilometer östlich von Halle (Saale) liegt. Die frühere Burg entstand als Bastion gegen die Slawen. Der 1244 urkundlich erwähnter Turm wurde im 12. Jahrhundert erhöht und bildete mit weiteren Gebäuden das spätere Schloss. Zerstört wurde die Burganlage, die ursprünglich im Besitz von Ministerialen, Burgmännern der Mark Landsberg war, bis auf den Turm 1547 im Schmalkaldischen Krieg. Zunächst wurde 1244 ein „Arnoldus de alta turri" erwähnt und der Thüringer Landgraf Albrecht der Entartete verpfändete die Herrschaft an den askanischen Markgrafen Heinrich von Brandenburg. Anschließend gelangte die Burganlage als Pfand an Herzog Magnus von Braunschweig. 1347 erwarb der Markgraf von Meißen, Friedrich II. der Ernsthafte, die Anlage zurück und sie verblieb schließlich im Erzstift Magdeburg. Der letzte Ministeriale, Hans von Hoen Torn, bekam 1385 von Erzbischof Albrecht den Hof mit Kirche und weiteren Rechten zu Lehen. Doch schon 1398 starb die Familie aus und das Anwesen kam 1398 an Leonhard von Steuben. 1418 erlangte es Klaus von Trotha über Otto von Dieskau und 1438 Hans von Rauchhaupt, dessen Nachfolger die Anlage bis 1653 besaßen. Der Geschichtsschreiber Torquatus bezeichnete die Burg bereits 1570 als verfallen; 1683 brannte sie ab. In den Folgejahren entstanden ein neues Herrenhaus und Wirtschaftsgebäude, die von einer hohen Ringmauer umgeben wurden. Im Jahre 1653 kaufte Nikolaus von Zastrow das Anwesen, im 17. und 18. Jahrhundert folgten wechselnde Eigentümer. 1857 ersetzte man die barocke Haube des romanischen Bergfrieds durch ein flaches Kegeldach, 1859 erbaute man den lang gestreckten Pferdestall. Max Heinrich Adam von Wuthenau-Hohenthurm heiratete die Gräfin Pauline von Württemberg und ließ für sie 1912 im ehemaligen Rittersaal eine katholische Kapelle einrichten. Schließlich ließ Graf Max Heinrich ein repräsentatives Wohngebäude bauen, das 1892/93 zu einem Neorenaissanceschloss mit Obelisken und Türmen umgebaut wurde. Von 1919 bis 1926 renovierte man den hohen Turm. Nach den 1920er-Jahren entfernte man einigen Zierschmuck am Schloss und näherte sich somit äußerlich wieder dem Barock an. 1945 wurde die Familie der Grafen von Wuthenau enteignet und das Anwesen bis 2001 als Institut für Pflanzenzüchtung der Martin-Luther-Universität Halle-Wittenberg genutzt. 1994 wurde der Kultur- und Heimatgeschichtsverein gegründet und der Turm 1995 für die Öffentlichkeit begehbar gemacht. Im Jahre 2003 verkaufte man die Anlage an einen russischen Staatsbürger, der den Nutzungsvertrag mit dem Verein seit 2011 nicht verlängerte. Der Turm ist somit nicht mehr zugänglich und die Anlage verfällt zusehends.

Schloss Hornhausen

Schloss Hornhausen

39387 Hornhausen
Stadt Oschersleben (Bode)
Landkreis Börde

Vier Kilometer nordwestlich der Stadt Oschersleben in der Magdeburger Börde liegt der im 8. Jahrhundert gegründete Ort Hornhausen mit seinem Schloss. Urkundlich erwähnt wurde Hornhausen erst 1072. Das Schloss ging aus einer Wasserburg hervor und war Stammsitz der Herren von Hornhausen. Das eher als Herrenhaus zu bezeichnende Gebäude auf dem Burgplatz stammt aus dem Jahr 1666 und hatte mehrfach wechselnde Besitzer. Es stellt sich dem Betrachter als schlichter zweigeschossiger Rechteckbau dar. Das Anwesen wird von einem zum Teil gemauerten und gefluteten Graben umgeben. Das Schloss bekam in der zweiten Hälfte des 19. Jahrhunderts einen Anbau. Ein besonderes Schmuckelement ist das Renaissance-Portal mit dem Wappen des Ehepaares und Erbauers der Anlage. Nach Ende des Zweiten Weltkrieges wurde das Schloss als Kreisfeierabendheim genutzt und ist seit 1991 Pflegeheim. Angenehm erholen können sich die Bewohner im angrenzenden Schlosspark, durch den der Goldbach fließt. Der wohl älteste Parkteil entstand 1767 durch Wilhelm von der Schulenburg, das Gelände wurde um 1900 erweitert. Der Ort kann auch auf eine bekannte Persönlichkeit verweisen: den Philologen und Schriftsteller Dr. Wilhelm Bode. Dieser verfasste eine umfangreiche Biografie über Johann Wolfgang von Goethe und besaß eine Sammlung von Briefen des Dichters. Das heutige DRK-Seniorenheim kann nur von außen eingesehen werden, ist sanierungsbedürftig und liegt von Bäumen verborgen inmitten des Parks.

Schloss Hoym

Schloss Hoym

06467 Hoym
Stadt Seeland
Salzlandkreis

Hoym liegt zwischen Quedlinburg und Aschersleben und wurde 961 erstmals urkundlich erwähnt. Relikte der ehemaligen Wasserburg sind heute kaum noch zu finden und auch historisch ist nicht viel überliefert. Bald avancierten die Burgherren zu einem Adelsgeschlecht, den Herren von Hoym. Sie wurden mit Berchtoldus de Hoym 1191 erstmals urkundlich genannt. Das Geschlecht hatte sich schnell weitläufig verzweigt. Im Jahre 1301 wurde ein Castrum erwähnt, das aber vermutlich viel älter war. Seit 1603 gehörte das Anwesen zum Hause Anhalt-Bernburg. Das Hoymer Stammhaus stand jedoch im Schatten des anhaltinischen Fürstenhauses, die auch Lehnsherren waren. Leberecht, ein Sohn des Fürsten Victor Amadeus von Anhalt-Bernburg, sollte ein standesgemäßes Schloss erhalten, und so riss man das bestehende Wasserschloss 1714 ab. Durch Johann Tobias Schuchardt wurde es bis 1721 neu errichtet. Seither war Hoym Residenzstadt des Fürstentums Anhalt-Bernburg-Hoym. Das Schloss entstand als ein lang gestreckter zweigeschossiger Putzbau über hohem Souterrain, mit Mittelrisaliten auf der Hofseite. Das Innere birgt qualitätsvolle Stuckdecken, die weitgehend erhalten geblieben sind, und im Souterrain befinden sich kreuzgratgewölbte Räume vom Vorgängerbau aus der Mitte des 16. Jahrhunderts. Der eingeschossige Westflügel ist das sogenannte Kammerhaus. Den Zugang zum Schlossareal bildet das Hofportal, eine prachtvolle barocke Anlage, bekrönt von der Halbfigur des Fürsten, begleitet von Jupiter, Prudentia, Minerva und Apollo. Der Park mit den pavillonartigen Wohn- und Therapiegebäuden stammt aus dem letzten Viertel des 19. Jahrhunderts. Seit 1978 befindet sich in der Anlage die größte Behinderteneinrichtung des Landes Sachsen-Anhalt: die Schloss-Hoym-Stiftung mit einem Galeriegebäude.

Burgruine Hundeluft

06862 Hundeluft

Stadt Coswig (Anhalt)
Landkreis Wittenberg

Der Ort Hundeluft befindet sich im Südwesten des Flämings und liegt im Tal der Rossel an der Kreisstraße von Coswig nach Zerbst, nordöstlich von Roßlau. Die erste urkundliche Erwähnung erfolgte im Jahre 1280, als die Burgdomäne im Streit des Markgrafen Johann II. und Otto von Brandenburg gegen Erzbischof Günter von Magdeburg erobert wurde. Das Dorf mit Rittergut wurde 1307 erstmals genannt. Im Jahre 1347 erschien Jakob Prebock, ein Müllersknecht aus Hundeluft, als „falscher Waldemar“ am Hofe des Erzbischofs Otto von Magdeburg. Heute ist die meist mundartlich genannte „Hunneloff“ eine Burgruine mit nur noch wenigen vorhandenen Steinen und geringen Mauerresten, deren Grundriss für den Betrachter nur zu erahnen ist. 1414 wurde die Burg vom Fürsten Albrecht von Zerbst nach kurzer Belagerung eingenommen, worauf die Raubritter Cuno und Godemar Walwitz nach Dessau geflohen waren. Burg und Dorf Hundeluft verblieben im Besitz des Fürsten und wurden im Dreißigjährigen Krieg zerstört. 1735 verkaufte der letzte Erbherr der Familie von Zerbst Burg und Dorf Hundeluft an den Fürsten von Anhalt-Zerbst, worauf diese nicht mehr zu Wohnzwecken genutzt wurden. In der zweiten Hälfte des 18. Jahrhunderts kam es zur Abtragung der Anlage, deren Material man für Bauten im Ort und am Gut nutzte. Heute finden auf dem Areal, meist durch die Freiwillige Feuerwehr ausgerichtet, zu gegebenen Anlässen Veranstaltungen statt. Im Nebengebäude können Räume gemietet werden.

Burgruine Hundeluft

Schloss Hundisburg

39343 Hundisburg
Stadt Haldensleben
Landkreis Börde

Malerisch gelegen an der Beber und deren Zuflüssen Olbe und Garbe, findet man am südlichen Rand von Haldensleben Hundisburg mit seinem prächtigen Schloss, einer ursprünglichen Talrandburg auf einem Bergsporn. Es ist eines der bedeutendsten ländlichen Barockschlösser mit Barockgarten und Landschaftspark in Sachsen-Anhalt und liegt an der Straße der Romanik. Im Jahre 1144 war die erste urkundliche Erwähnung einer Chorherrenpropstei in Hunoldesburg, 1196 ist die Burg Hundisburg vermerkt. Die Anlage befand sich 1452 im Eigentum der Familie von Alvensleben; 1544 errichtete man ein kastellartiges Schloss. Im Jahre 1571 erbaute man den zweigeschossigen Südflügel im Stil der Renaissance, der jedoch im Dreißigjährigen Krieg verwüstet wurde. Von 1694 bis 1702 bezog der Braunschweiger Hermann Korb den mittelalterlichen Bergfried anstelle des Gebäudes von

Schloss Hundisburg

1544 in barocker Gestaltung mit in den Umbau ein, der für Johann Friedrich von Alvensleben, einen Minister des Herzogs Anton Ulrich von Braunschweig, gestaltet wurde. Im Jahre 1810 erwarb der Industrielle Johann Gottlob Nathusius das Kloster Alt Haldensleben und 1811 das Schloss Hundisburg. Nach seinem Tod wurde 1835 der Besitz unter seinen Söhnen Hermann Engelhard und Philipp von Nathusius aufgeteilt. Im 19. Jahrhundert hatte man Veränderungen im Inneren vorgenommen. Die Familie Nathusius wurde 1945 enteignet, das Schloss durch einen Brand des Mittel- und Nordflügels stark beschädigt. Heute finden wir hier eine zum Park hin zweigeschossige Anlage vor, die durch einen Mittelrisalit mit wappengeziertem Giebel betont ist. Zwei mächtige Türme flankieren den Bau, wovon einer der ehemalige Bergfried ist. Diesem gegenüber liegt der große Ehrenhof. Das Schloss ist von einem großen Landschaftspark mit Rousseau-Insel umgeben. In den Schlossräumen befinden sich Sammlungen von Heinrich Apel und Friedrich Loock. Die Gesamtanlage ist Bestandteil der „Gartenträume – Historische Parks in Sachsen-Anhalt" und ein Besuchermagnet. Ein Schlosscafé lädt zum Verweilen ein. Auch den Bund fürs Leben kann man hier schließen.

Schloss Ilsenburg

Schloss Ilsenburg

38871 Ilsenburg

Landkreis Harz

Ilsenburg liegt zwischen Wernigerode im Osten und dem niedersächsischen Bad Harzburg im Westen, am Ausgang des Ilsetals im Nationalpark Harz. Im Jahre 995 erhielt das damalige Königsgut Elysynaburg seine erste urkundliche Erwähnung und 998 wurde die Burg dem Bischof Arnulf von Halberstadt zur Errichtung eines Benediktinerklosters überlassen. Die Bestätigung des Klosters erfolgte schon 1003 durch Kaiser Heinrich II. Im Jahre 1545 fiel es der Säkularisierung zum Opfer. Von 1602 bis 1608 verpfändete man Ilsenburg an Statius von Münchhausen und später an Hilmar von Kampe. 1609 richteten die Grafen von Stolberg-Wernigerode ihren Wohnsitz ein. Von 1629 bis 1631 waren auf Ilsenburg erneut Mönche und 1645 wurde mit dem Wiederaufbau der im Dreißigjährigen Krieg zerstörten Burg im schlichten Fachwerkbau durch Graf Heinrich Ernst von Stolberg-Wernigerode begonnen. Die Hofhaltung wurde 1710 nach Wernigerode verlegt. Im Jahre 1862 wurde das frühere Kloster im Auftrag von Otto Fürst zu Stolberg-Wernigerode nach Plänen des Baumeisters Ebeling durch Karl Frühling in einen romantisierenden Schlossneubau und späteren Witwensitz umgewandelt. Noch heute sind vom ehemaligen Klostergebäude der spätromanische Süd- und Ostflügel erhalten. In Letzteren befinden sich die Sakristei, das Auditorium, der Kapitelsaal und die Küche. Im Südflügel liegt das dreischiffige Refektorium. Nach Kriegsende 1945 wurde die Familie Stolberg-Wernigerode enteignet, die Anlage geplündert und als Wohnraum für Umsiedler sowie später als Evangelisches Stift und Pastoralkolleg genutzt. 1948 wurde die Evangelische Forschungsakademie gegründet, die kirchliche Tätigkeit jedoch wegen der 1961 errichteten Sperrzone beendet. Ab 1972 verfügte das Ministerium für Staatssicherheit über das Anwesen. In der Zeit von 1974 bis 1990 befand sich in der Schlossanlage ein Erholungsheim für Mitarbeiter des Ministeriums für Land- und Nahrungsgüterwirtschaft und bis zum Erwerb durch die Stiftung Kloster Ilsenburg 2005 wurde es als Hotel weitergeführt. Die heutigen Besitzer bemühen sich um Erhalt der Anlage und des Parks. Im Kloster werden Führungen angeboten.

Schloss Jessen

06917 Jessen

Landkreis Wittenberg

Jessen mit seinem Schloss liegt südöstlich der Lutherstadt Wittenberg an der Verbindungsstraße B 187. Der erste urkundliche Nachweis als „Jezzant“ erfolgte 1216. Schon 1156 erwarben die Grafen von Brehna das Land als Lehen des Magdeburger Erzbistums und somit auch die ursprünglich mittelalterliche, ringförmig angelegte Wasserburg, die wohl bereits eine Burgwallanlage als Vorgängerin hatte. Der Askanier Rudolf I. erwarb 1317 „daz hus zu dem Jezzende“ vom Grafen Conrad zu Wernigerode und den Erben Hermanns von Barby. Diesen folgten in der Territorialherrschaft die Herzöge Rudolf II., Wenzeslaus, Rudolf III. und Albrecht. Genutzt wurde die Anlage als Mann- und später als Weiberlehen, vor allem als Witwensitz des askanischen Hauses. Ab 1422 befand sich das Schloss im Besitz verschiedener feudaler Gutsherren, von denen 1492 der Schlossherr Nicolaus von Carlewitz erwähnt wurde. Zu Beginn des 16. Jahrhunderts kam das „Haus Jessen" wieder in kurfürstlichen Besitz. Kurfürst Friedrich der Weise erwarb das Schloss und vererbte es seinen beiden illegitimen Söhnen Friedrich und Sebastian, die sich nun Grafen zu Jessen nannten. Die Geschlechter von Kanne und von Vittinghoff prägten im 17./18. Jahrhundert die Geschichte des Schlosses; in dieser Zeit ließ Friedrich Wilhelm von Vittinghoff nach 1750 umfassendere Bautätigkeiten ausführen. Es entstand ein Vierflügelbau mit Landschaftspark und Wirtschaftsbau. Johann Christian Hennigk, wohlhabender Kaufmann und Bürgermeister zu Jessen, erwarb im Jahr 1777 das Rittergut. In den Befreiungskriegen 1813/14 bezogen die Generäle Blücher, York, Tauentzien und weitere deutsche und russische Heerführer ihr Hauptquartier im Jessener Schloss. Der königliche Rittmeister Carl Gottfried Eckhardt kaufte das Rittergut Jessen 1837 von den Erben der Familie Hennigk, verkaufte das bereits verfallende Schloss aber 1862 an die Brüder Karl und Fritz Raschig. Im 19. Jahrhundert wurde der Schlossbereich teils verändert und durch den schlanken Achteckturm ergänzt, der Nordflügel von 1752 um ein Geschoss erhöht. Nach der Renovierung richtete man in der Anlage eine Tuchfabrik ein, die aber schon 1885 in Konkurs ging, worauf man das Schloss zu Wohnzwecken umbaute. 1945 nutzte die Rote Armee die Anlage, nachdem diese kurzfristig die Wohnbereiche räumten, die man nach 1948 wieder nutzen konnte. Hier lebte und arbeitete Toni Raschig 1876 bis 1958 als Schlossbesitzerin, Stadtverordnete und Kirchenälteste. Seit 1999 ist die Stadtverwaltung Jessen im Schloss untergebracht.

Schloss Jessen

Kalbe (Milde)

Burgruine Kalbe

39624 Kalbe (Milde)
Altmarkkreis Salzwedel

Kalbe liegt zentral in der Altmark, am Fluss Milde, gut sechs Kilometer östlich der B 71, nördlich von Gardelegen. Die Niederungsburg Calwo aus der Zeit um 900 befand sich zwischen zwei Armen der Milde, nordöstlich der Stadt auf einem Sumpfhorst des Kalbe'schen Werders. Sie schützte einst die Straße von Gardelegen nach Salzwedel. Nach Tangermünde war dies die größte Burg der Altmark, mit umfangreichen Wall- und Grabenanlagen. Im Jahre 983 wurde sie erstmals genannt und 1196 der markgräfliche Anteil dem Erzstift Magdeburg übereignet. Ein trauriges Schicksal erlitt die Burg in einer Fehde zwischen Markgraf Johann I. von Brandenburg und Erzbischof Willibald von Magdeburg 1240, als sie nach der Schlacht bei Gladigau zerstört wurde. Aufgebaut hat man sie wieder nach dem Friedensschluss von 1245. Um 1296 kam das Anwesen in den Besitz des Troiseke von Cröchern und wurde 1324 vom Ritter Albrecht von Alvensleben erworben, womit es als Stammsitz in die schwarze Linie derer von Alvensleben überging. Als die Burg nach einem Brand 1580 wieder aufgebaut wurde, bekam sie Renaissanceformen. Während des Dreißigjährigen Krieges wurde sie im Jahre 1631 auf Befehl des Kurfürsten Georg Wilhelm von Brandenburg geschleift. 1903 erfolgten erste Maßnahmen zur Ruinensicherung und Konservierung. Die von Alvensleben hatten 1945 noch einen Wirtschaftshof im Besitz. Weitere Erhaltungsmaßnahmen an der Ruine erfolgten in den Jahren 1982 bis 1985 und 1991. Heute ist die von einer Ringmauer geschützte Innenburg der Gesamtanlage, die 1631 abgebrochen wurde, noch gut erkennbar. Die Ruine des gotischen Palas, ein ehemals dreigeschossiger Wohnbau in Feldstein, stammt noch

Burgruine Kalbe

Schloss Karow

aus dem Jahre 1472. Zu den verbliebenen Relikten zählen auch eine Kapelle mit Treppenturm und das Torhaus aus dem 14./15. Jahrhundert. Die Anlage ist frei zugänglich. 1984 wurde das Museum „Altes Wachhaus“ eingerichtet, ein eingeschossiges Gebäude mit Krüppelwalmdach von 1584. Gefördert wurde dies durch die VR-Stiftung und den Heimatverein Kalbe.

Schloss Karow

39307 Karow
Stadt Jerichow
Landkreis Jerichower Land

Am Nordrand der Niederungslandschaft Fiener Bruch findet man etwa zehn Kilometer südöstlich von Genthin, nahe der Landesgrenze zu Brandenburg, das 1191 erstmals urkundlich erwähnte Dorf Karow. Im 16. Jahrhundert befand sich der Ort im Besitz der Familie von Byern und war 1690 im Eigentum des späteren preußischen Ministers Friedrich Wilhelm von Grumbkow. Erworben wurde das Anwesen am Südende des Dorfes durch Marquard Ludwig von Printzen im Jahre 1708, worauf das Schloss 1710 als Dreiflügelanlage mit zweigeschossigem Haupttrakt errichtet wurde. Von 1774 bis 1945 war die hufeisenförmige, zweigeschossige Anlage mit Mitteltrakt Stammsitz der Reichsgrafen von Wartensleben. Im 19. Jahrhundert baute man den Dachbereich mit einstöckigem Turmzimmer aus. Der Seitenflügel und das Schlossinnere wurden Anfang der 1960er-Jahre erneuert. Mit der Enteignung 1945 gingen auch die bedeutende Sammlung von Gemälden aus der Berliner Malerschule des 18. und 19. Jahrhunderts und der Delfter Kachelsaal verloren. Die ehemalige Gutsbrennerei in Formen der Backsteingotik mit Treppengiebel stammt aus der Zeit um 1840. Der überformte Landschaftspark blieb mit seinem Baumbestand und der Wegeführung weitestgehend unverändert. Heute birgt das Schloss eine Schule und einen Kindergarten.

Herrenhaus Kehnert

39517 Kehnert
Stadt Tangerhütte
Landkreis Stendal

Herrenhaus Kehnert

Kehnert liegt am linken Ufer der Elbe, zwischen Burg und Tangerhütte. Das Herrenhaus entstand in den Jahren 1802/03 als zweigeschossiger, klassizistischer Putzbau. Es wurde auf einer Anhöhe vor den Elbwiesen für den preußischen Staatsminister Friedrich Wilhelm Graf von der Schulenburg-Kehnert vermutlich von Carl Gotthard Langhans gebaut. Im Jahre 1827 kaufte es Adolf Schumann und betrieb auf dem Gelände bis 1834 eine Porzellanfabrik. 1913 erwarb Hermann Walter Schaefer-Kehnert das Anwesen, der es zu einem bedeutenden Landwirtschaftsbetrieb ausbaute, aber 1945 enteignet wurde. Durch Umbauten wurde der breit gelagerte zweigeschossige Putzbau stark überformt. Im Mittelportal an der Hofseite wird eine Rundbogennische von ionischen Säulen flankiert und auf dem Türsturz befindet sich ein mythologisches Relief. Auf der Gartenseite liegt zum säulengegliederten Mittelrisalit eine doppelläufige, im Halbkreis geschwungene Freitreppe aus der Zeit um 1913, im Innern eine kreisrunde Diele mit umlaufender Galerie auf acht ionischen Säulen. Auf dem Gutshof stehen Wirtschaftsgebäude des 19. und 20. Jahrhunderts, umgeben von Backsteinmauern mit zwei Toreinfahrten, von denen eine das Wappen derer von Alvensleben mit der Bezeichnung 1782 trägt. Das Herren- bzw.

Gutshaus befindet sich in Privatbesitz, die Eigentümer bieten Zimmer für Übernachtungen an.

Herrenhaus Kläden

39579 Kläden
Stadt Bismark (Altmark)
Landkreis Stendal

Der 1170 als „clodene“ urkundlich erwähnte Ort liegt auf halber Strecke zwischen Bismark und Stendal. Vermutlich ist das Dorf wesentlich älteren Datums, da in der Region schon lange vorher Slawen lebten, worauf auch Reste eines Burgwalls und einer frühgeschichtlichen Fliehburg an der Straße in Richtung Badingen verweisen. Bis um 1750 war die Familie von Clöden eng mit dem Dorf verbunden, dessen Rittergut später der Familie von Jeetze gehörte und weiter an die von Levetzow und Bassewitz kam. In den Jahren 1753/54 entstand unter Hans Friedrich Wilhelm von Lattorf ein eingeschossiger Putzbau, den 1827 Carl Theodosius von Levetzow aufstockte und erweiterte. Somit findet der Betrachter heute ein zweigeschossiges, verputztes rechteckiges Herrenhaus über hohem Keller mit barocker Gutshofanlage vor. Die drei mittleren Achsen sind durch Dreiecksgiebel mit Halbkreisfenster hervorgehoben. Im Innenbereich befinden sich mehrere Stuckdecken und im Erdgeschoss spätbarocke Deckenspiegel. Das Obergeschoss birgt einen klassizistischen Festsaal mit ionischen Wandpilastern und reicher Kassettendecke von 1827. Auf dem Platz vor dem Herrenhaus liegen sich Wirtschaftsgebäude und Tor-

Herrenhaus Kläden

Schloss Klein Oschersleben

häuser aus Backstein gegenüber. Die frühere Parkanlage wurde 1753 im französischen Stil angelegt, jedoch später durch Einbauten teils entstellt. Nach wechselnder Nutzung des Herrensitzes in der Zeit von 1945 bis 1995, u. a. zu landwirtschaftlichen Zwecken, kam dieser in Privatbesitz und wird als Seniorentagesstätte betrieben.

Schloss Klein Oschersleben

39387 Klein Oschersleben
Stadt Oschersleben (Bode)
Landkreis Börde

Der Ortsteil liegt südöstlich der Stadt Oschersleben und wurde 1083 als „Oskersievo" erstmals urkundlich erwähnt, als Kaiser Heinrich IV., nach dem Tod des Thiedericus aus dem Hause Wettin, das Gut dem Dom zu Halberstadt verkaufte. Schließlich bekamen die Halberstädter Bischöfe 1211 auch das Kirchenlehen von Klein Oschersleben. Aus dem Jahre 1381 sind mehrere erzbischöfliche Lehnshöfe urkundlich bestätigt. 1489 erhielt der Hofmarschall Hans von Kotze das Rittergut als Mannlehen. Seine Nachfahren waren 400 Jahre im Besitz des Anwesens. Nur die Kirche war unmittelbares Lehen des Erzbischofs. Im Jahre 1562 zerstörte ein Feuer den Ort und das Anwesen und auch während des Dreißigjährigen Krieges brannte Klein Oschersleben teilweise nieder. Als der letzte Administrator Magdeburgs 1680 verstarb, kamen der Ort sowie das gesamte Erzbistum zum Kurfürstentum Brandenburg. Mit der Anlage der Eisenbahnstrecke Magdeburg–Halberstadt 1842 gab es auch im landwirtschaftlichen Bereich einen enormen Aufschwung in diesem Landstrich. Auf dem Rittergut wurde 1863 eine Zuckerfabrik errichtet, doch bald wieder aufgegeben, da man in Bahnhofsnähe eine neue errichtet hatte, die bis 1991 intensiv genutzt wurde. Gegen Ende des 19. Jahrhunderts wurde das Schloss auf der Grundlage des Vorgängerbaus neu errichtet. In sozialistischer DDR-Zeit waren eine Schule, Kinderkrippe und

Wohnungen eingerichtet. Heute ist die Anlage in Privatbesitz und kann nicht besichtigt werden.

Burgruine Klein Rosenburg

39240 Klein Rosenburg
Stadt Barby
Salzlandkreis

Der Ort Klein Rosenburg befindet sich südlich von Barby und am nördlichen Rand von Groß Rosenburg. Die frühere Burg Rosenburg hatte ihre erste Nennung im Jahre 965 und war eine ehemalige mittelalterliche Rundburg auf einer Anhöhe am Rande der Saale-Niederung. Heute steht die Burgruine, die 1995 wieder freigelegt und gesichert wurde, zur Besichtigung offen. Das Wahrzeichen des Ortes Klein Rosenburg wird gern von Radtouristen besucht. Neue Teiche, ein ebenfalls neu angelegter Park sowie die teilweise restaurierte Anlage ziehen zahlreiche Besucher an. Da die Burg die letzte vor der Mündung der Saale in die Elbe war, besaß sie eine hohe strategische Bedeutung. Die Grafen von Barby errichteten hier 1798 einen beachtlichen Renaissancebau als Residenz mit rundem Eckerker. Diese wie auch die Wirtschaftsgebäude wurden 1945 abgebrochen, sodass von der ursprünglich von Graben und Ringmauer umgebenen Anlage die doppelte Toranlage erhalten blieb. Vom Vortor blieb der romanische Torturm erhalten. Die Schwurhand ist wohl ein Zeichen für das zeitweilige Privileg der Gerichtsbarkeit auf der Burg.

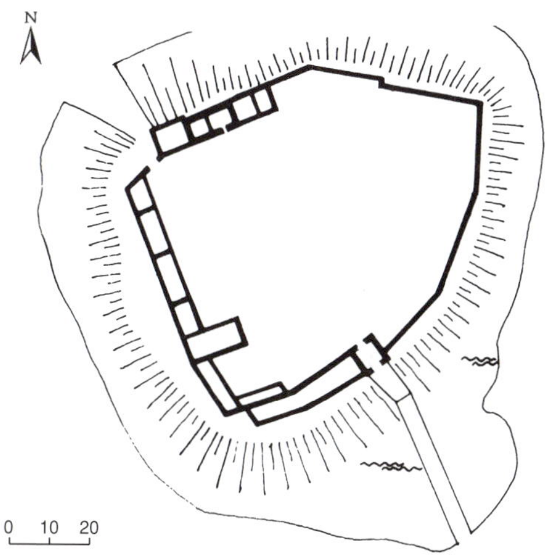

Oben: Burgruine Klein Rosenburg

Darunter: Burgruine Klein Rosenburg, Grundriss

Burg Klöden

06917 Klöden
Stadt Jessen
Landkreis Wittenberg

Klöden liegt etwa zwölf Kilometer südwestlich von Jessen an der Elbe, beziehungsweise 20 Kilometer südöstlich der Lutherstadt Wittenberg und wurde 965 erstmals als „Clotna" urkundlich erwähnt. Insgesamt 17 Burgwartorte wurden auf Veranlassung Heinrichs I. aufgrund der Ungarneinfälle und Kämpfe mit den Elbslawen in der ersten Hälfte des 10. Jahrhunderts entlang der mittleren Elbe errichtet. Die hier befindliche Burg wurde mindestens fünfmal am Westflügel durch Hochwasser der Elbe weitestgehend zerstört. Im Jahre 1217 kam Klöden aus dem Besitz der Wettiner an die Grafen von Brehna und durch Erbfolge an die Herzöge von Sachsen-Wittenberg. Die Askanier erlangten das Anwesen 1290, anschließend wechselten die Besitzer noch häufig. Einer der Bekanntesten war Jobst von Kanne, der Kanzler des Kurfürsten Johann Friedrich des Großmütigen, der 1553 Klöden erwarb. Er ließ um 1566 den bis dahin bestehenden Herrensitz zum Renaissance-Schloss umbauen und lebte dort von 1586 bis 1596. Seine Nachfahren waren bis 1660 im Besitz des Anwesens und starben 1677 aus. Das Schloss war gegen Ende des 17. / Anfang des 18. Jahrhunderts ein ehemaliges kursächsisches Kammergut im Besitz der Familie Löser, die im Jahre 1684 die Burg barock überformen ließ. Auf eine bewegte, aber traurige Geschichte kann Klöden in Bezug auf die sogenannten Hexenverfolgungen verweisen, deren letzte „Hexe" Mitteldeutschlands 1746 auf dem Scheiterhaufen verbrannt wurde. Laut historischer Forschung sollen vermutlich um die 30 Mädchen und Frauen nach Verurteilung auf der Burg als Hexen einen qualvollen Tod erlitten haben. In der Toreinfahrt finden sich zwei rundbogige Sandsteinportale des späten 16. Jahrhunderts, im Hof ein Portal mit Aufsatz von zwei wappenhaltenden Putti sowie Voluten und Muschellünette aus der Mitte des 17. Jahrhunderts. Den polygonalen Wendelstein ziert eine Schweifhaube. Die Innenräu-

Burg Klöden

me sind zum Teil kreuzgratgewölbt und im Ostflügel liegt die ehemalige Schwarzküche. Die Wohn- und Empfangsräume zieren kassettierte Holzbalkendecken. Zu erwähnen wäre noch, dass der Ostflügel der Burg auf Pfählen steht. Im Jahre 1934 ging die Anlage in Gemeindeeigentum über und diente als Rat der Gemeinde. In der Folge richtete man in der Burg eine Schule, ein Standesamt, einen Kindergarten, einen Jugendclub und ein Kino ein. Im Zuge der Wiedervereinigung kam die Burg in private Hände, schließlich 2005 an den Förderverein Burg Klöden e. V. als neuen Burgherrn, der hier eine Heimatstube mit spektakulärem Hexenmuseum und Burggaststätte betreibt.

Schloss Klosterhäseler

06647 Klosterhäseler

Gemeinde An der Poststraße
Burgenlandkreis

Klosterhäseler liegt auf einer Höhe westlich von Naumburg und der thüringischen Landesgrenze, nördlich über Eckartsberga. Der Ort wird erstmals um 770 und 775 als „Hasalaha“ sowie 786 als „Heselere“ in Hersfelder Urkunden erwähnt. Er war Sitz des Ministerialge-

Schloss Klosterhäseler

schlechts von Heßler, das erstmals 1197 bezeugt wurde. Diese hatten dem Ort 1239 das 1318 erstmals urkundlich erwähnte Zisterziensernonnenkloster gestiftet. Das im Zuge der Reformation 1540 aufgelöste Kloster kauften 1543 die Nachfahren der Familie Heßler und führten es mit dem Rittergut zusammen. Dieser Zweig starb 1771 mit Hans Heinrich III. von Heßler aus und das Gut ging in Konkurs. Gekauft hatte dieses der Magdeburger Kauf- und Ratsherr Gottfried Haeseler (nicht verwandt mit Heßler), der 1736 vom preußischen König in den Adelsstand erhoben wurde. In Abwandlung des Namens setzte sich in der Folge auch der Ortsname Klosterhäseler durch. Im Jahre 1855 gründete Wilhelm Heerwagen in Klosterhäseler die Orgelbauwerkstatt Heerwagen, die dort bis 1892 bestand. Sein Sohn Emil wurde 1857 in Klosterhäseler geboren und ebenfalls Orgelbauer. Aus der Werkstatt Heerwagen stammt die 1871 gebaute Orgel der Dorfkirche, die von August und Emilie von Haeseler aus Dankbarkeit über die Rückkehr ihrer Söhne aus dem Deutsch-Französischen Krieg gestiftet wurde. Das Schloss ist eine mehrfach umgebaute und veränderte Anlage, von der noch ein vierjochiger Raum mit quadratischem Mittelpfeiler erhalten blieb, der ein ehemaliger Unterbau der Nonnenempore war. Im ehemaligen Gutspark befinden sich die Gräber der Familie von Haeseler. Der Privatbesitz ist bewohnt und öffentlich nicht zugänglich.

Schloss Königsborn

39175 Königsborn
Einheitsgemeinde Biederitz
Landkreis Jerichower Land

Königsborn liegt etwa acht Kilometer östlich von Magdeburg, zwischen einem Dünenzug und Auen der Elbe. Eine Urkunde des Magdeburger Erzbischofs Wichmann aus der Zeit um 1164 bestätigte erstmals die Existenz von Gerfridus und Heinricus de Cuningesborne. Im 15. Jahrhundert vollzog sich ein Wechsel der Zugehörigkeit von Königsborn vom „Kloster Unser Lieben Frauen“ in Magdeburg zum „Lorenzkloster“ in Magdeburg-Neustadt. Im Jahre 1541 wurde Königsborn auf die bisherigen Pächter, den Bürgermeister Heinrich Alemann und Jacob Moritz, übertragen. Es folgten häufige Besitzerwechsel. In der Zeit von 1575 bis 1579 befand sich der Gutsbereich im Besitz von Oberst von Ziegesar, der für seine Kriegsdienste reich belohnt wurde und hier ein Renaissanceschloss erbauen ließ. Während des Dreißigjährigen Krieges wurde das Schloss zerstört, aber bald wieder aufgebaut. Die Familie von Tresckow fügte 1652 einen barocken Flügel an. Von 1760 bis 1770 entstand ein zweigeschossiges Gebäude mit übergiebeltem Mittelrisalit zur Hofseite und breitem Risalit zur Gartenseite. Der Kriegsrat Friedrich Gossler betrieb 1767 als neuer Gutsherr im Schloss eine Seidenfabrik. Da dieser Wohnsitz nun entfremdet war, baute sich Gossler bis 1770 im Rokokostil nur einen Kilometer entfernt einen neuen, womit der Ortsteil Neu Königs-

Schloss Königsborn

born begründet wurde. 1834 erwarb Johann Gottlob Nathusius das Gut und Schloss, anschließend besaß dessen Sohn, der Landwirt und Wissenschaftler Wilhelm Engelhard von Nathusius, beide Anwesen bis 1888. Ihm folgt gegen Ende des 18. Jahrhunderts der Geheimrat von Gansauge und dessen Tochter, Gräfin Chasot. Zu Beginn des 20. Jahrhunderts bekam das Schloss eine Erneuerung und 1945 wurde die Familie Naue als Besitzer enteignet. Im Schloss war ein Altersheim untergebracht. Heute steht es leer und verfällt zusehends.

Schloss Köthen

06366 Köthen

Landkreis Anhalt-Bitterfeld

Südlich von Magdeburg und nördlich von Halle (Saale) gelegen findet man Köthen, das seine Erwähnung in verschiedenen Chroniken bekam, die unter anderem erzählen, dass der Askanier Otto von Ballenstedt plündernde Slawen „bei dem Orte, der Cothen heißt" bekämpfte. Ursprünglich stand hier eine frühmittelalterliche slawische Burg, die vor allem unter Albrecht dem Bären als Burg der Askanier ausgebaut wurde. Die erste Erwähnung einer Wasserburg geht auf das Jahr 1156 zurück; 1244 war sie Residenz der Fürsten von Anhalt-Köthen. Im Jahre 1396 erfolgte die erste urkundliche Erwähnung des gotischen Wasserschlosses, das 1597 durch einen Brand bis auf den nördlichen Westflügel weitgehend zerstört wurde. Franz und Peter Niuron bauten es zwischen 1597 und 1611 unter den Fürsten Johann Georg und Ludwig von Anhalt-Köthen als dreigeschossige verputzte Dreiflügelanlage wieder neu auf. Diese Renaissanceanlage hatte sich in der ersten Hälfte des 17. Jahrhunderts zu einem der bedeutendsten geistig-kulturellen Zentren im deutschsprachigen Raum entwickelt. Anhänger und Vertreter war kein geringerer als Fürst Ludwig I. von Anhalt-Köthen, Förderer von Wissenschaft und Bildung, der zu den Gründern der Akademie „Fruchtbringende Gesellschaft" gehörte. 1717 holte Fürst Leopold

Schloss Köthen

Johann Sebastian Bach als Hofkapellmeister nach Köthen, wo dieser bis 1723 vor allem weltliche Instrumentalstücke, unter anderem auch die „Brandenburgischen Konzerte", komponierte. Noch 1670 erfolgte der Bau des zweigeschossigen Torhauses und 1731 wurde die Schlosskapelle auf Veranlassung des Fürsten Leopold von Anhalt-Köthen durch Johann Michael Hoppenhaupt umgebaut, der schließlich 1766 die Anlage des äußeren Schlossbezirkes folgte. 1822 baute man den großen Thronsaal im zweiten Obergeschoss des Südflügels; ein Jahr später entstand der dreigeschossige Ferdinandsbau durch Gottfried Bandhauer. Nach dem Erlöschen des Hauses Anhalt-Köthen 1847 nutzte man die Anlage als Sitz der Kreisdirektion, der Bauverwaltung, als Amtsgericht, Gymnasium und Museum. Gegen Ende des 19. Jahrhunderts errichtete man einen Gefängnisbau. Im Jahre 1944 wurde der nördliche Westflügel zerstört. Heute findet man innerhalb der weitläufigen Schlossanlage das Lange Haus mit zwei Treppentürmen im Süden sowie den Johann-Georg-Bau mit Korbbogen-Arkaden und hohen Zwerchhäusern. Im Westen des Schlossvorgeländes stehen der Marstall von 1766, die Reitbahn von 1821 und die Remise von 1833. Den Landschaftspark legte man im 17. und 18. Jahrhundert als weitläufigen, kunstvollen Garten an, der nur im Norden als ein englischer Park erhalten blieb. Mit Beginn der 1990er-Jahre führte man umfangreiche Sanierungen am Schloss und der Parkanlage als Stätten der Begegnung und Kultur durch. 1993 riss man den Gefängnisbau ab. 2009 begann man mit dem Ausbau des Obergeschosses im Marstall für die Musikschule und die Touristinformation. Seit 2012 wird der berühmte Spiegelsaal hergerichtet. Mit dem Neumann-Museum, das eine der bedeutendsten ornithologischen Sammlungen Deutschlands birgt, und dem Historischen Museum steht das Schloss heute überwiegend in musealer Nutzung. Die Anlage ist 1997 von der Stiftung Dome und Schlösser in Sachsen-Anhalt übernommen worden und wird von dieser umfassend betreut und restauriert. Die ehemalige Reithalle dient seit 2008 als Konzertsaal.

Herrenhaus Krevese

39606 Krevese
Stadt Osterburg
Landkreis Stendal

Nur wenige Kilometer nordwestlich der Stadt Osterburg

(Altmark) findet man den 956 erstmals urkundlich erwähnten Ort Krevese. Interessante Sagen aus dem frühen und späten Mittelalter ranken sich um diesen. So wird vom „Emmakreuz“ berichtet, dass das Kloster im Jahre 1268 durch Brandstiftung einer unfreiwilligen Nonne abbrannte, wieder aufgebaut wurde, 1280 erneut niederbrannte und danach aus Geldnot nicht wieder auflebte. Ferner liest man von „spukenden Nonnen in der Klosterkirche zu Crevese“, worauf das Kloster 1540 mit der letzten Domina, Catharina von Jeetze, erlosch, die 1569 starb. Im Jahre 1562 erhielten die Brüder Heinrich und Friedrich von Bismarck im Tausch für ihren Besitz Schloss Burgstall die Propstei Krevese, die sie zu einem feudalen Rittergut umbauten. Sehr zu leiden hatten die Menschen 1638 während des Dreißigjährigen Krieges, in dessen Folge der Ort wie auch das Rittergut erheblich zerstört wurden. Erst 1725 entstand das neue barocke, wohlproportionierte, verputzte Herrenhaus mit Walmdach, Mittelrisaliten und Freitreppen nach beiden Seiten. Bauherr war Christoph Georg von Bismarck mit seiner Frau Anna Elisabeth von Katte. Auch die verwaisten Hofstellen im Dorf wurden neu besetzt. Hofseitig wurde der Bau durch niedrigere Anbauten nachträglich zur Dreiflügelanlage erweitert. Im Jahre 1819 ging das Rittergut an die Familie von Jagow, die es bis 1860 bewirtschaftete und schließlich an die Industriellenfamilie Brückner aus Calbe/Saale veräußerte. Das Herrenhaus wurde nach der Enteignung 1945 als SED-Parteischule des Kreises Osterburg genutzt und entsprechend umgestaltet. Anschließend zog die Polytechnische Oberschule Krevese in das Haus, die 1993 ihre Pforten schloss. Zwei Landwirtschaftliche Produktionsgenossenschaften bewirtschaften das Gut. Zehn Jahre lang hatte das Herrenhaus leer gestanden und begann allmählich zu verfallen, bis es 2003 wieder in Privatbesitz kam. Es dient heute als Wohnhaus und wird als Designatelier sowie für kulturelle Veranstaltungen genutzt. Südlich der Kirche liegt der ehemalige Gutspark.

Herrenhaus Krevese

Schloss Kropstädt

Schloss Kropstädt

06889 Kropstädt
Lutherstadt Wittenberg
Landkreis Wittenberg

Kropstädt liegt etwa 15 Kilometer nordöstlich des Stadtzentrums von Wittenberg im Naturpark Fläming. Hier findet man auch den malerisch wirkenden Landsitz im Stil englischer Tudorgotik am Rand eines weitläufigen Parks. Ursprünglich stand hier auf der Insel ein von Wassergräben umgebenes ehemaliges Rittergut, wohl aus dem 12. Jahrhundert. Im Jahre 1358 war es der Sitz des Ritters Otto von Düben, der von den Wittenberger Bürgern geschleift wurde. 1526 erfolgte ein Neubau als Haus Kropstädt, in der Folge wechselte der Besitz zwischen bedeutenden Adelsfamilien. In den Jahren 1842/43 brach man das Gebäude ab und errichtete 1855/56 einen Schlossneubau nach einem Entwurf des Berliners Friedrich Hitzig. Eine Erweiterung erhielt Schloss Kropstädt 1908/09 und stellt sich heute im Kern als spätklassizistischer, zweigeschossiger verputzter Backsteinbau auf Souterrain mit zwei ungleichen Risaliten dar. Einen gotisierenden Eindruck erweckt der Bau durch getreppte Zwerchgiebel über den Risaliten mit spitzbogiger Blendengliederung und Lanzettfenstern sowie durch den bekrönenden Rundturm mit Zinnenkranz. Die Innenausstattung ging im Laufe der Zeit weitgehend verloren. Der Gutshof birgt klassizistisch verputzte Backsteinbauten, die nach 1843 stark verbaut wurden. Der Landschaftspark im englischen Stil wurde wahrscheinlich im späten 18. Jahrhundert angelegt und besitzt einen wertvollen Baumbestand. Heute wird der ehemalige Herrensitz als Hotel mit verschiedenen Angeboten betrieben und ist besonders bei Hochzeitspaaren beliebt. Des Weiteren befinden sich im Schloss ein Standesamt und der Sitz einer Bildungseinrichtung.

Burg und Herrenhaus Krosigk

06193 Krosigk
Gemeinde Petersberg
Saalekreis

15 Kilometer nördlich von Halle (Saale), am Fuß des Petersbergs, liegt der Ort Krosigk mit seiner einstigen Ministerialenburg, dessen Bergfried dem 12. Jahrhundert zuzuordnen ist. Reste von der Ringmauer und des breiten Burggrabens lassen sich noch entdecken. Die Burg soll wohl der aus dem fränkischen Adel stammende Dedo von Krosigk errichtet haben, der erstmals 1103 in einer Urkunde des Naumburger Bischofs Walram als Zeuge erwähnt wurde. Dedo gewährte 1115 dem verfolgten Wiprecht von Groitzsch dem Jüngeren, der Führer der sächsischen Opposition gegen Kaiser Heinrich V. war, Zuflucht auf seinen Besitzungen. Die Familie von Krosigk hatte im 13. Jahrhundert großen Einfluss auf die Reichspolitik, worauf 1201 Konrad von Krosigk zum Bischof von Halberstadt gewählt wurde. Auch übte dieser entscheidenden Einfluss auf den vierten Kreuzzug zur Eroberung Konstantinopels durch die Kreuzritter aus. Im Jahre 1207 verkaufte der Bruder Konrads, Friedrich von Krosigk, einige Güter an Albrecht, den Erzbischof von Magdeburg. 1280 starb das Geschlecht aus. Schließlich übernahmen Ministeriale der Grafen die frühere Herrschaft. Erst durch Annahme des Namens der Vorbesitzer durch die Herren von Garsena, eine Burgmannenfamilie, tauchte der niederadlige Zweig der Familie von Krosigk wieder auf, die fortan bis in das 15. Jahrhundert auf der Burg ansaß. Diese wurde von dem askanischen Herzog von Sachsen, seit 1290 Lehnsherr der Burg, 1308 als Heiratsgut an seine Schwester vergeben, kam dann durch deren Ehegatten, Friedrich von Meißen, an Heinrich von Köckeritz. Häufig weiterverpfändet, kam die Burg im 14. Jahrhundert an das Erzstift Magdeburg. In der Folge trat ab 1421

Burg und Herrenhaus Krosigk

die Familie von Trotha als Käufer auf, der von 1444 bis 1451 die Familie aus dem Winkel als Lehensträger folgte. 1451 belehnte man die Brüder Thilo und Hermann von Trotha mit der Burg. Im Dreißigjährigen Krieg wurde sie 1644 von den Schweden zerstört; 1701 erbaute Wolf Friedrich von Trotha auf dem Gelände der Vorburg das Gutshaus und 1703 eine Kapelle. Seine Nachkommen blieben noch bis 1813 Eigentümer der Herrschaft, bis sie diese wegen Verschuldung verkaufen mussten. Im 19. und 20. Jahrhundert gehörten die Gebäude zu einem Landwirtschaftsbetrieb. Nach jahrelanger Nutzung durch die Landwirtschaftliche Produktionsgenossenschaft (LPG) und als Kinderhort gehört die Anlage heute der Gemeinde und ist frei zugänglich. Der romanische Zugang des Bergfrieds, in dem sich ein gewölbtes, spätmittelalterliches Verlies befindet, liegt sehr hoch. Im Nordosten der Kernburg befindet sich das zweigeschossige Gutshaus von 1701, dem sich nördlich und westlich die Vorburg anschließt. Im Herrenhaus sind heute ein Kinderheim und Wohnungen untergebracht. Der Turm kann jedes Jahr zum Dorffest bestiegen werden.

Burg Krottorf

Burg Krottorf

39397 Krottorf
Stadt Gröningen
Landkreis Börde

Krottorf liegt im Zentrum der Magdeburger Börde an der Bode, nordöstlich von Halberstadt in Richtung Oschersleben. Einst bildeten neben dem Edelhof die Niederungsburg und der Herrenhof Krottorf einen eigenen Herrschaftsbereich, dessen Besitzer die Grafen von Reveningen waren. Ihre Stammburg lag in Röblingen am See. Otto Graf von Reveningen übertrug 1131 als letzter Vertreter des Geschlechts den gesamten Besitz an das von ihm gemeinsam mit dem Magdeburger Erzbischof Norbert von Xanten gegründete Kloster Gottesgnaden in Calbe an der Saale. Später kamen die Burg und der Gutsverband Krottorf in den Besitz des Erzbistums Magdeburg, das es um 1265 als Lehen an die Regenstein-Heimburger Grafen vergab. Unter diesen wurde das stark vernachlässigte Anwesen mit zusätzlichen Gräben restauriert und erweitert. Mit nun zwei Burgen im Besitz stellten die Regensteiner zusammen mit den Anhalt-Bernburger Grafen für das Hochstift Magdeburg eine bedrohliche Macht dar. Der 1324 zum Bischof gewählte Albrecht II. von Braunschweig-Lüneburg übernahm die Aufgabe, die Landesherrschaft des Bischofs gegen innere und äußere Feinde zu erstreiten; eine offene Feldschlacht wurde ausgetragen. Deren Folge war die Zerstörung der Burg Krottorf im Jahre 1349, worauf man auf dem Gelände ein Amt zur bischöflichen Verwaltung einrichtete. Erst im 16. Jahrhundert entstand wieder eine befestigte Anlage mit Gebäuden im Stil der Renaissance, die um 1890 ausgebaut wurden. Das Anwesen nutzte man nach der Wiedervereinigung kaum noch, daher bildete sich eine Interessengemeinschaft zur Erhaltung der Anlage. Der Innenhof ist Besuchern zugänglich. Seit 2000 dient ein Teil des Gebäudes dem Arbeiterwohlfahrt-Kreisverband Börde e. V. für Kinder und Jugendliche. Auch sind Wohnungen vorhanden.

Schloss Krumke

Schloss Krumke

39606 Krumke
Stadt Osterburg
Landkreis Stendal

Nordwestlich von Osterburg gelegen findet man den Ort Krumke mit dem bemerkenswerten Schloss, dem dazugehörigen Gutshof und der Orangerie von 1751, Kavaliershaus, Patronatskirche und Remise. Es wird vermutet, dass hier bereits 956 eine Burganlage gestanden haben soll; andere Quellen mutmaßen im Jahre 1170 eine Burg Krumke an diesem Standort. Bis 1280 soll hier ein gewisser Vinzelberg, von 1280 bis 1320 die Herzogin von Breslau und von 1320 bis 1327 die Familie von Kröcher Eigentümer gewesen sein. Bis 1945 folgten sieben weitere Besitzer auf dem Anwesen. 1321 ist ein sicherer Nachweis für die Burg vorhanden; Georg Dehio legte die Entstehung einer Burg-

Schloss Krumke, Kavaliershaus

stelle der Markgrafen von Brandenburg in das 12. Jahrhundert. Vom 14. bis zum 17. Jahrhundert residierten auf der Burg die von Redern. Nach dem Dreißigjährigen Krieg wurde die bestehende Anlage unter General Christoph von Kannenberg barock erneuert. Sein Sohn Friedrich Wilhelm, Oberhofmeister der preußischen Königin, ließ den Garten 1719 im französischen Stil durch Charles La Rond aus Paris anlegen. Das Schloss ist ein zweigeschossiger verputzter Backsteinbau mit Souterrain, entstanden von 1854 bis 1860 durch Rudolf von Kahlden anstelle der mittelalterlichen Burg, dessen Architekturformen spätklassizistisch sind mit aus der englischen Tudorgotik entlehnten Elementen. Über dem Portal befindet sich das neugotische Wappenrelief Arthur von Gwinners. Die Nordostecke wird durch einen runden Eckturm akzentuiert und an der Südostecke befindet sich ein runder Standerker. Die Westseite birgt einen Wintergarten aus der Zeit um 1920. Die Innenausstattung ging weitgehend verloren. Ab 1911 kam es durch den neuen Besitzer, den Vorstandssprecher der Deutschen Bank, Artur von Gwinner, zur weiteren Umgestaltung am Schloss und Park, so auch zum Abriss des alten Herrenhauses von 1913. Über dessen Tochter Margarethe kam das Anwesen an deren Ehegatten Prof. Karl Klingler, einen bedeutenden Violinisten des 20. Jahrhunderts und ersten Geiger des Klingler-Quartetts. Von 1945 bis 1990 nutzte man das Anwesen als Kinderkurheim. Die Familie Klingler, die von 1932 bis 1945 im Besitz des Schlosses gewesen war, wurde wie nahezu alle Großgrundbesitzer 1945 enteignet. Seit 2004 ist es in Privatbesitz und nicht zugänglich. Im Kavaliershaus befindet sich ein Café. Durch den Förderverein werden zu gegebenen Anlässen Veranstaltungen organisiert. Der weitläufige Landschaftspark mit der Orangerie, der aus der Umgestaltung des Barockgartens um 1850 hervorging, ist das bedeutendste Gartenkunstwerk in der Altmark. Er ist Eigentum der Stadt und der Öffentlichkeit frei zugänglich. Die Buchsbaumhecke, etwa 400 Jahre alt und wohl eine der ältesten ihrer Art in Europa, ist bis heute erhalten geblieben. Auf der Brücke zum Schloss zieren zwei Bronzeplastiken aus der Zeit um 1920 den Zugang.

Schloss Kunrau

38486 Kunrau
Stadt Klötze
Altmarkkreis Salzwedel

Kunrau liegt südwestlich von Klötze, nahe der niedersächsischen Landesgrenze im Westen der Altmark. Das im italienischen Renaissancestil des 19. Jahrhunderts errichtete, zentral gelegene Schloss Kunrau ging aus einem von Alvensleben'schen Vorwerk des 16. Jahrhunderts hervor. Es entstand von 1859 bis 1861 für den Agrarwissenschaftler Theodor Hermann Rimpau, dessen Schwiegersohn Wilhelm Beseler 1909 den Turm umbaute. So findet man heute einen zweigeschossigen Rechteckbau auf hohem Keller mit Mezzaningeschoss, abgeschlossen mit einem Kranzgesims, vor. An der schmuckreicheren Parkseite liegt der Mittelrisalit mit Dreiecksgiebel und zweigeschossiger Loggia, an der Südwestecke ein viereinhalbgeschossiger quadratischer Turm mit offenen Rundarkaden als oberer Abschluss. Der Schlosspark weist teilweise einen umfangreichen Baumbestand auf. Nach 1945 richtete man im Schloss einen Kulturbereich und Kindergarten ein. Seit 1992 befindet sich in den herrschaftlichen Gemäuern der Sitz der Verwaltungsgemeinschaft Jeetze-Ohre-Drömling, die Geschäftsstelle des gleichnamigen Fremdenverkehrsvereins sowie eine Bibliothek. Auch eine „Ökoschule“ und ein Naturerfahrungszentrum sind hier beheimatet. In der Ökoschule werden Schulkinder über den Naturpark Drömling mit seiner vielfältigen Tier- und Pflanzenwelt infor-

Schloss Kunrau

miert und können durch Projekte und Experimente die Geheimnisse der Natur kennenlernen. In einem Standesamt kann man den Bund fürs Leben schließen.

Schloss Langenstein

38895 Langenstein
Stadt Halberstadt
Landkreis Harz

Langenstein ist südlich von Halberstadt und nördlich von Blankenburg (Harz) unmittelbar an der B 81 gelegen. Ursprünglich hatte sich Bischof Ulrich von Halberstadt im heutigen Schlossbereich eine Zufluchtsburg am „langen Steene" errichten lassen, die wohl als „Altenburg" benannt wurde und um 1150 bis 1645 bestand. Doch als die Schweden kamen, wurde sie zerstört und später vom Volk abgetragen. Maria Antoinette von Branconi, eine geborene von Elsener, war die Mätresse des Herzogs Karl von Braunschweig und eine Bekannte von Johann Wolfgang von Goethe. Sie kaufte 1776 das Gut vom Prinzen Heinrich Ludwig von Preußen, Bruder Friedrichs des Großen, und ließ von 1777 bis 1780 das Schloss erbauen. In den Jahren 1783 und 1784 besuchte Goethe bei seinen Harzreisen die Branconi in Langenstein. 1829 kaufte der Amtmann Reinecke aus Allersleben das Gut nebst Schloss. Von 1855 bis 1945 war es im Besitz der Familie Rimpau. Das Schloss stellt sich als ein zweigeschossiger Rechtecksbau mit Eckquaderung dar. Der breite übergiebelte Mittelrisalit trägt das Branconi'sche Wappen im Giebelfeld. Im sogenannten Branconi-Zimmer blieben die Seidentapete und von Rokoko-Ornamenten gerahmte Spiegeltüren erhalten; der Mittelsaal des Obergeschosses trägt eine klassizistische Deckentapete. Der Schlosspark wurde in der zweiten Hälfte des 19. Jahrhunderts von Eduard Petzold zu einem Landschaftspark umgestaltet. Nach der Enteignung 1945 wurde der Herrensitz eine Tbc-Heilstätte, danach ein Reha-Zentrum. Seit 1998 werden im Schloss und in den Nebenanlagen Autisten und Menschen mit Prader-Willi-Syndrom durch das Internationale Bildungs- und Sozialwerk e. V. betreut. Der

Schloss Langenstein

Park ist öffentlich zugänglich und in das Netzwerk der Gartenträume – Historische Parks in Sachsen-Anhalt eingebunden.

Schloss Leitzkau Schloss Hobeck

39279 Leitzkau
Stadt Gommern
Landkreis Jerichower Land

Schloss Leitzkau

Gelegen auf einem südwestlichen Hochplateau des Flämings, östlich von Gommern und nordwestlich von Zerbst an der B 184, findet man Leitzkau. Das **Schloss Leitzkau** in Weserrenaissance steht in beherrschender Lage im Ort. In den Jahren 1138/39 wurde in Leitzkau das Prämonstratenserstift durch Bischof Wigger von Brandenburg gegründet und 1155 geweiht. Das Stift wurde 1534 aufgehoben und 1564 kaufte der Söldnerführer Hilmar von Münchhausen Leitzkau und baute das Klausurgebäude zu einem Schloss, dem sogenannten Neuhaus, um. Statius von Münchhausen veränderte von 1593 bis 1600 das Neuhaus, das Hobeck-Schloss, und errichtete ein Klausurgebäude, das sogenannte Althaus. Als sich 1679 die Familie von Münchhausen in zwei Linien teilte, wurde auch der Schlosskomplex in Althaus und Neuhaus aufgeteilt. Im Zweiten Weltkrieg wurde das Klausurgebäude stark beschädigt. 1945 wurde die Familie von Münchhausen enteignet, das Althaus zerstört, bis auf den Treppenturm und die Galerie abgetragen und das dreigeschossige Neuhaus wiederhergestellt. Letzteres zeigt über der Ost- und Westseite je drei Zwerchgiebel und an der Nordseite einen runden Treppenturm mit einem reichen Portal. Das Innere birgt Säle mit reichem Stuck und Malerei. Vom Althaus ist eine viergeschossige Kolonnade erhalten, die im Erdgeschoss romanische Säulen besitzt und darüber Säulen oder Halbsäulen ionischer und korinthischer Art aufweist.
Im Nordosten der Anlage befindet sich das im 15. Jahrhundert errichtete **Schloss Hobeck**, das im späten 16. Jahrhundert umgebaut wurde. Benannt wurde

Schloss Hobeck, Leitzkau

es nach dem nahe gelegenen Dorf und war vermutlich Wohnstätte des Propstes. Es ist ein schlichter, dreigeschossiger Rechteckbau mit Rundturm, ein in den Hof risalitartig vortretender Baukörper. Über diesem, wie auch am nördlichen Ende der Hoffassade, liegt ein Zwerchgiebel. Das Erd- und erste Obergeschoss besteht aus massiven Bruchsteinmauern, das zweite Obergeschoss und die Zwerchhäuser sind teilweise in Fachwerk aufgesetzt. Im ersten Obergeschoss liegen ein kreuzrippengewölbter Vorraum und ein Saal mit bemalter Balkendecke. Das zweite Obergeschoss enthält im Turmzimmer ebenfalls eine bemalte Balkendecke aus dem 19. Jahrhundert sowie ein Kabinett mit Stuckdecke und Kamin von 1592. Im Norden der Anlage liegt die Ruine eines lang gestreckten Wirtschaftsgebäudes mit Kreuzgratgewölben. Hier soll einer Sage nach 1785 die Schwester Amalie des Schlossherrn Georg von Münchhausen ihren Selbstmord vorgetäuscht haben, um ihrem Ehemann zu entkommen. An ihrer Stelle wurde eine Strohpuppe beerdigt. Als der Ehemann den Sarg öffnen ließ, flog der Schwindel auf. Er hatte nicht glauben wollen, dass sie an Typhus gestorben sei, wie der Schlossherr verbreiten ließ. Im Trauzimmer ziert noch heute ein Bildnis von Amalie den Kaminaufsatz. 1996 gingen beide Schlösser in das Eigentum der Stiftung Dome und Schlösser des Landes Sachsen-Anhalt über. Die Stiftung hat im Schloss Leitzkau ihren Hauptsitz und bemüht sich schrittweise um die Erhaltung der kulturhistorischen Gebäude. Von 2007 bis 2009 erfolgten umfangreiche Restaurierungen. Zahlreiche Veranstaltungen und Märkte werden dem Besucher über das Jahr hinweg angeboten.

Jagdschloss Letzlingen

39638 Letzlingen
Stadt Gardelegen
Altmarkkreis Salzwedel

Etwa zwölf Kilometer südöstlich von Gardelegen liegt Letzlingen in der weitläufigen Wald- und

Heidefläche der Colbitz-Letzlinger Heide. Es wurde 1371 als Lehen der Familie von Wederden auf Calvörde erstmals erwähnt. Hier stand einst eine später im Stil der englischen Gotik überformte Wasserburganlage aus verputztem Backstein. Im Jahre 1477 war sie im Besitz der roten Linie derer von Alvensleben auf Rogätz und wurde 1528 mit einem Jagdhaus, der späteren Oberförsterei, durch Matthias von Alvensleben bebaut. 1553 starb die Rogätzer Linie aus und die Anlage ging 1555 an den Kronprinzen Johann Georg von Brandenburg. Schließlich errichteten Caspar Theiß und Kunz Bundschuh 1559 bis 1564 das Jagdschloss mit dem Baumeister Lorenz Arndt im Kastelltyp mit quadratischem Hauptbau, Mauern und Rondellen. Während des Dreißigjährigen Krieges verwahrloste die Anlage zunehmend, wurde aber im 17. und 18. Jahrhundert notdürftig wiederhergestellt. Im Jahre 1843/44 erfolgte ein Schlossumbau zu einem neugotischen Jagdschloss für König Friedrich Wilhelm IV. nach Plänen Friedrich August Stülers unter Mitwirkung von Ludwig Ferdinand Hesse. In den Jahren 1843 bis 1913 fanden hier im Spätherbst die ausgedehnten „Letzlinger Hofjagden“ statt, an denen Persönlichkeiten wie Otto von Bismarck, der österreichische Thronfolger Erzherzog Franz Ferdinand und Paul von Hindenburg teilnahmen. Mit dem Schlossbau errichtete man gleichzeitig die Kirche im Stil der Tudorgotik. Im Kern blieb der zweigeschossige Renaissancebau erhalten, doch der Saal- und Küchentrakt wurde umgebaut. Auch durch den Einbau eines neuen Treppenhauses im Saaltrakt wurde die Symmetrie ge-

Jagdschloss Letzlingen

gen Ende des 19. Jahrhunderts aufgelöst. Der Marstall entstand um 1900 in Fachwerk. Heute stellt sich dem Betrachter eine regelmäßige quadratische Anlage dar, von einem Wassergraben umgeben. Die vier Ecktürme und das Torhaus wurden wohl nach 1843 vorwiegend neu erbaut. Im Jahre 1922 hatte man das bewegliche Inventar veräußert. Von 1922 bis 1933 befand sich im Schloss eine freie Schul- und Werkgemeinschaft, 1934 eine SA- und 1936 eine SS-Führerschule. Es folgten noch eine Lungenheilstätte, 1940 ein Lazarett und schließlich von 1945 bis 1992 ein Krankenhaus. Das seit 1992 leer stehende Schlossensemble ging 1996 in das Eigentum der Stiftung Dome und Schlösser in Sachsen-Anhalt über, die hier ihre Außenstelle einrichtete und seit 2001 ein Schlossmuseum mit Dauerausstellung, Führungen und Trophäenschau auf dem Schlosshof betreibt. Auch ein Hotel wurde 2004 in einem Nebengebäude eröffnet. Der Park bietet sich für Spaziergänge an.

Burgruine Lindau, Grundriss

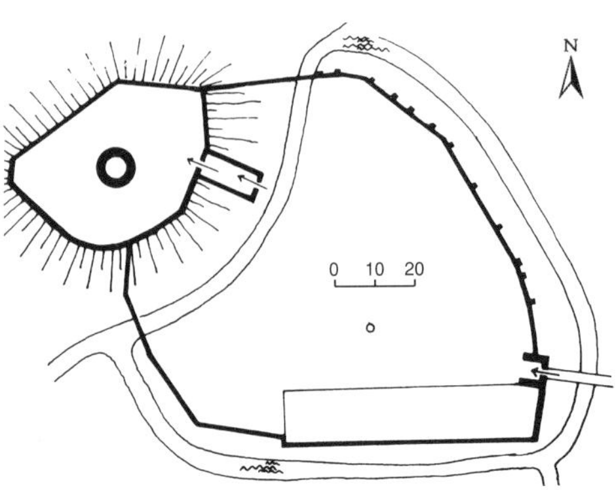

Burgruine Lindau

39264 Lindau
Stadt Zerbst
Landkreis Anhalt-Bitterfeld

Lindau, dessen Burg oberhalb der Flussbiegung Nuthe auf einem steil nach Westen und Norden abfallenden Abhang stand und erstmals 1179 in einer Urkunde unter Evererus von Lindau erwähnt wurde, liegt im Vorfläming, zwischen den Städten Zerbst und Loburg. Vermutlich wurde die Höhenburg schon im 9. oder 10. Jahrhundert errichtet, worauf slawische Siedlungsreste im Gelände der Vorburg schließen lassen. Sie diente in Kriegszeiten oft als Zuflucht für die Bewohner des Ortes, besonders während des Dreißigjährigen Krieges. Im 15. Jahrhundert bekam die Burganlage einen Ausbau und 1863 wurde der Burgturm in der Zeit der askanischen Restauration durch Herzog Leopold Friedrich wieder aufgebaut. Die Anlage bestand aus einer Hauptburg mit einem zentral gelegenen Bergfried und einer durch einen großen Graben abgetrennten Vorburg. Bei-

Burgruine Lindau

de waren einst durch eine Zugbrücke miteinander verbunden. Der Bergfried hat einen Durchmesser von 12 Metern und 2,6 Meter starke Mauern. Auch das doppelte Eingangstor ist noch im guten Zustand und die bestehende Umfassungsmauer der Oberburg besteht aus Ziegelsteinen. Die Gesamtanlage mit Freilichtamphitheater wird mit Mitteln des europäischen Landwirtschaftsfonds instand gesetzt und ist in exponierter Lage frei zugänglich.

Burg Loburg

39279 Loburg
Stadt Möckern
Landkreis Jerichower Land

Loburg liegt am Oberlauf des Elbe-Nebenflusses Ehle im Fläming, zehn Kilometer östlich von Möckern. Nur ein imposanter Bergfried und ein tonnengewölbter Keller blieben von der kleinen Burg am westlichen Ortsausgang erhalten. Die umliegenden Gebäude stammen aus dem 18. und 19. Jahrhundert. Auf dem aufgeschütteten Hügel stand vom 8. bis zum 10. Jahrhundert eine slawische Wallburg, die 928/29 von Heinrich I. besetzt wurde. In einer Urkunde Ottos I. wird erstmals 965 ein Burgwart dem Moritzkloster übergeben, der 983 während des großen Slawenaufstandes in die Hände der Aufständischen fiel. Wiprecht von Groitzsch hatte sich dem Magdeburger Erzbi-

Burg Loburg

schof unterwerfen müssen und wurde 1114 auf die Loburg verbracht. Später hat man die Burg häufig verliehen oder verpfändet. Die noch heute bestehenden spätmittelalterlichen Steinbauten wurden vermutlich von der Familie Santersleben, die sich Burggrafen von Loburg nannten, im 14. Jahrhundert errichtet. Im Jahre 1609 kaufte das Domkapitel die Burg von der in Konkurs gegangenen Familie von Mandelsloh zurück und nutzte dieses als Amt. Mit dem Jahre 1611 bezeichnete man die Burg als unbewohnbar. Die neueren Amtsgebäude im Bereich der Vorburg wurden erst nach dem Dreißigjährigen Krieg errichtet. Die Ruine der Kernburg diente in der Folge als Baumaterial. Ein Amtshaus entstand um 1720, das Torhaus wurde repariert und Wirtschaftsgebäude gebaut, 1756 die alte Brücke durch ein steinernes Bauwerk ersetzt. Friedrich August von Wulffen gelangte 1831 in den Besitz des Anwesens und ließ das alte Amtshaus neu errichten. 1870 baute man die Gebäude repräsentativ um, die nun an den Landrat Freiherrn von Plathow vermietet wurden. Die bestehende Anlage ist nur sonntags von 14.00 bis 17.00 Uhr geöffnet und der Turm soll mit europäischen Fördermitteln begehbar gestaltet werden.

Schloss Lodersleben

Schloss Lodersleben

06268 Lodersleben
Stadt Querfurt
Saalekreis

Lodersleben liegt fünf Kilometer westlich von Querfurt und wurde zwischen 881 und 899 in einem Zehntverzeichnis des Klosters Hersfeld als Ludelsleba im Friesenfeld erstmals urkundlich erwähnt. Gegen Mitte des 18. Jahrhunderts wurde für Karl Ludolph von Danckelmann, nach Entwürfen von David Schatz, ein mächtiges zweigeschossiges Barockschloss mit Mansardwalmdach errichtet. Hofseitig entstand ein sich anschließender Seitenflügel in gleichen Formen, ein zweiter Seitenflügel und Teile des Fassadenschmuckes wurden jedoch nicht ausgeführt. Die westliche Hauptfassade besitzt einen übergiebelten Portalrisalit mit

Balkon. Die Gartenfront wurde ebenfalls durch einen übergiebelten Mittelrisalit mit Balkon auf ursprünglich offener Pfeilerhalle gestaltet. Hier befindet sich auch ein Allianzwappen. In zahlreichen Räumen sind noch hervorragend erhaltene Stuckdecken zu finden, trotz der Umbauten um 1870. Vom unteren Kellergeschoss gelangte man ursprünglich in den Landschaftspark aus der Zeit Ende 18. / Anfang 19. Jahrhundert. Im letzteren Jahrhundert lebte der Historiker Leopold von Ranke im Schloss. Als die von Schulenburg 1945 flohen, wurde das Schloss Flüchtlingsunterkunft und bis in die 1970er-Jahre als Schule genutzt. Heute birgt der ehemalige Herrensitz eine Pension sowie Räume für Feierlichkeiten. Auch Führungen ab zehn Personen werden nach vorheriger Anmeldung durchgeführt.

Schloss und Kirche Wittenberg

06886 Lutherstadt Wittenberg
Landkreis Wittenberg

Wittenberg liegt im östlichen Teil des Bundeslandes, im Gebiet des norddeutschen Tieflandes am Nordufer der Elbe. Die ersten verlässlichen Erwähnungen der Stadt stammen aus den Jahren 973 und 1004. Von 1489 bis 1525 errichtete man anstelle einer Askanierburg die Dreiflügelanlage, vermutlich nach Plänen von Konrad Pflüger. Baumeister war Klaus Roder, Bauherr Kurfürst Friedrich der Weise von Sachsen. Von 1490 bis 1495 entstand der Elbflügel, 1497 wurden der Südwestturm sowie der Westflügel vollendet und die mittelalterliche Burgkapelle abgebrochen. Konrad Pflüger errichtete von 1498 bis 1502 die Schlosskapelle. Der Nordflügel entstand 1515 durch Hans Meltwitz und seit 1517 durch Hans Zinkeisen. Im Jahre 1525 war der Schlossbau zum größten Teil vollendet. 1760 unter Beschuss geraten, brannte das Schloss aus, wurde um 1770 in schlichter, spätbarocker Form, mit Verzicht auf die Giebel und unter Vermauerung der Vorhangbogenfenster, wieder auf-

Schloss und Kirche Wittenberg, Lutherstadt Wittenberg

gebaut. Eine erneute Beschädigung erfuhr die Schlossanlage 1813 und bekam einen Ausbau ab 1819 zur Zitadelle, welches auch den künstlerischen Wert im Schlossinneren stark schmälerte. Die Schlosskirche wurde nach Plänen von Friedrich Adler von 1883 bis 1892 umgebaut. Von der Anlage ist nur der erneuerte Nordflügel erhalten und die geplanten Ecktürme wurden nicht ausgeführt. An den äußeren Ecken liegen zwei mächtige Rundtürme. Im Osten befand sich das Vorschloss mit anschließenden Amts- und Wirtschaftsgebäuden. Es war ursprünglich ein bedeutender Bau von einer mittelalterlichen Burg und neuzeitlichem Schloss, das einst von einem Wassergraben umgeben und befestigt war, zugleich aber reich geschmückt in den Formen der Wende von der Spätgotik zur Frührenaissance. Der Umbau zur preußischen Zitadelle nach 1819 entstellte die gesamte Anlage. Heute befindet sich im Schlossbereich ein Museum, doch weit bekannter und der eigentliche Besuchermagnet ist die angrenzende Wittenberger Stadtkirche, an deren Portal Martin Luther am 31. Oktober 1517 die 95 Thesen angeschlagen hatte. 2014 befanden sich die Stadtkirche und das Schloss in Generalsanierung.

Schloss Lützen

06686 Lützen

Burgenlandkreis

In der Leipziger Tieflandsbucht ist die Stadt Lützen zehn Kilometer vor der Stadtgrenze Leipzigs an der B 87, südöstlich von Bad Dürrenberg, zu finden. Der schlichte kastellförmige Burgenbau wurde 1252 erstmals urkundlich erwähnt und für die Merseburger Bischöfe unter Heinrich von Ammendorf angelegt, 1312 und um 1323 weiter ausgebaut. Er wurde schließlich 1538 unter Bischof Sigismund von Lichtenau zum Renaissance-Wasserschloss umgebaut. Die Anlage wurde auch in der Folgezeit mehrfach verändert und der Graben verschüttet. Im Jahre 1825 brach man

Schloss Lützen

das oberste Geschoss mit den Volutengiebeln ab. Das Schloss besteht seither als zweigeschossige, annähernd quadratische Anlage mit kleinem fünfeckigem Innenhof. Der bestehende hohe Bergfried an der Nordseite ist viereckig, oben ins Achteck übergehend, mit Haube und Laterne, vermutlich vom Ende des 17. Jahrhunderts, und wurde 1990 bis 1995 restauriert. Das Hofportal ziert eine barocke Inschriftkartusche mit kurzem Abriss der Geschichte des Schlosses, die nach 1687 angebracht wurde. Die Westseite des Hofes besitzt eine zweijochige, kreuzgratgewölbte Laube auf Pfeilern. Am Parkeingang befinden sich zwei Torpfeiler mit Obelisk-Aufsätzen vom Ende des 17. Jahrhunderts. Das Schloss mit seinen schlichten Räumen und tiefen Fensternischen aus dem 16. Jahrhundert wird als Museum genutzt.

Schloss Mahlitz

14715 Mahlitz
Gemeinde Schollene
Landkreis Stendal

Mahlitz liegt nordöstlich von Stendal, nahe der brandenburgischen Landesgrenze und sieben Kilometer westlich von Schollene entfernt. Ursprünglich wendisch, wurde es bei der Stiftung des Bistums Havelberg 948 und 1150 als „malici“ erwähnt; 1305 kam der Ort „malitz“ in einem Vertrag Gerhards von Plotho mit dem Kloster Jerichow und einem Pfarrer Konrad vor. Es wird vermutet, dass Mahlitz im 14. Jahrhundert wüst war und an einem anderen Ort neu aufgebaut wurde. Den Dreißigjährigen Krieg überstand das Anwesen ohne Schaden. Im Jahre 1872 gehörte Mahlitz Major Rudolf von Katte. Das hier befindliche Vorwerk gehörte zum Ort Wust und hatte nur zehn Feuerstellen, wurde aber später ausgebaut. Die Gerichtsbarkeit unterstand dem Rittergut. Der Sohn Rudolfs, Kuno von Katte, und seine Ehegattin Anna übernahmen die Geschäfte des Schlosses mit dem dazugehörigen 1000 Hektar umfassenden Gut. Über dem Eingang des Schlosses lautet ein Spruch: „Ich und mein Haus, wir wollen

Schloss Mahlitz

dem Herren dienen". Die Familiengrabstätte derer von Katte befindet sich im gepflegten angrenzenden Park. Bis zum Ende des Zweiten Weltkrieges bestand das Gut, anschließend wurde es im Zuge der Bodenreform aufgeteilt. Das Schloss wurde von 1946 bis 2003 von der Gemeinde zu Wohnzwecken genutzt. Es ist wieder in Privateigentum übergegangen und nur von außen einsehbar.

Schloss Mansfeld Ruine Hinterort

06343 Mansfeld

Landkreis Mansfeld-Südharz

Schloss Mansfeld

Gelegen im östlichen Harzvorland, ist die Stadt Mansfeld, die 1400 bereits ihr Stadtrecht erhielt, etwa 35 Kilometer nordwestlich von Halle (Saale) zu finden. Dem heutigen **Schloss Mansfeld** ging im 11. Jahrhundert eine Burg durch die Grafen von Mansfeld auf dem heutigen Schlossberg voraus. Durch Aussterben der Mansfelder Altgrafen im Mannesstamm kamen die Grafschaft und Burg im Jahre 1229 durch Heirat an den Edlen Burchard von Querfurt, den Stammvater der Grafen von Mansfeld. Nach der Zerstörung der Burganlage durch einen Brand und Erbteilungen der Grafschaft 1501 baute man den mittelalterlichen Kern der unregelmäßigen Mehrflügelanlage zu einer Anlage von drei Wohnschlössern aus. Die Renaissanceschlösser wurden in Vorderort, Mittelort und Hinterort geteilt und mit mächtigen Festigungswerken verstärkt. Die Grafen von Mansfeld waren Besitzer von Bergbau- und Münzrechten und somit ein wohlhabendes Geschlecht. So entstand zunächst von 1509 bis 1518 das Schloss Vorderort mit weiteren Wohnbauten an der Nord- und Ostseite des Hofes unter Graf Hoyer IV. von Mansfeld. 1511 baute man das Schloss Hinterort unter Graf Albrecht von Mansfeld, von 1517 bis 1549 entstanden die Befestigungen unter Mitwirkung des Nürnberger Zeug- und Fes-

tungsbaumeisters Matern Harder und des Magdeburger Baumeisters Christoph Stieler. Mit dem Jahre 1532 vollendete man den begonnenen Bau des Schlosses Mittelort unter Graf Gebhard von Mansfeld. Die Schlösser der Grafschaft Mittel- und Hinterort kamen 1570 in Zwangsverwaltung und begannen zu verfallen. 1674/75 wurden die Festungsanlagen von Bergleuten geschleift. 1780 war das Geschlecht der Grafen von Mansfeld erloschen und es vollzog sich ein wiederholter Eigentümerwechsel. So kam der preußische Staat an das Anwesen, darunter auch der Obergrat Bückling, Erbauer der ersten deutschen Dampfmaschine. Das Schloss Vorderort entstand 1795 neu. Als die Familie von der Recke das Anwesen kaufte, ließ sie dieses von 1860 bis 1862 abreißen und durch den Baumeister Wallenstein neugotisch wieder errichten. Im Nordwesten des Schlosses liegt der weiträumige ursprüngliche Tiergarten, der später zu einem Park umgestaltet wurde. Im Jahre 1945 enteignete man die Familie von der Recke. Seit 1948 wurde die Schlossanlage als christliches Tagungshaus genutzt. Der Förderverein Schloss Mansfeld e. V. ist seit 1999 Eigentümer und betreibt hier eine Jugendbildungs- und Begegnungsstätte mit Räumen für Tagungen und Feierlichkeiten; auch Führungen werden angeboten.

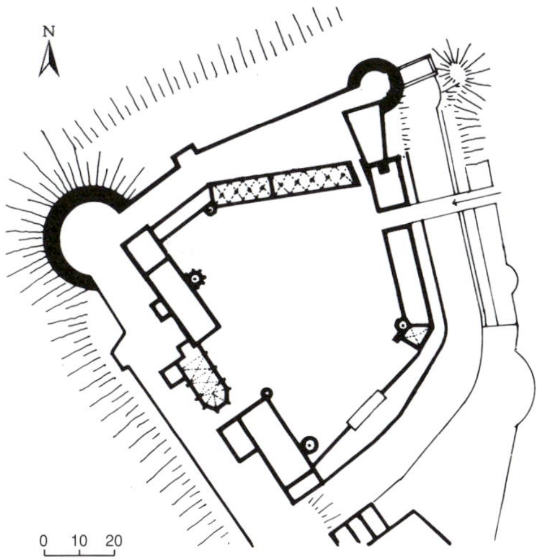

Schloss Mansfeld, Grundriss

Das ehemalige Schloss, von 1511 bis 1523 unter Graf Albrecht IV. erbaut, heute **Ruine Hinterort**, steht talseitig neben dem Schloss. Mit seinen den großen Hof umschließenden Trakten ist es klar von der

Ruine Hinterort, Mansfeld

Ruine abgegrenzt und verkörperte den Vierflügelbau der Renaissance. Der einzig erhaltene Schmuck ist ein Türsturz am Hauptschloss mit Ringgefäßen aus der Zeit um 1523, vermutlich von Hans Schlegel. Im nordwestlichen Bereich, mit dem anschließenden Flügel, liegt die ehemalige Küche mit durchgehendem Kamin und kleinem Backofen. Die Befestigung entstand zwischen 1517 und etwa 1549 unter Mitwirkung des Nürnberger Gießers, Zeug- und Festungsbaumeisters Matern Harder und des Magdeburger Baumeisters Christoph Stieler.

Schloss Marienthal

06648 Marienthal
Stadt Eckartsberga
Burgenlandkreis

Unweit der thüringischen Landesgrenze, nordwestlich von Eckartsberga und südlich von Bad Bibra, findet man Marienthal mit seinem Schloss, welches auf ein 1291 gegründetes Zisterzienser-Nonnenkloster zurückgeht. Diesem gehörte auch einst die nahe gelegene Eckartsburg. Während des Bauernkrieges verließen die Nonnen das Kloster 1525, das die Marschalle von Burgholzhausen verwüsteten und sich trotzdem dort niederließen. Zu Beginn des 17. Jahrhunderts ging Marienthal in Privatbesitz über und kam in der Folgezeit u. a. an die Herren von Krosigk, von Thünau, von Bielstein sowie an die von Münchhausen. Die Familie von Münchhausen ließ das Kloster abreißen und erbaute 1730 in der Nähe ein neues Schloss, das als Damenstift genutzt wurde. 1742 kam das Schloss an die Familie Seebach und 1893 durch Heirat der Tochter Anna mit Karl von Wilmowsky an diese Familie. Im Jahre 1910 riss man das Schloss ab und erbaute 1913/14 durch den Architekten Paul Schulze-Naumburg eine neue, barocke, dreiflügelige Schlossanlage. Der zweigeschossige Südtrakt, im neubarocken und frühklassizistischen Stil und mit dekorierten Innenräumen, birgt die Bibliothek und ein Treppenhaus. Im Park stehen ein Gartenhaus, ein Pavillon und Figurengruppen sowie barocke Grabsteine, an der Umfassungsmauer liegt eine aufwendige Toranla-

Schloss Marienthal

Schloss Meisdorf

ge und jenseits der Allee ein Wirtschaftshof mit Nebengebäuden, darunter die Gärtnerei mit einem Palmenhaus. Heute können Gäste für private Veranstaltungen wie Hochzeiten, Tagungen und verschiedene Feierlichkeiten entsprechende Räumlichkeiten, aber auch einzelne Ferienwohnungen mieten.

Schloss Meisdorf

06463 Meisdorf
Stadt Falkenstein (Harz)
Landkreis Harz

Meisdorf, das „Tor zum Selketal“, liegt im Osten des Naturparks Harz, östlich von Ballenstedt und südwestlich von Aschersleben. Erstmals urkundlich erwähnt wurde der Ort 1184 beziehungsweise 1219 als „Meystorp“, auch „Meyßtorp“. Auf der ehemaligen Burg saßen lange Zeit die von Falkenstein und waren auch die Eigentümer des Ortes. Das Schloss entstand erst im Jahre 1708 mit einem großen Schlosspark. In der zweiten Hälfte des 18. Jahrhunderts war es zusammen mit der Burg Falkenstein im Besitz des Hofbeamten und Diplomaten Achatz Ferdinand von der Asseburg. Da man die Burg nur noch als Jagdschloss nutzte und das Meisdorfer Wohnhaus für den Freiherren zu klein geworden war, ließ er 1787 ein neues, größeres, aber in den Formen einfacheres Schloss bauen, dessen Fassade zum Ort hin ausgerichtet und durch eine Linden- und Kastanienallee mit diesem verbunden war. Nach dem Tod des Freiherren ging das Anwesen in den Besitz der Neindorfer Linie der Familie Asseburg über. Er selbst wurde in einem Mausoleum, nahe dem Schloss gelegen, bestattet. Nach dem Tod des Domkapitulars Ludwig Busso von der Asseburg 1816 erlosch auch diese Linie und der Besitz der Herrschaft Falkenstein kam an die Eggenstedt-Ampfurter Linie. Der später an den Besitz gelangte preußische Geheimrat und Oberjägermeister Graf Ludwig August von der Asseburg ließ auf beiden Seiten des Schlosses nach Ballenstedt und Harzgerode Chausseen anlegen. Zu jener Zeit umgaben ein weitläufiger Park und Wiesen das Schloss. Nachdem Graf Ludwig I. von der Asseburg 1822/23 die Anlage mit einer großen Tenne, dem heutigen Châlet Ludwig und der klassizistischen Eremitage komplettiert hatte, gestaltete diese Graf Friedrich Deodat von 1910 bis 1922 völlig um. Unter ihm entstanden der romantisierende Turm und ein neuer Flügel. Die Tenne baute er zu Wohnungen um, riss das alte Gutsgebäude ab, was ihm den herrlichen Blick ins Selketal ermöglichte. Im Jahre 1945 richtete man im Schloss ein Museum ein und das Forsthaus wurde Gästehaus. Hier weilten einst Gäste wie Klopstock, Friedrich Wilhelm von Preußen oder Friedrich August von Sachsen, Kaiser Wilhelm I. und Otto von Bismarck. Als 1991 die Düsseldorfer Ferdinand-Lentjes-Stiftung das Schloss und Forsthaus erwarb, entstand das Schlossensemble Hotel Meisdorf. Es bietet u. a. Wellness-Angebote, Räumlichkeiten für Feiern jeglicher Art sowie einen Golfplatz.

Pfalz und Kloster Memleben

Pfalz und Kloster Memleben

06642 Memleben
Gemeinde Kaiserpfalz
Burgenlandkreis

Gelegen im westlichen Burgenlandkreis, nahe Nebra an der Unstrut, ist Memleben zu finden, das bereits 780 in einem Verzeichnis der Güter des vom Erzbischof Lullus von Mainz erbauten Klosters Hersfeld als „Mimelebo“ urkundlich erwähnt wurde. Die Pfalz war im

10. Jahrhundert ein bedeutender Ort unter den ostfränkischen Königen Heinrich I. und seinem Sohn Otto I. Der Standort der Pfalz ist bis in die heutige Zeit nicht eindeutig geklärt, da von dieser keine Überreste gefunden wurden. Vermutet wird jedoch, dass sie zeitgleich mit dem von Kaiser Otto II. errichteten Benediktinerkloster um 979 bestanden hat, das reichsfrei und vom Kaiser reichlich mit Landbesitz ausgestattet war. Dieser empfing in Memleben die Huldigung der deutschen Fürsten. Die Reste des Benediktinerklosters prägen noch heute das Ortsbild. Als die späteren Kaiser auch andere Aufenthaltsorte besuchten, begann die hiesige Anlage zu verfallen. Bei Ausgrabungen auf dem Gut Memleben stieß man 1959 auf Reste einer Kirche aus ottonischer Zeit, die vermutlich mit der Pfalz im Zusammenhang stehen. Als 1722 ein Blitz das Dach der Klosterkirche beschädigte, begann man später mit dem Abbruch und verwendete die Steine für Stall- und Scheunenbauten. Es war Friedrich Schinkel, der sich sehr für die Reste der Anlage eingesetzt hatte. Auf Weisung Friedrich Wilhelms IV. wurde die Krypta durch ein Sandsteinpflaster abgedeckt und 1936 durch Schieferplatten ergänzt. Neben dem Grundriss der Monumentalkirche aus dem 10. Jahrhundert sind die spätromanische Krypta, die Klosterkirchenruine aus dem 12./13. Jahrhundert und wechselnde Ausstellungen zu besichtigen. Aufgrund der vielfältigen Veranstaltungen, Gebete, Andachten und Gesprächsrunden sind das Kloster und die Kaiserpfalz bedeutende Besuchermagneten.

Schloss Merseburg

06217 Merseburg
Saalekreis

Merseburg ist eine Dom- und Hochschulstadt im südlichen Landesteil und liegt am östlichen Rand der Querfurter Platte, überwiegend am linken Ufer der Saale. Die fränkische Grenzfeste „Mersiburc" und Königspfalz Heinrichs II. wurde trotz zahlreicher Brände eine

Schlossgartensalon Merseburg

Merseburg

Schloss Merseburg

wohlhabende Handels- und Bischofsstadt. Der damalige Ort ging 968 als Schenkung der karolingischen Pfalz an das neu gegründete Stift Merseburg. Die Merseburger Bischöfe errichteten anstelle der Kaiserpfalz von Heinrich II. im 13. Jahrhundert ein Schloss. Es war das erste Bischofsschloss und wurde wohl auf den Bereich des späteren Ostflügels beschränkt, um 1260 durch Bischof Heinrich von Wahren erbaut. Während der Hussitenkriege um 1430 diente der „Dicke Heinrich" als Wehrturm und war Bestandteil der Befestigungsanlage um die Domfreiheit. Ende des 15. Jahrhunderts wurde der Turm teilweise abgerissen, umgebaut und diente ab 1693 als Teehaus. In den Jahren 1470 bis 1500 entstand die dreiflügelige Anlage nördlich des Doms durch Bischof Thilo von Trotha; 1537 baute man den Westflügel zur bischöflichen Kanzlei aus. 1562 wurde das Bistum Merseburg aufgehoben. Kurfürst Johann Georg I. von Sachsen ließ 1604/05 eine repräsentative, spätgotische Teilerneuerung der Anlage durch den Baumeister Melchior Brenner aus Dresden vollziehen, die ab 1656 Residenz der Herzöge von Sachsen-Merseburg wurde. Ein Jahr später begann man mit neuerlichen Veränderungen. Auf dem Gelände des ehemaligen Königshofes legte man 1661 den Schlossgarten an. Im Jahre 1738 erlosch das Geschlecht der Herzöge von Sachsen-Merseburg. Im 19. Jahrhundert richtete man hier die preußische Bezirksverwaltung ein. Nach 1815 erfolgte ein Innenumbau, Veränderungen betrafen auch die Fenster, vor allem am Ostflügel.

Von 1887 bis 1890 wurden Restaurierungen am regelmäßigen dreiflügligen Gesamtkomplex in Spätrenaissance, mit Erneuerung großer Teile und starken Eingriffen am Westflügel vorgenommen. 1945 brannte der Ostflügel aus, der bis 1972 in alten Formen wiederhergestellt wurde. Im Jahre 1991 erfolgten Erneuerungsarbeiten im Inneren und am Dach. Die alten gewölbten Innenräume des Erdgeschosses in allen drei Flügeln blieben weitgehend erhalten. Auf dem Schlosshof liegt in der Südecke ein sandsteinernes Brunnenhaus mit der Freifigurengruppe Neptun mit Seepferden und Wappenkartuschen. Ein großzügiger Schlossgartensalon von Johann Michael Hoppenhaupt befindet sich am Nordende, begonnen 1727 und zwischen 1731 und 1735 als großer zweigeschossiger Rechteckbau mit Mansardwalmdach vollendet. Im Untergeschoss zur Gartenseite hin liegt die toskanische Säulenhalle, heute ein barocker Saal für Gartenfeste. Nach Kriegsschäden wurde der Salon 1948 bis 1953 entkernt und diente nach seiner Restaurierung 1968 als gastronomische Einrichtung. Heute befindet sich im Schloss das Kulturhistorische Museum mit zahlreichen Ausstellungen; auch die Verwaltung des Saalekreises fand hier ihren Sitz.

Herrenhaus Minsleben

38855 Minsleben
Stadt Wernigerorde
Landkreis Harz

Im Nordosten an Wernigerode angrenzend liegt am Nordrand des Harzes der Ort Minsleben, der auch einen adeligen Hof besaß und auf eine 1000-jährige Geschichte zurückblicken kann. Der Hof war lange Zeit im Besitz der Familie Reiffenstein. Im Jahre 1000 bestätigte Kaiser Otto III. in einer Urkunde die Übertragung der Güter und damit verbundener Rechte des Klerikers Rathard in Minsleben und Reddeber an das Bistum Halberstadt. Der Ort wird erstmals schriftlich als „Minislavus“ erwähnt; seine drei Freihöfe spielten eine besondere Rolle in der dörflichen Gemeinschaft, wobei die Geschichte des Junkerhofs bis zum Ende des 10. Jahrhunderts zurückreicht.

Herrenhaus Minsleben

Schloss Möckern

Im Zuge einer Fehde übernahmen 1343 die Grafen von Wernigerode die Gerichtsbarkeit in Minsleben, das mit den Ortschaften Altenrode und Darlingerode in die Grafschaft Wernigerode einbezogen wurde. Eine zahlenmäßige Angabe der Ortsbevölkerung gab es erstmals 1729 mit 135 Bewohnern. Heute zeigt sich dem Betrachter ein zweigeschossiges, rechteckiges Herrenhaus aus dem 18. Jahrhundert mit Mansardwalmdach und Eckrustizierung. An den beiden Langseiten befinden sich flache dreiachsige Mittelrisalite mit Dreieckgiebeln. Das Gutshaus ist bewohnt und nur von außen einsehbar, doch der weitläufig angelegte Landschaftspark ist öffentlich zugänglich. Die Gutsmühle kann an bestimmten Tagen besichtigt werden.

Schloss Möckern

39291 Möckern

Landkreis Jerichower Land

Möckern liegt an der B 246 im Westfläming. Magdeburg liegt 23 Kilometer westlich und die Kreisstadt Burg in 15 Kilometer nördlicher Entfernung. An heutiger Stelle des Schlosses befand sich im 10. Jahrhundert eine slawische Wasserburg, deren aus Feldstein errichteter, mittelalterlicher, fünfgeschossiger Bergfried als ältester Teil sowie die wassergefüllten Burggräben erhalten geblieben sind. Die barocke gewölbte Haube, bekrönt von einer Laterne, erhielt der Turm während des Schlossneubaus von 1710 bis 1715. Veranlasst wurde dieser vom Schlossherrn Christian Wilhelm von Münchhausen, der die im Dreißigjährigen Krieg zerstörte Anlage wieder aufbaute. Der nachfolgende Besitzer, Wilhelm Adalbert Hermann Leo Graf vom Hagen, baute zwischen 1840 und 1863 das Schlossgebäude im Wesentlichen um. Südwestlich des Bergfrieds entstand der rechteckige zweigeschossige Hauptbau, der mit dem Turm durch einen dreigeschossigen Baukörper verbunden wurde. Anstelle des Fachwerkgebäudes hatte man das Schloss mit spitzen Türmchen, Zinnen und Fensterverdachungen im Stil der englischen Gotik errichtet. Die Familie vom Hagen lebte hier bis zu ihrer Enteignung im Jahre 1945. Der rechteckige, zweigeschossige Hauptbau mit Mittelrisalit wurde 1950 bis 1959 im Zusammenhang mit dem vollständigen Ausbau im Inneren zum Staatlichen Archivdepot stark überformt, die neugotischen Schmuckformen entfernt, ein Dachgeschoss aufgesetzt. Im Jahre 1991 erfolgte eine Generalrestaurierung unter Beteiligung des Landes Sachsen-Anhalt. Eingerichtet wurde eine Grundschule. Im östlichen Bereich erstreckt sich der Schloss und Kirche harmonisch einbeziehende Schlosspark, der als englischer Landschaftspark in der zweiten Hälfte des 18. Jahrhunderts durch den Schlossherrn Freiherr Ludwig Philipp vom Hagen unter Mitwirkung des Gartenarchitekten Friedrich Wilhelm von Erdmannsdorff angelegt wurde. Die Fertigstellung erfolgte erst 1810 unter Graf Christoph vom Hagen. Im Park befinden sich heute der alte Burggraben, Reste der Stadtmauer und Teiche in Schlossnähe sowie das schlichte Teehaus im klassizistischen Stil. Des Weiteren birgt der Park das aus Findlingen errichtete, quadratische Mausoleum für die 1907 verstorbene Gräfin Erika vom Hagen. Noch heute wird das Schloss als Grundschule genutzt.

Schloss Mosigkau

06847 Mosigkau
Stadt Dessau-Roßlau
Kreisfreie Stadt

Der Stadtteil Mosigkau liegt etwa sieben Kilometer südwest-

Schloss Mosigkau

lich von Dessau an der B 185, auf dessen Zoberberg sich im frühen Mittelalter eine slawische Siedlung befand, die um das Jahr 600 angelegt wurde. Die erste urkundliche Erwähnung von Mosigkau geht auf das Jahr 1272 zurück. Fürst Leopold I. von Anhalt-Dessau schenkte 1742 seiner Tochter Anna Wilhelmine ein Vorwerk, auf dem von 1754 bis 1756 ein dreiflügeliges, zweigeschossiges Schloss, vermutlich nach Entwürfen von Georg Wenzeslaus von Knobelsdorff, errichtet wurde. Nach dem Tod der Prinzessin 1780 nutzte man das Anwesen aufgrund testamentarischer Bestimmung als adliges Damenstift. Im Jahre 1875 baute man seitlich versetzt Dienerhäuser an die Kavalierspavillons an. 1945 wurde das Damenstift aufgehoben. Das Gebäude wurde vom amerikanischen Militär übernommen, aber schon 1951 eröffnete man das Gesellschaftsmuseum der Rokokozeit. Das Schloss mit Park und Nebengebäuden präsentiert sich als fürstliche Sommerresidenz aus dem 18. Jahrhundert. Die Schlossbauten gliedern sich in ausgesprochen harmonischen Formen um einen annähernd quadratischen Ehrenhof, bestehend aus dem südlich gelegenen Schloss und den seitlichen, nach Norden anschließenden Bediensteten-Pavillons mit Wirtschaftsgebäuden. Das dreiflüglige Schloss zeigt sich als zweigeschossiger Ziegelputzbau mit niedrigem Mansardwalmdach, dessen beide Seitenflügel und der Mittelteil leicht hervortreten. Im Erd- und Obergeschoss des Westflügels lagen die privaten Wohngemächer, im Ostflügel die Gesellschafts- und das Speisezimmer. Das Schloss birgt weiterhin im Erdgeschoss der Hauptetage den Gartensaal, die Gemäldegalerie, einen der schönsten mitteldeutschen Rokokoräume. Die Gemäldesammlung mit Werken von van Dyck, Rubens und anderen, die überwiegend aus der oranischen Erbschaft von Fürstin Katharina von Anhalt-Dessau stammte, war für die Bauherrin gedacht. In den Kabinetten findet man Meissener Porzellanfiguren, Kamine und Kronleuchter, Möbel und holländische sowie deutsche Fayencen. Den Park mit seinem wertvollen Baumbestand, der später teilweise landschaftlich verändert wurde, legten Johann Georg Schoch und Christoph Friedrich Brose in der Zeit von 1752 bis 1755 an. Der einst französische Garten mit holländischen Einflüssen, zu dem ein Teich und ein Laubengang und der Irrgarten gehörten, ist nur in wenigen Resten erhalten geblieben. Eine Hauptallee führt auf die torartig platzierten

Orangeriepavillons zu; als Mittelpunkt blieb die kleine 1775 gestaltete Anlage mit dem Chinesischen Haus bestehen. Von den zahl-reichen Gartenskulpturen befinden sich nur noch die der „Wohltat“ und „Caritas“, „Diana“ und „Verstand“ in der Anlage. Nach der Besichtigung des Schlossmuseums und einem ausgiebigen Spaziergang im Park lädt das Café in einem Nebengebäude zu einem gemütlichen Ausklang ein.

Herrenhaus Mößlitz

06780 Mößlitz
Stadt Zörbig
Landkreis Anhalt-Bitterfeld

Mößlitz liegt im Süden des Bundeslandes zwischen Bitterfeld und Köthen. Eingebettet in die Auenlandschaft von Strengbach und Fuhne wurde erstmals 1692 urkundlich ein Rittergut erwähnt. Im ersten Jahrzehnt des 20. Jahrhunderts bewirtschaftete man das Gut, dessen ältestes Gebäude aus der Zeit um 1800 stammt, landwirtschaftlich. Frühere Gebäude waren 1741 einem Brand zum Opfer gefallen. Dem um 1830 erbauten Haupthaus im spätklassizistischen Stil schließen sich im Norden der Gutspark und Wiesen an. Ab 1924 gestaltete man den ehemaligen Herrensitz durch An- und Umbauten nach Plänen des Architekten Paul Schultze-Naumburg zu einem Sanatorium für Morphin- und Alkoholabhängige um, das jedoch nicht lange bestand. Im Jahre 1927 wurde das Gut an die Klosterkammer in Hannover verkauft und 1943 richtete die Universität Halle als neuer Pächter des Gutes unter der Leitung von Professor Roemer ein agrarwissenschaftliches Versuchsgut ein. Auch nach dem Krieg wurden die Forschungen fortgesetzt und das Gelände 1958 unter weiterer Nutzung durch die Universität zum Volkseigentum erklärt. Es bildete sich die Zweigstelle Mößlitz des Institutes für Kartoffelzüchtung Groß-Lüsewitz heraus und wurde somit der Akademie der Landwirtschaftswissenschaften der DDR zugehörig. Heute ist das Gut Heimat eines soziokulturellen Zentrums und wird von dem 1996 gegründeten

Herrenhaus Mößlitz

Förderverein „Gut Mößlitz e. V." verwaltet. Mithilfe von Fördermitteln und vielfältigen Eigeninitiativen wurde die denkmalgeschützte Dreiseitenhofanlage aufwendig saniert und bietet den Gästen eine sehr angenehme Atmosphäre. Es bestehen zahlreiche Möglichkeiten zur Begegnung, der Beschäftigung mit Natur, Umwelt, ländlicher Tradition und ökologischem Gartenbau. Aufenthalte und Übernachtungen für Kinder- und Jugendgruppen sowie Privatpersonen und Unterstützung bei Projekttagen werden angeboten.

Herrenhaus Muldenstein

06774 Muldenstein
Gemeinde Muldestausee
Landkreis Anhalt-Bitterfeld

Wie der Name besagt, liegt der Ort an der Mulde, etwa fünf Kilometer nördlich von Bitterfeld und nordöstlich von Wolfen, und wurde erstmals 1346 urkundlich erwähnt. Über das hiesige Kloster besaßen bis zu ihrem Aussterben um 1541 die von Ammendorfs das Patronat, denen es auch als Familiengrablege diente. Im Zuge der Reformation verließen die Mönche Muldenstein und das Franziskanerkloster wurde aufgehoben. Noch 1541 baute Johann von Taubenheim das Kloster zum Rittergut um. Im Jahre 1545 wurde der Ort als „wüst" bezeichnet und 1626 starben an der Pest 80 Menschen. Im Laufe der Jahrhunderte hatte das Anwesen zahlreiche Besitzer, zu denen unter anderen die von Bora oder von Pfuel zählten. Lange Zeit hielt sich die Vermutung, dass Luthers Ehefrau Katharina von Bora in Muldenstein geboren sei. Den Namen Muldenstein erhielt der Ort durch den Amtshauptmann und Besitzer des Schlosses Gräfenhainichen, Heinrich von Gleißenthal. Von 1810 bis 1818 besaß die Familie des August Heinrich Friedrich Leberecht von Pfuel, Generalleutnant und einstiger Gouverneur von Stuttgart, das Rittergut von Muldenstein; 1818 bis 1822 war Ernst August Leopold Gotthelf von Pfuel Besitzer der Anlage. Die Familie stiftete den prächtigen Altar und die hölzerne Kanzel in der Kirche. Als das Geschlecht erloschen war, kamen vorwiegend bürgerliche Eigentümer an das Anwesen. Zu ihnen zählten auszugsweise 1822 bis 1832 Christian Friedrich Benold, 1832 bis 1838 der Justizrat Karl Ernst Gottlob Vogel und von 1838 bis 1864 der Rittergutsbesitzer Friedrich Wilhelm Schirmer von Neuhaus bei Paupitzsch, schließlich von 1864 bis 1868 der Amtmann und Rittergutsbesitzer Schmiedel,

Herrenhaus Muldenstein

von 1868 bis 1905 die Rittergutsbesitzer Meisel. Die Herrenhausanlage zeigt sich heute größtenteils in ihrer architektonischen Beschaffenheit vom Ende des 19. Jahrhunderts, als der bürgerliche Fabrikant Adolph Meisel sie besaß und veränderte. Die zweigeschossige Zweiflügelanlage schließt sich unmittelbar nördlich an die Kirche an. An der östlich gelegenen Toreinfahrt befindet sich das Wappen Meisels, datiert um 1899. Der lang gestreckte Flügel des Wohnhauses wurde direkt an die nördliche Chorwand angebaut und besitzt im Norden Volutengiebel. Der nördliche Flügel umschließt den am Steilufer der Mulde gelegenen Garten. Im Innern blieben wesentliche, beeindruckende Teile der Ausstattung erhalten, wie Stuckaturen der 1920er-Jahre, Parkettböden sowie ein prächtiges Treppenhaus. Von 1905 bis 1932 befand sich hier die Papierfabrik Muldenstein GmbH, bis 1938 das Bankconsortium Allgemeine Credit-Anstalt Leipzig und bis 1944 die Holländische Margarine Verkaufsunion, die spätere UNILEVER, der die Gemeinde Muldenstein als Besitzer folgte. Von 1964 bis 1991 legte man das Kreiskinderheim „Martha Brautzsch" in das Herrenhaus, das 1994 wiederum an UNILEVER ging. Ab 1997 begann die Wiederherstellung der Räume. 1998 eröffnete man die Heimatstube im ehemaligen Gartenzimmer. Im Jahre 2003 wurden Reparaturarbeiten am Dachgebälk und den oberen Geschossen vorgenommen, der Schornstein abgerissen und der

Bau mit Schiefer neu eingedeckt. Heute befinden sich im Herrenhaus ein soziokulturelles Zentrum, Standesamt und das Büro des Ortsbürgermeisters.

Residenz Naumburg

06618 Naumburg

Burgenlandkreis

Residenz Naumburg

Naumburg ist eine Stadt im Süden des Landes, an der Mündung der Unstrut in die Saale, nahe der Grenze zum Freistaat Thüringen. Erstmals urkundlich erwähnt wurde der Ort 1012, als an der Kreuzung zweier Handelsstraßen die neue Burg der Ekkehardinger errichtet wurde. Als im 17. Jahrhundert Naumburg zur Residenz des Herzogtums erhoben wurde, baute man 1652 ein sogenanntes Herzogliches Schloss, bestehend aus zwei zusammengefügten Häusern, das Herzog Moritz von Sachsen-Zeitz bezog. Durch eine Lehmmauer, die 1748 beseitigt und durch ein Gitter ersetzt wurde, trennte man das herzogliche Haus vom Markt. Die Residenz war mit der Wenzelskirche durch einen überdeckten Gang verbunden, den man ebenfalls im 19. Jahrhundert abriss. Das Schlösschen besitzt neben einem repräsentativen Portal von 1500 zwei hohe, durch Stabwerk verzierte Volutengiebel und ein schönes Sitznischenportal von 1560. Die Stadt, wie zahlreiche andere Orte, wurde 1709 von einer pestartigen Seuche heimgesucht, an der über 660 Bewohner verstarben. Als das Zeitzer Schloss fertiggestellt war, zog der Herzog in das nahegelegene Zeitz. Das Naumburger Schlösschen am Marktplatz erwarb 1902 die Stadt und richtete 1904 das Städtische Altertum-Museum ein. Heute befindet sich hier das Amts- und Arbeitsgericht.

Burgruine Nebra Schloss Nebra

06642 Nebra

Burgenlandkreis

Nebra, das 876 erstmals urkundlich erwähnt wurde, liegt zwischen Querfurt und Naumburg an der Unstrut im Westen des Burgenlandkreises. Auf einem südlichen Sandsteinfelsen befinden sich oberhalb des Unstrut-Tales die Reste der **Burg** vom Anfang des 13. Jahrhunderts mit dem später darauf erbauten Schloss. Urkundlich erwähnt wurde die Landgrafenburg, die wohl ursprünglich eine kreisförmige Anlage war, erstmals im Jahre 1207. Die Kernburg war von der Vorburg durch Gräben getrennt. Der älteste erhaltene Teil ist der massige rechteckige dreigeschossige Wohnturm aus der zweiten Hälfte des 12. Jahrhunderts. Vor 1259 befand sich hier der Lehnsbesitz der Herren von Lobdeburg bei Jena, ihnen folgten die Edelherren von Querfurt. Als 1264 die Grafen von Mansfeld die Burganlage besaßen, wurde sie 1341 teilweise zerstört.

Burgruine Nebra

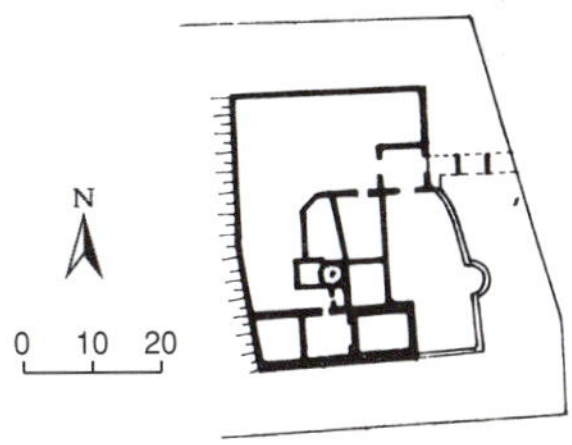

Burgruine Nebra, Grundriss

Im späten 15. und 16. Jahrhundert baute man sie zu einer rechtwinkligen mehrgeschossi-

Schloss Nebra

gen Anlage aus. Der Wohnturm blieb der Kern des Baus und wurde zugleich als Wohnbereich umgestaltet. Die Westseite bekam im späten 16. Jahrhundert einen polygonalen Treppenturm mit rundbogigem Diamantquaderportal vorgelegt, womit sich die Umgestaltung der Burg zum Schloss vollzog. Während des Dreißigjährigen Krieges war es von 1636 bis 1648 von den Schweden besetzt und größtenteils zerstört worden. Noch heute kann man in der Ruine die Kellergewölbe, den Zwinger und eine im frühgotischen Stil erbaute Kapelle besichtigen. Das heutige **Schloss** wurde 1874 unter Einbeziehung eines barocken Vorgängers aus der Mitte des 18. Jahrhunderts errichtet, vermutlich unter Mitwirkung des Bau- und Gartenarchitekten David Schatz. Es steht neben der Ruine. Die Schlossanlage wird als Hotel betrieben.

Schloss Neindorf

39387 Neindorf
Stadt Oschersleben (Bode)
Landkreis Börde

Neindorf ist nordwestlich von Oschersleben zu finden. Am Rande des kleinen Ortes und parallel zur Kapelle steht das von 1824 bis 1827 im klassizistischen Stil erbaute Schloss. Für die Bauausführung sorgte der anhaltinisch-bernburgische Landbaumeister Johann August Philipp Bunge. Der stattliche dreigeschossige Rechteckbau mit Mittelrisaliten an beiden Fronten ist übergiebelt, durch Kolossalpilaster gegliedert und mit einer großen rundbogigen Nische ausgestaltet. Zum Park mit altem Baumbestand hin sind die beiden oberen Geschosse durch Kolossalpilaster zusammengefasst, über dem

Schloss Neindorf

Eingang liegt ein vorgezogener Balkon. Im Inneren blieben eine Treppenanlage sowie Deckentapeten in einigen Räumen erhalten. An der Ostseite liegt die im rechten Winkel an die Kapelle angebaute ehemalige Bibliothek, die Schloss und Kirche miteinander verband. Im Nordwesten findet man die Orangerie aus der Zeit um 1820. Die Schlossanlage wurde von einem weitläufigen Park umgeben. Dort befindet sich die Grabanlage der Familie von der Asseburg, die um 1920 vom Bremer Gartenarchitekten Friedrich Gildemeister angelegt wurde. Seit 1944 wird der Schlosskomplex als Kreiskrankenhaus des Bördekreises genutzt, weshalb in den letzten Jahren im Schlosspark neue Gebäude errichtet wurden und das Schlossgebäude nur noch teilweise belegt ist. Die zum Schloss gehörende Kirche von 1582 wird noch heute von der evangelischen Gemeinde genutzt. Sie wurde im spätgotischen Stil errichtet und mit Elementen der Renaissance versehen. Der Altaraufsatz ist von 1679. Zahlreiche Reliefs und ein hölzernes Epitaph sowie das Grabmal Augusts von der Asseburg zieren das Innere der Kirche. Auf einem Spaziergang durch das Areal wird man auf die sogenannte Schinkel-Schmiede stoßen, die sich in der Nähe auf dem Wirtschaftshof befindet und 1830 erbaut wurde. Sie ist ein Werk des Schinkel-Schülers Friedrich August Stüler.

Schloss Neugattersleben

06429 Neugattersleben
Stadt Nienburg (Saale)
Salzlandkreis

In der Magdeburger Börde an der Bode liegt nordwestlich von Bernburg (Saale) der Ort Neugattersleben, nur fünf Kilometer nordwestlich von Nienburg (Saale) entfernt. Im Jahre 1291 wurde hier urkundlich eine bestehende Wasserburg erwähnt. Die Familie von Alvensleben kaufte 1573 von der Stadt Magdeburg das hiesige Anwesen und ließ bis 1609 ein neues Schloss errichten. Im Dreißigjährigen Krieg wurde die

Schloss Neugattersleben

Schlossanlage jedoch wieder zerstört. Der Neubau als dreigeschossige Zweiflügelanlage der Spätrenaissance, mit steilen Stirngiebeln und Treppenturm mit Laterne, wurde von 1656 bis 1665 vollzogen und 1798 bis 1805 teils verändert. Erneute grundlegende Veränderungen erfolgten in den Jahren 1883/84 durch Ferdinand Schorbach aus Hannover im Stil des Historismus. 1945 wurde die Familie von Alvensleben enteignet. Von der mit doppelten Wassergräben und Wällen umgebenen ehemaligen runden Vorgängeranlage ist nur der Bergfried erhalten geblieben. Sie besaß eine strategische Bedeutung zur Sicherung der Handelsstraße Leipzig–Magdeburg am Bode-Übergang. Die Ausstattung mit qualitätsvollen Stücken unterschiedlicher Entstehungszeit ist größtenteils noch erhalten. Ein außergewöhnlich farbenprächtiger Kachelofen von 1603 mit figürlichen Reliefs und reichem Dekor wie auch Kamine und barocke Stuckdecken mit verschiedenen Darstellungen zieren die Räume. Das Obergeschoss birgt eine Raumausstattung im Stil des Historismus. Noch heute befindet sich der im 18. Jahrhundert angelegte Schlosspark mit dem Rest eines Parterres und eines Gartenpavillons entlang der Bodehänge in guter Erhaltung. Die Schlossanlage ist in Privatbesitz des Bildungszentrums Theopra und der Öffentlichkeit nur zu bestimmten Anlässen zugänglich.

Schloss Nudersdorf

06889 Nudersdorf
Lutherstadt Wittenberg
Landkreis Wittenberg

Der Ortsteil der Lutherstadt Wittenberg liegt nordwestlich im Naturpark Fläming und besaß einst ein Rittergut, auf das heute noch ein Schloss verweist. Im Jahre 1548 erhielt als Kanzler Dr. Gregorius Brück den Ort mit allen Rechten vom Kurfürsten von Sachsen. Den mit zwei rechtwinklig ineinanderliegenden Flügeln bestehenden Bau hat wohl Brück errichten lassen. Die hier bestehende Papiermühle verkaufte sein Sohn 1578 an Dr. Veit Winsheim, der aus Wittenberg stammte. Die Familie von Leipzig hatte 1592 bereits den Rittersitz in ihrem Besitz und 1622 erwarb Wilhelm Löser das Anwesen, dessen Gut jedoch im Dreißigjährigen Krieg stark verwüstet wurde und 1654 durch Ludomilla Löser an Georg Heinrich Löser auf Kropstädt veräußert wurde. Nach dem Tod Georg Heinrich Lösers teilten sich in der Folge noch zahlreiche Vertreter dieser Familie das Rittergut, bis es 1704 Wilhelm Heinrich Löser als alleiniger Besitzer übernahm. Ein Wappenstein von 1703 belegt, dass Wilhelm, der 1709 kinderlos starb, bereits bauliche Veränderungen am Haus durchgeführt hatte. So erbten seine Brüder Eustachius und Wolf Adam das Gut, Eustachius wurde neuer Erb- und Gerichtsherr auf Nudersdorf, da sich sein Bruder im Ausland aufhielt. Die Söhne des Gutsbesitzers Jost Heinrich und Eustachius Friedrich Löser folgten nach dessen Tod 1732, die es schließlich 1738 an den Hofrat und Ordinarius zu Wittenberg, Dr. jur. Augustin Leyser, verkauften, der 1752 ebenfalls ohne männliche Nachkommen in Wittenberg verstarb und sich auf dem Gut bestatten ließ. Es folgten über die Jahrhunderte noch weitere Eigentümerwechsel auf Gut Nudersdorf, bis es 1815 in das Eigentum des Königreiches Preußen kam. Der Besitz wurde dem preußischen Oberforstmeister Alexander Ferdinand von Erdmannsdorff übergeben, danach dem sächsischen Kammerherrn und Rittergutsbesitzer Curt Friedrich Gottlob von Watzdorf aus Wiesenburg, dessen Kinder nach seinem Tod 1848 das Gut weiterverkauften. Nach 1850 errichteten die Brüder Gustav und Karl Wilhelm Luther ein Badehaus mit schwefelhaltiger Quelle, das zahlreiche Besucher anlockte. Das Schloss ist ein schlichter, verputzter, zweigeschossiger Backsteinbau mit Mansardwalmdach von 1703, über dessen Portal das Wappen der Familie von Leyser liegt. Von 1911 bis 1913 wurde das Gebäude unter weitgehendem Verlust der ursprünglichen Ausstattung erweitert. Der Gutspark ist ein verwilderter Landschaftspark, das Mausoleum ein kleiner verputzter Backsteinbau mit drei qualitätsvollen barocken Grabmalen für die Mitglieder der Familie von Leyser auf dem Friedhof. Ab dem Jahre 1945 nutzte man das Schloss als Schule, 1992 wurde es mit integrierter Grundschule Sitz der Verwaltungsgemeinschaft Südfläming. Seit 2005 befindet sich nur noch der Sitz des Bürgerbüros im Gebäude. Im Jahre 2006 hatte man im Südflügel auch den Nudersdorfer Jugendklub und eine Begegnungsstätte der Gemeinde geschaffen. Jährlich finden im Sommer historische Schlossfeste statt.

Schloss Nudersdorf

Oebisfelde-Weferlingen

Burg Oebisfelde

39646 Oebisfelde-Weferlingen
Landkreis Börde

Die Stadt Oebisfelde liegt an der Aller und am Nordostrand des Lappwaldes, westlich von Haldensleben an der niedersächsischen Landesgrenze. Erstmals erwähnt wurde eine Familie von Ovesveld 1205 und 1267 eine Burg am Rande einer Sumpfniederung zum Schutze des Aller-Überganges. Sie wurde 1300 als Stadtrandburg in die Stadtbefestigung einbezogen und stellte eine unregelmäßige Anlage mit einer Kernburg dar, die durch eine Binnenmauer in Vor- und Hauptburg geteilt wurde und auch eine Randbebauung aufwies. Von 1289 bis 1448 befand sich die Anlage im Besitz derer von Oberg, vermutlich schon unter den Ovesveld, seit 1369 aber gewiss zu Lehen des Magdeburger Erzstifts. Ab 1448 wurde die Burg mehrfach verpfändet und ging schließlich 1485 an die von Bülow, wurde 1577 vom Erzstift eingelöst und es wurde ein Amt gebildet. Ein großer Burgbrand beschädigte die Anlage 1558 erheblich. 1680 kam sie an Kurbrandenburg, von 1694 bis 1866 an die Landgrafen von Hessen-Homburg, bis 1916 an die Großherzöge von Hessen-Darmstadt. Im Jahre 1707 setzte Prinz Ludwig Georg von Hessen-Homburg das Hauptgebäude instand und 1710 ebnete man die Wälle und Gräben ein. Die noch heute recht gut erhaltene Bruchsteinanlage bestand vor allem aus der Hauptburg, der Kapelle, einem Wohnturm, einem quadratischen Bergfried und dem Palas, dem sogenannten Prinzenhaus. Nordöstlich der Hauptburg befand sich die lang gestreckte Vorburg, über deren Tor zwischen Rittersaal und Kapelle ein Raum mit Renaissancekamin und Wappen lag und mit Vicke von Bülow bezeichnet war. Der Zugang von dort zur Kapelle wurde vermauert. Nach Auflö-

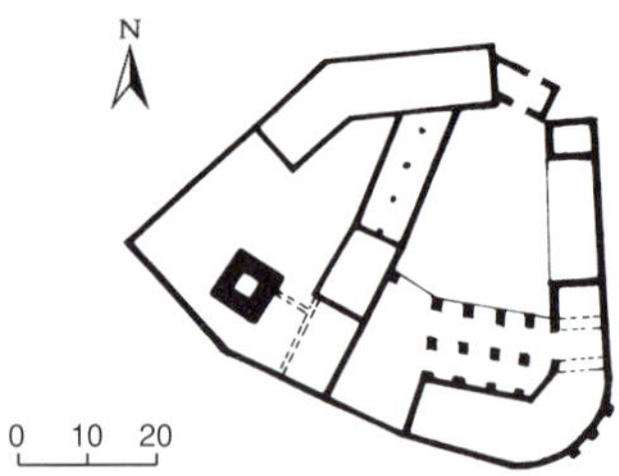

Burg Oebisfelde, Oebisfelde-Weferlingen, Grundriss

Burg Oebisfelde, Oebisfelde-Weferlingen

Schloss Oranienbaum, Oranienbaum-Wörlitz

sung des Oebisfelder Amtes war der Sitz seit 1749 eine Försterei. Seit 1992 werden Sanierungsmaßnahmen durchgeführt. Besucher finden heute in der Burg die Touristeninformation, die Heimatstube des Oebisfelder Heimatvereins, eine Bibliothek und das Heimat- und Burgmuseum. Der Bergfried kann bestiegen werden und auf den Burghöfen werden Konzerte und Märkte veranstaltet. Vor der Burg befindet sich ein Café.

Schloss Oranienbaum Chinesisches Haus

06785 Oranienbaum-Wörlitz

Landkreis Wittenberg

Gut zehn Kilometer nordwestlich von Gräfenhainichen und südwestlich von Lutherstadt Wittenberg liegt im Biosphärenreservat Mittelelbe der Ort Oranienbaum. Im Jahre 1644 errichtete man ein fürstliches Haus mit Wirtschaftshof und Arbeiterhäusern. Von 1683 bis 1698 wurde das dreiflügelige **Schloss** mit zweigeschossigem Haupttrakt durch den niederländischen Baumeister Cornelis Ryckwaert für die Fürstin Henriette Katharina von Anhalt-Dessau, eine geborene Prinzessin von Nassau-Oranien, erbaut.

Schloss Oranienbaum (Rückseite), Oranienbaum-Wörlitz

Oranienbaum-Wörlitz

Chinesisches Haus, Oranienbaum-Wörlitz

Das Lustschloss war ein Geschenk des Ehegatten Fürst Johann Georg II. von Anhalt-Dessau an seine Gemahlin. Der Haupttrakt besitzt an der Stadtseite einen flachen und an der Gartenseite einen ausgeprägten Mittelrisalit mit Giebeldreieck. Der Landsitz ist ein Beispiel der frühen barocken Dreiflügelanlagen mit Lustgarten und Ehrenhof im mittel- und norddeutschen Raum. In einer zweiten Bauphase wurden unter dem seit 1697 als Hofarchitekten eingesetzten Tobias Schuchard die zweigeschossigen, quadratischen Kavaliersbauten an den Seitenflügeln angefügt und Stallgebäude in Fachwerk errichtet. Als der Fürst 1693 verstarb, wurde der Schlossbau Residenz und Witwensitz der Fürstin, der in der Folgezeit noch mehrfach verändert wurde. Gleichzeitig mit dem Bau des Schlosses von 1683 bis 1710 wurden auch die Außenanlagen nach dem Vorbild holländischer Barockgärten angelegt. Eine herausragende Umgestaltung vollzog Fürst Leopold III. Friedrich Franz von Anhalt-Dessau, vermutlich unter der Federführung von Friedrich Wilhelm von Erdmannsdorff. Ab 1948 wurden die Räumlichkeiten durch die Außenstelle des Staatsarchivs Magdeburg genutzt und seit 2003 besteht das Museum. In den Jahren 2004 und 2012 besuchte die niederländische Königin Beatrix das Schloss Oranienbaum. Das besondere Interesse des holländischen Königshauses liegt in der Verbindung zu jener Vorfahrin, die hier lebte und Namensgeberin des Ortes war. Beatrix informierte sich über den Fortschritt der Restaurierungsarbeiten. Der chinesische Garten entstand 1793 bis 1797 durch Johann Christian Neumark, das Teehaus sowie der mehrgeschossige Glockenturm nach Plänen von Georg Christoph Hesekiel anstelle des barocken Kanalgartens. Die Orangerie wurde zwischen 1812 und 1818 von Carlo Ignazio Pozzi errichtet.

Das **Chinesische Haus** aus der Zeit um 1793 ist wirkungsvoll in den Oranienbaumer Park einbezogen und hatte einst eine sehr reiche Ausstattung mit Papiertapeten und Möbeln. Im Zuge der

Restaurierung wurde dem Haus mit hohem finanziellem Aufwand die Originalität wiedergegeben, einstige Einrichtungsgegenstände wurden beschafft oder kunstvoll nachgestaltet. Einige der Ausstattungsstücke befanden sich im Depot und kehrten an den Bestimmungsort zurück. Die Glöckchen am Dach des Hauses sind Symbolkraft der Harmonie, deren Klänge aber auch in ihrer kulturellen und spirituellen Bedeutung für die Verbindung zwischen Himmel und Erde stehen. Die Gesamtanlage befindet sich in der Obhut der Kulturstiftung DessauWörlitz.

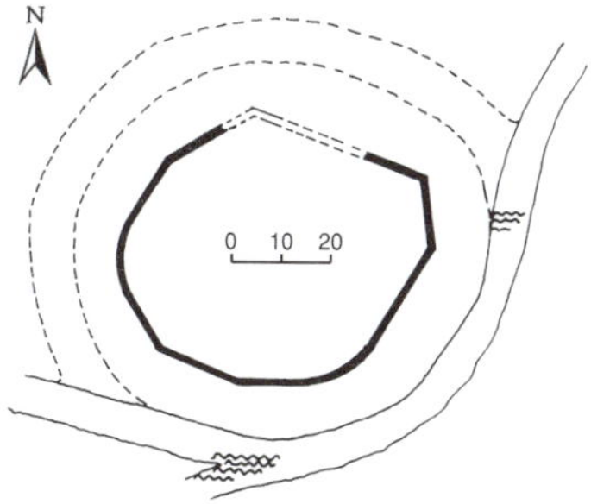

Burg Oschersleben, Grundriss

Burg Oschersleben

39387 Oschersleben (Bode)
Landkreis Börde

Die Burg Oschersleben ist eine auf das Mittelalter zurückgehende Burganlage. Die Stadt liegt in der Magdeburger Börde. Erwähnt wurde der Ort bereits 814 in den Stiftungsbriefen Kaiser Ludwigs des Frommen unter der Benennung Oscheresleve. Die Anlage wurde als Niederungsburg in unmittelbarer Nähe der Bode errichtet und mit Wällen und Wassergräben gesichert. Die früheste urkundliche Erwähnung stammt aus dem Jahr 1205, ist aber vermutlich älteren Datums und bestand aus der Kernburg sowie der nördlich gelegenen Vorburg, die man später als Wirtschaftshof nutzte. Die ursprüngliche Funktion der Burg war die Gewährleistung der Sicherung eines Übergangs über den Großen Bruch, ein ehemals großes Sumpfgebiet. Besitzer der Anlage waren die Bischöfe von Halberstadt, die sie oft, unter anderem auch an das Erzstift Magdeburg und die Grafen von Regenstein, verpfändeten. 1545 ließ Kardinal Albrecht hier ein bischöfliches Amt einrichten,

Burg Oschersleben

die Burg erneuern und erweitern, sodass ein viergeschossiges Wohnhaus im Stil der Renaissance entstand. Die Wendelstiege stammt aus der zweiten Hälfte des 16. Jahrhunderts. Als die Burg 1648 an Brandenburg kam, nutzte man sie als Domäne und baute 1691/92 ein zweigeschossiges verputztes Amtshaus. In der zweiten Hälfte des 19. Jahrhunderts ging das Anwesen in private Hand und das sogenannte „Schloss“ wurde bis auf einen noch heute erhaltenen Treppenturm abgetragen und mit dem vorhandenen Material als Speicher neu errichtet. Seit 2011 wird der gewaltige Bau durch die Wohnungsbau- und Verwaltungsgesellschaft Oschersleben rekonstruiert; bis 2016 sollen Mieter die Wohnanlage beziehen können.

Burg Osterfeld

Burg Osterfeld

06721 Osterfeld

Burgenlandkreis

Osterfeld ist eine südöstlich von Naumburg nahe der A 9 gelegene Kleinstadt, die 1335 erstmals als „Castrum et oppidum Ostirvelt“ urkundlich erwähnt wurde. Die Burg hatte ihre erste urkundliche Erwähnung im Jahre 1198 durch den Markgrafen Dietrich von Meißen. Neu entstand sie wohl im 13. Jahrhundert unter den Meinheringer Burggrafen als annähernd quadratische Anlage, von der noch heute die Umfassungsmauer, der Bergfried und Reste einer älteren slawischen Wallanlage erhalten geblieben sind. Die vierte, offene Seite der Umfassungsmauer im Norden wurde durch ein spätbarockes Herrenhaus geschlossen. Der runde Bergfried befindet sich frei stehend an der Ostseite des Hofes, geschaffen aus sorgfältig bearbeiteten Quadern. Der Zinnenkranz und Kegelhelm sind wohl spätgotisch, das Tor liegt seitlich und das Eingangsportal ist schlicht, spitzbogig gestal-

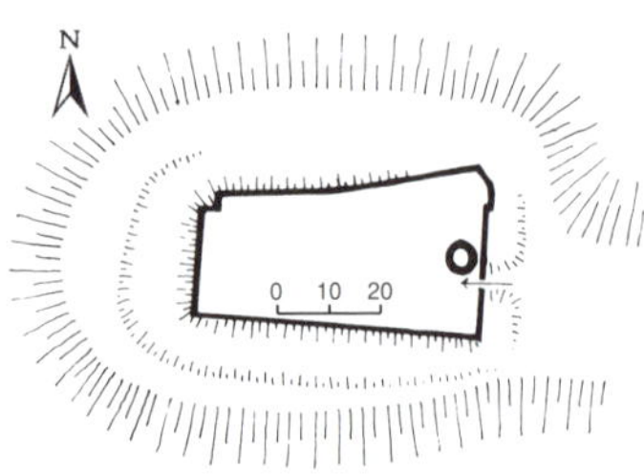

Burg Osterfeld, Grundriss

tet wohl jüngeren Datums. Im Wohnbau von 1792 befinden sich im Keller noch mittelalterliche Reste. Der Zugang zur Burg ist verschlossen, da das Gelände Teil einer Schule und Kindertagesstätte ist.

Schloss Ostrau

06193 Ostrau
Gemeinde Petersberg
Saalekreis

Ostrau liegt 17 Kilometer nördlich von Halle (Saale), südlich von Köthen und westlich von Zörbig. Die einstige Wasserburg wurde im 12. Jahrhundert innerhalb eines slawischen Ringwalls durch die Markgrafen von Meißen errichtet. Später war sie im Besitz des Erzstifts Magdeburg, der Bischöfe von Merseburg oder ihrer Lehensträger. Es folgten die Familien von Draxdorff und von Hagen als Burgbesitzer. Im Jahre 1585 erwarben die Herren von Veltheim auf Harbke den Besitz, der bis 1945 in der Familie verblieb. Letztere begannen alsbald, zwischen 1585 und 1588, mit einem Neubau eines rechteckigen Kastells mit weitem Wirtschaftshof. 1708 entwarf Louis Remy de la Fosse den Plan eines neuen Schlosses, welches von 1713 bis 1718 durch den Baumeister Johann Martin Anhalt im Auftrag Otto Ludwigs von Veltheim gebaut wurde. Es entstand eine zweigeschossige barocke Dreiflügelanlage, zum Park offen und von breitem Wassergraben umgeben, die von hierzulande ungewöhnlicher französischer Prägung war. In den Jahren 1929 bis 1933 folgte eine umfassende Neugestaltung von Schloss und Park durch Dr. Hans Hasso von Veltheim. Im Zuge der Wiederherstellung zu jener Zeit wurde der bisher unvollendete Südtrakt neu ausgebaut. 1945 wurde die Familie von Veltheim enteignet. In das Schloss wurde

Schloss Ostrau

eine Schule mit Internat, eine Lehrerbildungsstätte und das Institut für angewandte Biologie der Universität Halle-Wittenberg gelegt. 1976 zerstörte ein Brand den Südwestflügel. Die Schule ist noch im Schloss untergebracht. Der Kulturverein bemüht sich u. a. mit Konzerten, Theater, Lesungen, das historische Gebäude zu einem kulturellen Zentrum zu gestalten.

Schloss Trautenburg

39393 Ottleben
Gemeinde Ausleben
Landkreis Börde

Ausleben liegt nordwestlich von Oschersleben, der Ortsteil Ottleben südlich von diesem. Die kleine Gemeinde, in deren Gemarkung lange Zeit die vier Güter Trautenburg, Klingenburg, Lüdershof und das hier befindliche Gut derer von Asseburg lagen, wurde 1108 erstmals urkundlich erwähnt. Später gehörte das Schloss der Familie von Trautenburg. Das ursprüngliche Schloss bestand im Kern seit der Zeit um 1575, mit späteren Veränderungen um 1800, 1860 und 1880. Dem Betrachter zeigt sich das Bild einer kleinen Anlage in einem Park, zweigeschossig im Hauptbau, mit zwei kurzen, rückwärtig angefügten Flügeln. Im Winkel zwischen Hauptbau und nordöstlichem Seitenflügel liegt ein quadratischer Turm mit Barockportal und an der Vorderfront ein großes Flachrelief mit brandenburgischem Adler, wohl aus der Mitte des 18. Jahrhunderts. An der südlichen Außenfront befand sich ehemals ein zweigeschossiger Balkon aus der letzten Umbauphase. Die Brüstungsreliefs mit Szenen aus der Geschichte Berlins sind Kopien der Reliefs am Berliner Rathaus von 1877. In der Fassade an der Hofseite liegen mehrere Wappensteine und im Inneren ein Saal mit historisierender Stuckdecke im Stil des Rokoko. Von 1994 bis 1996 bekam die Anlage, in der sich heute eine Kindertagesstätte befindet, eine umfassende Restaurierung. Zum Ort gehört noch eine schöne Mühle aus dem Jahre 1632, die bis heute von der Familie Trog betrieben wird.

Schloss Trautenburg, Ottleben

Herrenhaus Ovelgünne

Herrenhaus Ovelgünne

39365 Ovelgünne
Gemeinde Eilsleben
Landkreis Börde

Ovelgünne liegt im Nordwesten der Magdeburger Börde, in einem hügeligen Gebiet an den Allerquellen, nördlich von Oschersleben an der B 246a. Das beschauliche Herrenhaus errichtete man 1899 auf dem ehemaligen Gutshof. Während des Zweiten Weltkrieges hatte auch dieses noch junge Haus zu leiden, in das nach dem Krieg 1951 die Gewerkschaftsschule „Auf Friedenswacht“ gelegt und zugleich innen umfunktioniert wurde. So konnten die Lernenden des Freien Deutschen Gewerkschaftsbundes (FDGB) nicht nur eine angenehme Unterkunft, sondern auch die Schönheit des Parks mit altem Baum- und Pflanzenbestand genießen. Als man später im Herrenhaus ein Krankenhaus unterbrachte, wurden bauliche Veränderungen vorgenommen. Die ständig wechselnden Nutzungen, zum Teil auch mit Einbau von Fahrstühlen für das spätere Pflegeheim, waren nicht von Vorteil für die bauliche Substanz und ursprüngliche Innenarchitektur. Im Jahre 1997 zog auch das Pflegeheim wieder aus und das Herrenhaus stand knappe drei Jahre ungenutzt. Eine junge Familie erwarb den einstigen Herrensitz 1999 mit interessantem Nutzungskonzept, in dem nach umfassender Sanierung großzügige Wohnungen entstanden. Die Fahrstühle wurden entfernt, eine Terrasse angelegt sowie der Park durch aufwendige Pflege wiederhergestellt.

Herrenhaus Parchen

Herrenhaus Parchen

39307 Parchen
Stadt Genthin
Landkreis Jerichower Land

Parchen liegt südlich von Genthin an der B 1. Erstmals erwähnt wurde der Ort in einer Urkunde des Magdeburger Erzbischofs Adelgot aus dem Jahre 1108, in der das damals „Boroschei" genannte Dorf als Besitz des Magdeburger Klosters Berge aufgeführt war. Bereits 1276 wird ein Ritter Rembert als Burgvogt der um 1220 errichteten Burg erwähnt. Im Jahre 1472 kam diese nach mehrfachem Besitzerwechsel in das Eigentum der Familie von Byern, deren Geschlecht sich Ende des 16. Jahrhunderts in zwei Linien teilte. Die eine Linie bezog das Alte Schloss und die andere einen neu angelegten Hof. Nachdem 1756 die alte Wasserburg abbrannte und fast den gesamten Ort zerstörte, baute man an deren Stelle einen neuen Herrensitz. Es war Rudolph Johannes Heinrich von Byern, der 1780 den Grundstein für das heute noch vorhandene Gutshaus legte, wobei in dreijähriger Bauzeit ein schlichtes eingeschossiges Gebäude entstand, umgeben von einem barocken Park. Nach gut fünfzig Jahren erhielt der Berliner Architekt Friedrich August Stüler den Auftrag zur Erweiterung des Gutshauses, das er in den Jahren von 1830 bis 1832 im klassizistischen Stil umbaute und durch das Aufsetzen eines Ober- und eines Attikageschosses erweiterte. Von 1880 bis 1883 gestaltete man den Herrensitz, der nochmals 1920 weitere Veränderungen erhielt, barock um. Heute zeigt sich ein schlichter zweieinhalbstöckiger Putzbau mit Walmdach, im Mittelteil mit Risalit. Über dem Mittelportal prunkt ein breiter Balkon. Von Stülers Gestaltung blieb im Innern lediglich der obere saalartige Flur mit frei stehenden Holzsäulen im Wesentlichen erhalten, der aber 1996 durch Brandschaden beeinträchtigt wurde. Das historische Treppenhaus entstammt dem Umbau um 1880. Den barocken Park von 1783 gestaltete in den Jahren 1832/33 P. Clausen nach Plänen von Peter Joseph Lenné zu einem Landschaftspark um. Maria Eva von Schnehen, Enkelin des letzten Mitgliedes der Familie von Byern, wurde 1945 enteignet. Leider wurde die Gesamtanlage mit dem Bau der Bundesstraße 1 im Jahre 1991 stark gestört und zweigeteilt. Heute befindet sich im Herrenhaus der Förderverein Historisches Museum der Rittergüter im Jerichower Land.

Herrenhaus Peseckendorf

39387 Peseckendorf
Stadt Oschersleben (Bode)
Landkreis Börde

Die erste urkundliche Erwähnung des Gutes Peseckendorf, das zwischen den Städten Oschersleben (Bode) und Wanzleben im westlichen Teil der waldarmen Magdeburger Börde liegt, geht auf das Jahr 1083 zurück. Kaiser Heinrich schenkte den Ort dem Dom von Halberstadt, dessen Gut 1463 vom Walbecker Stift an die Familie von der Asseburg gelangte. 1494 verließen alle Bürger den Ort Peseckendorf, der somit „wüst gefallen“ war. Im Jahre 1538 ließ hier Johann von der Asseburg anlässlich seiner Hochzeit ein Herrenhaus im Stil der Renaissance erbauen und mit Gräben und Wällen befestigen. In späterer Zeit wurden wegen Baufälligkeit einige Gebäudeteile, darunter auch die Schlosskapelle, abgerissen. Schon 1617 erforderte die Umwandlung der Burg zum Gutshof einen Neubau, dem eine Dreiflügelanlage mit Zwerchgiebeln und Treppenturm auf einer Anhöhe folgte. Im Laufe der Zeit wurden Teile der Anlage marode, worauf man 1813 den rechten Flügel abreißen musste. 1828 wurde das Gut verkauft, ab 1840 war es nicht mehr be-

Herrenhaus Peseckendorf

wohnt. Daraufhin brach man von 1857 bis 1859 den Rest der Anlage ab und verwendete die Steine zum Bau einer Umfassungsmauer und Kapelle. Von 1906 bis 1909 baute man für den Rittergutsbesitzer Friedrich Schaeper durch Paul Schultze-Naumburg eine schlossartige, eineinhalbgeschossige historisierende Anlage mit einem überkuppelten Gartensaal im Stile des um 1800 bevorzugten Maison de plaisance (Lustschloss bzw. Landhaus). Ein aufwendig gestalteter Wasserturm im Landschaftspark mit Teichen sicherte die Wasserversorgung des Rittergutes. Die vom Bildhauer Georg Kolbe geschaffenen Skulpturen der vier Jahreszeiten befinden sich heute im Bördemuseum Ummendorf. 1945 wurde die Familie Schaerper enteignet. In deren Heim wurden Umsiedler aus den ehemaligen deutschen Ostgebieten untergebracht, ab 1947 nutzte man es als Landgewerkschaftsschule „Land und Forst“ des Bezirks Magdeburg, als Schulungsstätte des DDR-Gewerkschaftsbundes FDGB, bis von 1969 bis 1991 die Nutzung als Hilfsschulheim folgte. Zwischenzeitlich befanden sich noch weitere staatliche Nutzer in der Anlage. Ab 1992 betrieb der Paritätische Wohlfahrtsverband Sachsen-Anhalt e. V. im Herrenhaus eine Landesjugendbildungsstätte. Von 1994 bis 1996 fanden umfangreiche Sanierungen statt. Für Gäste standen Tagungs- und Übernachtungsmöglichkeiten zur Verfügung. Nach neuesten Informationen wird für das Objekt ein neuer Käufer gesucht.

Schloss Pietzpuhl

Schloss Pietzpuhl

39291 Pietzpuhl
Einheitsgemeinde Möser
Landkreis Jerichower Land

Pietzpuhl erreicht man südlich von Burg und von Schermen auf der B 1, unmittelbar an der A 2 abbiegend. Eine Urkunde von 1306 bestätigt den Besitzwechsel des Ortes „Putzpul“ vom Domkapitel Magdeburg zum Bistum Brandenburg, der jedoch für lange Zeit wüst lag. Erst im 15. Jahrhundert zog wieder Leben ein, als man ein Vorwerk errichtet hatte. Während des Dreißigjährigen Krieges wurde es zerstört. Auf einem Vorgängerbau errichtete man 1730 eine weitläufige Anlage, bestehend aus Wirtschaftshof, barockem zweigeschossigen Schloss und Park sowie Kavaliershäusern für den Domherrn von Halberstadt, Werner von Wulffen, nachdem dessen Familie Pietzpuhl erworben hatte. Das Schloss besitzt an der Nordseite ionische Säulen und das aufwendig gestaltete Portal trägt ein Allianzwappen des Bauherrn und seiner Ehefrau Henriette Sophie von Platen, über dem sich ein vorschwingender Balkon befindet. Die Nachfolger dieser Familie erweiterten die Anlage stetig. So ließ der Sohn Heinrich Christoph von Wulffen die zweiflüglige, nach außen geschwungene Freitreppe anlegen. Im Innern blieben weitgehend das Treppenhaus, die Kamine und der Deckenstuck erhalten. 1803 besuchte Königin Luise von Preußen im Zuge einer Truppenparade von Friedrich dem Großen mit weiteren Gästen das Schloss, unter anderem mit dem französischen Marschall Bernadotte. In dem von 1808 bis 1828 durch Carl von Wulffen angelegten Schlosspark im englischen Stil befindet sich östlich das Mausoleum. Im Zuge der Bodenreform wurde die Familie 1945 enteignet und das Schloss kam an die Kommunalgemeinde. Zunächst belegten Flüchtlingsfamilien den ehemaligen Herrensitz, mit weiterer Nutzung des Kellers und des Untergeschosses durch die Gemeinde. Mit dem Auszug der letzten Bewohner 1965 stand das Gebäude längere Zeit ungenutzt. Schließlich gelangten 1997 die Nachfahren der Familie von Wulffen wieder an ihr früheres Eigentum. Die Gemeinde erwarb 2001 ein verfallenes Kavaliershaus, baute dieses originalgetreu wieder auf und richtete dort Seminarräume, Hochzeitszimmer und Räume für Ausstellungen ein.

Kavaliershaus Pietzpuhl

Schloss Plötzkau

06425 Plötzkau
Salzlandkreis

Einst stand im früheren Plötzkau eine 1049 mit dem Ort erstmals urkundlich erwähnte mittelalterliche Höhenburg, malerisch auf einem Felsrand

Plötzkau

Schloss Plötzkau

über den Saale-Auen gelegen. Das Nachfolgeschloss ist südwestlich von Bernburg in der Magdeburger Börde an der Saale zu finden. Besitzer war wohl der erste Graf von Plötzkau, Bernhard von Hecklingen. Sein Sohn Dietrich wurde urkundlich als Graf von Plötzkau genannt, dessen Sohn Helperich erhielt wiederum 1112 die Nordmark als Lehen von Kaiser Heinrich V. Obwohl der Kaiser durch den Adel in der Schlacht am Welfesholz geschlagen wurde, blieben ihm die Grafen von Plötzkau treu. Der nächste Nachfolger Konrad fiel im Italien-Feldzug 1133, sein Bruder Bernhard, der letzte Graf von Plötzkau, wiederum 1147 im zweiten Kreuzzug, worauf zwischen Markgraf Albrecht dem Bären und Sachsenherzog Heinrich dem Löwen ein erbitterter Streit um das Erbe entbrannte. Schließlich zerstörte 1139 der Welfe Heinrich der Stolze im Kampf gegen den Askanier Erzbischof Konrad von Magdeburg die Burg. Später wurden die Ministerialen der Familien von Hoym Lehnsnehmer des Anwesens. Fürst Bernhard IV. von Anhalt-Bernburg zog 1436 das Lehen ein. 1554 beschrieb man die Burg als marode und anstelle der mittelalterlichen Grafenburg entstand von 1566 bis 1573 unter Bernhard die Renaissanceschlossanlage. Beginnend mit dem Südflügel, folgten die Bauten an der Ost- und Nordseite sowie an der Westfront. Der mittelalterliche Bergfried wurde auf sieben Stockwerke erhöht und erhielt eine Haube mit vier Giebeln. Das „Alte Haus" am Turm blieb bestehen und wurde erst 1600 abgerissen. Als Baumeister wirkten hier von 1566 mehrere Steinmetze und Bildhauer, meist aus der Region. Der interessante Kamin im Fürstensaal ist ein Werk von Georg Schröter. Im Jahre 1611 erhielt Fürst August von Anhalt die Herrschaft Plötzkau und bildete hier eine eigene fürstliche Linie, das Fürstentum Anhalt-Plötzkau. Die Anlage wurde in der Folgezeit teilweise barock umgebaut, worauf das Schloss 1665 an die Linie Bernburg-Harzgerode und später durch Erbfall wieder an die Linie Anhalt-Bernburg gelangte. Es zählt zu den wenigen Anlagen, die den Dreißigjährigen Krieg unbeschadet überstanden haben. Als 1720 Fürst Karl Friedrich die Bernburger Regierung innehatte, residierte sein Sohn Victor Friedrich auf Schloss Plötzkau. Es wurden weitere barocke Veränderungen am Schloss vorgenommen und die Innenräume luxuriös ausgestattet. 1741 befand sich im Schloss eine Lackwarenfabrik und von 1840 bis 1874 eine Straf- und Besserungsanstalt. Da die Giebelgauben zu verfallen drohten, sanierte und erneuerte man diese in der Zeit von 1865 bis 1870. Als die Strafanstalt aufgelöst wurde, nutzte man das Anwesen als Domänenverwaltung. Nach Kriegsende 1945 zogen Flüchtlinge in die Wohnräume; bis 1992 war das Schloss Depot des Landesmuseums für Ur- und Frühgeschichte. Im Jahre 1983 wurden im verfüllten Burggraben Skelettteile, aber auch zahlreiche Münzen aus dem 17. und 18. Jahrhundert gefunden, die wohl auf eine Münzprägung in Plötzkau hinweisen. 1996 ging das Schloss, in dem sich heute ein Museum, ein Standesamt, gastronomische Einrichtung sowie die Gemeindebibliothek befinden, in das Eigentum der Stiftung Dome und Schlösser in Sachsen-Anhalt über. Zum Tag des offenen Denkmals finden durch den Schlossverein Plötzkau e. V. Veranstaltungen statt.

Schloss Poplitz

06420 Poplitz
Stadt Könnern
Salzlandkreis

Poplitz bei Alsleben, unmittelbar an der A 14, südlich von

Schloss Poplitz

Bernburg, lag im 15. Jahrhundert wüst. Hier herrschten zunächst die Herren von Poplitz auf ihrem Stammsitz, die wohl im 17. Jahrhundert ausstarben. Die eigentliche Geschichte des Dorfes begann im Jahr 1630, als die Herren von Krosigk mit dem wüst gelegenen Ort belehnt wurden. Das Herrenhaus aus dem Mittelalter ließ man 1671 abreißen und auf den Grundmauern des Vorgängerbaus bis 1690 ein barockes zweigeschossiges Schloss mit dreiachsigem Mittelrisalit und Wappenkartusche im Giebelfeld anlegen. Gebaut wurde es nach Plänen von Hermann Korb. Erweitert wurde die Anlage durch niedrigere Flügelbauten zwischen 1750 und 1792. Der barocke, östlich des Schlosses gelegene Gutspark stammt aus dem 17. Jahrhundert und wurde im 19. Jahrhundert erweitert sowie landschaftlich überformt. Die Anlagen erstrecken sich bis zum Park des Gutes Beesen. Nördlich vom Schloss liegt der sogenannte „Schäferhof" mit barockem Taubenturm. Bemerkenswert ist der zu jener Zeit ungewöhnliche Bau eines Hospitals für alte Leibeigene, die nicht mehr arbeitsfähig waren. Sieben Jahre belegten die Franzosen nach ihrem Einmarsch 1806 das Schloss Poplitz und die Eigentümer mussten darüber hinaus dem Königreich Westfalen 30 000 Taler leihen, wurden dafür aber in den Stand von Erbtruchsessen erhoben. Schließlich baute man das Gut in den folgenden Jahrhunderten zu einem landwirtschaftlichen Betrieb aus. Nachdem die Familie von Krosigk das Schloss nach dem Zweiten Weltkrieg aufgeben musste, wurde es in den nächsten Jahrzehnten landwirtschaftlich betrieben und auch als Altersheim geführt. Heute von den Nachfahren wieder bewohnt, kann Schloss Poplitz nur von außen eingesehen werden.

Schloss Pouch

06774 Pouch

Gemeinde Muldestausee
Landkreis Anhalt-Bitterfeld

Auf einer Halbinsel zwischen dem Muldestausee und dem Goitzschesee liegt östlich von Bitterfeld der Ort Pouch mit seinem Schloss. Ort und Burg wurden erstmals 981 in einer Chronik des Bischofs Thietmar von Merseburg als „Pauc" erwähnt. Die erste urkundliche Verzeichnung erfolgte 993. Um das Jahr 1070 kam der Ort an das Bistum Meißen. In Pouch arbeiteten und wirkten renommierte Maler und Bauherren, auch Verbindungen zu Sachsen sowie Brandenburg hat es wohl zu jener

Schloss Pouch

Zeit gegeben. Zeugnisse dafür sind das Schloss selbst wie auch der „Rote Turm“ und die im 13. Jahrhundert aus Feldsteinen erbaute Kirche mit dem prächtigen spätgotisch geschnitzten Hochaltar aus der Werkstatt des Malers und Reformators Lucas Cranach. Auch der Hofmaler der Solms-Licher Schlossherren, Hans Döhring, war in Pouch. Auch gab es verwandtschaftliche Beziehungen der hiesigen Herren über ihre Grenzen hinaus. Nachdem die Familie der damaligen Besitzer von Abendorf im 16. Jahrhundert erloschen war, kam das Anwesen in das Eigentum der Grafen von Solms. Die Schlossanlage entstand im späteren 18. Jahrhundert auf dem östlichen Hochufer der Mulde als spätbarocker, zweiflügliger, zweigeschossiger Bau über hohem Kellergeschoss auf einem mittelalterlichen Burghügel. An der Ostseite befindet sich ein rechteckiger, fünfgeschossig verputzter Turm mit geschweifter Haube und westlich des Schlosses ein frei stehender mittelalterlicher Rundturm, der „Rote Turm“ in Backstein mit Kegelspitze. Dieser stammt noch aus dem 13. Jahrhundert und wurde in gotischer Zeit wenig verändert. Auf dem Schlossgelände befinden sich noch Reste der Burgmauer aus Bruchstein. Der Landschaftspark wurde um 1800 angelegt. Im 20. Jahrhundert nutzte man das Schloss längere Zeit als Pflegeheim. Heute zeigt sich dem Betrachter ein ehemaliger Herrensitz im maroden Zustand inmitten eines verwilderten Parks.

Schloss Lichtenburg

06925 Prettin
Stadt Annaburg
Landkreis Wittenberg

Schloss Lichtenburg wurde im 16. Jahrhundert als Renaissanceanlage in Prettin errichtet und ist knappe 20 Kilometer nordwestlich vom sächsischen Torgau in den Niederungen am Ostufer der Elbe zu finden. Der um-

Prettin

Schloss Lichtenburg, Prettin

fassende unregelmäßige Komplex, dreiflügelig mit mehreren Türmen und angeschlossenem Vorwerk, entstand anstelle eines um 1315 gegründeten und 1540 aufgelösten Antoniter-Präzeptorats. Als das Haus Lichtenbergk wurde die Hauptniederlassung des Antoniterordens bei Prettin bezeichnet. Der letzte Präzeptor, Wolfgang Reissenbusch, pflegte Kontakte zu Martin Luther. Als sich die letzten verbliebenen Antonitermönche 1525 der Reformation zugewandt hatten, hob man das Kloster auf. Im 15. und 16. Jahrhundert entstanden in der Region zahlreiche Gebäude und Lustgärten. Markgräfin Elisabeth von Brandenburg, Gemahlin des brandenburgischen Kurfürsten Joachim I., erhielt von 1536 bis 1545 das seit 1515 dem sächsischen Kurfürsten unterstehende Antoniter-Gebäude als Wohnhaus. Schloss Lichtenburg entstand von 1565 bis 1582 anstelle des Antoniterhauses durch die Baumeister Christoph Tandler und Hans Irmisch im Auftrag Augusts I. von Sachsen auf Wunsch seiner Gemahlin Anna. Auch der Bau der Renaissance-Schlosskirche St. Anna von 1581 wurde von ihr veranlasst. Viele Fürstinnen verbrachten im Laufe der Jahrhunderte ihr Leben auf diesem Witwensitz, deren herausragendste wohl die sächsische Kurfürstin Hedwig war, Witwe des Kurfürsten Christian II. Sie lebte hier von 1611 bis 1641. Auch die Mutter Augusts des Starken, Kurfürstin Anna Sophie, residierte von 1691 bis 1717 in Prettin. Häufig zu Gast war zwischen 1705 und 1721 ihr Sohn Friedrich August I. und dessen Sohn, der sächsische Kurprinz Friedrich August II., der auf dem Schloss erzogen wurde. 1727 erfolgte die Umwandlung zu einem adligen Fräuleinstift. Von 1811 bis 1928 befand sich in der Schlossanlage eine preußische Strafanstalt für männliche Gefangene und von 1933 bis 1937 ein Konzentrationslager. Auch ein SS-Hauptzeugamt war von 1939 bis 1945 im Schloss untergebracht, dem 1945/46 die Unterbringung von Umsiedlern und Flüchtlingen folgte. 1965 wurde eine Gedenkstätte eingerichtet, 1974 kam das Kreismuseum hinzu, seit 2007 ist es Teil der Stiftung Gedenkstätten Sachsen-Anhalts. Bis 1990 wurde das Anwesen teilweise landwirtschaftlich genutzt.

Schloss Pretzsch

06905 Pretzsch (Elbe)
Stadt Bad Schmiedeberg
Landkreis Wittenberg

Inmitten der Elbauen, am westlichen Elbufer und dem nordwestlichen Rand des Naturparks Dübener Heide, liegt an der B 182 Pretzsch mit seinem Schloss. Der Ort wurde 981 erstmals urkundlich durch Otto II. erwähnt. Seit 1325 befand sich hier eine Burgstelle als Lehen des Magnus von Rehfeld-Löser. 1380 wurde eine neue Burg errichtet. Das ausgedehnte, stattliche dreigeschossige Renaissanceschloss entstand von 1571 bis 1574 unter Einbeziehung eines mittelalterlichen Bergfrieds durch Hans Löser auf einer Anhöhe oberhalb der Elbe. 1647 kaufte Wolf Christoph von Arnim das Schloss, welches durch Tausch 1689 an den Kurfürsten Johann Georg III. von Sachsen kam. Von 1694 bis 1696 wurde es Sitz der Witwe Johann Georgs IV. und 1697 Leibgedinge der Gemahlin Friedrich Augusts I., Christiane Eberhardine. Sie verlebte seit 1701 von Torgau aus vorwiegend die Sommermonate in Pretzsch und das Schloss wurde von der sächsischen Kurfürstin und Königin von Polen von 1721 bis 1727 als Residenz genutzt. Um 1722 bauten Matthäus Daniel Pöppelmann und Balthasar Permoser die Anlage teilweise barock um. Im Schlosspark befinden sich eine 1722 von Pöppelmann gebaute Orangerie und die Wirtschaftsgebäude. Von der 1380 genannten Burg sind keine sichtbaren Reste erhalten. Westlich am Schloss liegt ein zweigeschossiges Torhaus.

Schloss Pretzsch

Den hoch aufragenden, quadratischen Treppenturm findet man im Winkel von Nord- und Ostflügel. Die Anlage war ursprünglich von Wassergräben umschlossen. Ab 1702 bekam das Anwesen einen barocken Lustgarten und bis 1727 ein Wasser- und Broderieparterre, eine typische Form der barocken französischen Gartenkunst. Die Entwürfe werden Matthäus Daniel Pöppelmann zugeschrieben. Später folgte eine vielfältige Nutzung der Schlossanlage und auch der Nebengebäude. So kam Pretzsch nach den Befreiungskriegen in preußischen Besitz. 1783 befand sich hier die Wohnung des Oberforst- und Wildmeisters, von 1829 bis 1923 ein Mädchenwaisenhaus des großen Militärwaisenhauses Potsdam, 1946 eine Harmoniumfabrik, bis Pretzsch ab 1947 erneut ein Kinderheim wurde und hierfür verändert werden musste. Seit 2000 ist die SALUS GmbH Träger des Schlossbezirkes Pretzsch und betreibt hier eine Schule und das Jugendheim „Adolf Reichwein“. Im Seitenflügel liegt ein Museum, der Turm kann bestiegen werden und in den Sommermonaten werden Theatervorstellungen gegeben. Schloss und Garten gehören zum Netzwerk „Gartenträume – Historische Parks in Sachsen-Anhalt“.

Herrenhaus Prussendorf

Herrenhaus Prussendorf

06780 Prussendorf
Stadt Zörbig
Landkreis Anhalt-Bitterfeld

Das erstmals 1209 urkundlich erwähnte Prussendorf liegt südlich von Zörbig am Strengbach. Schriftlich vermerken ließ Friedrich von Krosigk, dass die Markgrafen Johann und Walter von Giebichenstein das Schloss mitsamt ihren Gütern der Kirche übergeben haben. Das Rittergut auf Prussendorf wurde 1603 erwähnt und als solches bis 1945 geführt. Verschiedene Eigentümer hat es im Laufe der Zeit auf dem Rittersitz gegeben, zu denen 1465 Jan Toelstorff, im 16. Jahrhundert Rauchhaupt auf

Schloss Quedlinburg

Hohenthurm, ab 1601 Abraham von Einsiedel und Albrecht Andreas von Boeltzig gehörten. Im Jahre 1696 wurde das Herrenhaus erbaut, das von 1820 bis 1902 mit dem Rittergut aus adliger Hand in die bürgerliche Familie Bartels wechselte. Die Familie Haberland löste diese ab und wurde nach dem Zweiten Weltkrieg enteignet. Nach dem Krieg wurde ein Lehr- und Versuchsgut etabliert. Das Landgestüt wurde 1993 gegründet und die Landesreit- und Fahrschule als renommierte Pferdezucht für den Pferdesport über Sachsen-Anhalt hinaus bekannt. Zum Tag der offenen Tür werden stets zahlreiche Besucher empfangen.

Schloss Quedlinburg

06484 Quedlinburg

Landkreis Harz

Die Stadt Quedlinburg war eine Königspfalz und gehört seit 1994 zum UNESCO-Weltkulturerbe. Erwähnt wurde erstmals 922 eine „villa quae dicitur Quitilingaburg“ in einer Urkunde von König Heinrich I., die nördlich des Harzes, mehrheitlich westlich der Bode liegt. Von Weitem sichtbar erhebt sich der heutige Schlosskomplex mit der Stiftskirche St. Servatius über der Stadt. Er ging aus dem königlichen Gut und der von Heinrich I. errichteten Burg hervor. Im Jahre 994 bekam Quedlinburg das Stadtrecht zugesprochen. Die Königspfalz wurde vor allem vom 10. bis 12. Jahrhundert von den weltlichen Herrschern aufgesucht, meist zu Ostern. Als 936 Heinrich I. in Memleben verstarb, bestattete man ihn auf seiner Pfalz und die Witwe, Königin Mathilde, ließ von ihrem Sohn und Nachfolger Otto I. ein Damenstift gründen, das über drei Jahrhunderte geistiger Mittelpunkt des Heiligen Römischen Reiches Deutscher Nation wurde. Von 1017 bis 1129 baute man die romanische Stiftskirche, die drei Vorgängerbauten aus dem 9. bis 11. Jahrhundert einbezog. Dort auch die Grabstätten von Heinrich I. und seiner Gemahlin Mathilde. Als die Anlage 1070 abbrannte, ließ man sie bald wieder aufbauen. Zu Beginn des 13. Jahrhunderts lag auf dem Gelände eine Besatzung, die 1224 abzog; Teile der Befestigung wurden beseitigt. Eine Erweiterung erfuhr die Anlage vom 14. bis 16. Jahrhundert, beide Tore mit dazwischenliegendem Zwinger wurden erneuert sowie nach 1477 mit einer Wachstube und weiteren Aufbauten versehen. Im 16. und 17. Jahrhundert erbaute man das Renaissanceschloss mit drei ungleich großen Flügeln, wovon der nördliche Residenzflügel 1557 bis 1559 umgebaut wurde und die noch bis heute bestimmenden Renaissanceformen aufweist. Dabei entstanden auch die Zwerchhäuser und der Treppenturm mit Welscher Haube. Im Jahre 1697 erwarb Kurbrandenburg die Schutzvogtei. Von 1718 bis 1755 baute man die Abtei um und fügte eine dreiseitig umlaufende Fachwerkgalerie im Hof sowie Erneuerung im Inneren des Nordflügels hinzu. Auch wurden die Repräsentationsräume neu eingerichtet. Von den barocken Prunkräumen sind vor allem der Thronsaal von 1736, der Fürstensaal und das flämische Äbtissinnenzimmer von 1756 hervorzuheben. Quedlinburg kam 1803 an Preußen. 1846 brach man die Probstei ab und richtete 1928 ein Museum ein. Das Schlossbergplateau als Terrassengarten, unter Verwendung der vier Jahreszeiten in Form von Putti aus der Zeit um 1740, wurde wiederhergestellt. Das Museum im Renaissanceschloss vermittelt einen Einblick in die Entwicklung des Burgbergs von der Königspfalz Heinrichs I. zum freiweltlichen reichsunmittelbaren Damenstift, aber auch Stadtgeschichte. Auf den „Spuren der Ottonen“ kann der Besucher im Kellergewölbe wandeln. Die Stiftskirche mit dem weltberühmten Domschatz, zahlreiche Goldschmiedearbeiten und ein wertvoller Teppich aus dem 12. Jahrhundert sind wie die gesamte Stadt ein Besuchermagnet im Bundesland Sachsen-Anhalt.

Burg Querfurt

06268 Querfurt
Saalekreis

In einem zwischen 881 und 899 gefertigten Zehntverzeichnis des Klosters Hersfeld wird Querfurt als zehntpflichtiger Ort Curnfurt im Friesenfeld erstmals urkundlich erwähnt und ist heute südlich der A 38 im südöstlichen Harzvorland, im Tal der Querne und nordöstlich der thüringischen Landesgrenze zu finden. Die durch ihre Größe und Bauten eindrucksvolle Talrandburg liegt westlich über der Stadt am Steilabfall der Querfurter Platte. Die Burganlage mit ihren drei Bergfrieden, den Wohnbauten, Ringmauern und nachmittelalterlichen Befestigungen ist eine der ältesten und größten Adelsburgen Deutschlands. Hervorgegangen ist sie wohl aus einer weiträumigen befestigten Siedlung und vermutlich schon 780 der Sitz einer karolingischen Verwaltung gewesen. Seit dem Ende des 10. Jahrhunderts war die Burg Stammsitz der Edelherren von Querfurt, die im 12./13. Jahrhundert vor Ort eine neue Burganlage errichteten. In dieser Zeit entstanden ein umfassender romanischer Ausbau mit dem Neubau der Kirche, der Errichtung des Bergfrieds „Dicker Heinrich" und zwei Wohn- beziehungsweise Palasbauten, eines Wohnturms sowie von Ringmauern und Toren im Nordwesten. Nach dem Aussterben der Edelherren kam das Erzstift Magdeburg 1496 in den Besitz der Burganlage. Eine im Winkel eingebaute romanische Schloss-

Burg Querfurt

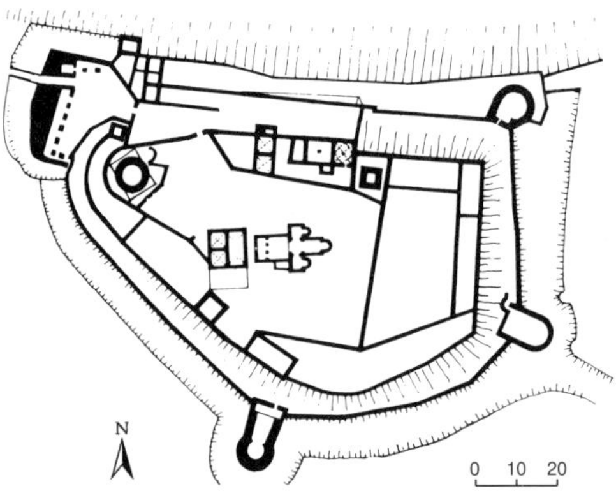

Burg Querfurt, Grundriss

kapelle birgt eine Grabnische und das Grabmal des 1383 verstorbenen Gebhardt XIV. von Querfurt. Von 1461 bis 1479 baute man eine Ringmauer mit drei Bastionen und im 16. Jahrhundert das Fürstenhaus aus. Im 17./18. Jahrhundert erfolgte eine barocke Modernisierung von Schlosskirche, Amtshaus, Korn- und Pächterhaus. Bis in das 19. Jahrhundert gab es noch weitere, vor allem wirtschaftlich bedingte Veränderungen an der Anlage. Während des Dreißigjährigen Krieges war die Burg stark umkämpft und kam nach dem Westfälischen Frieden 1648 an Kursachsen. Von 1663 bis 1746 befand sie sich im Besitz der Herzöge von Sachsen-Weißenfels-Querfurt, die sie als Residenz nutzten. Im Ergebnis des Wiener Kongresses gelangte die Anlage 1815 an Preußen und war fortan bis 1936 der Amtssitz der Domänenverwalter. Heute ist unter dem Kornhaus ein zweigeschossiger Wohnbau aus der Zeit um 1000 noch teilweise erhalten, ebenso ein zweijochiges Torhaus. Seit 1978 begann man mit einer umfassenden Instandsetzung der Burg Querfurt und führte von 1980 bis 1992 bauarchäologische Forschungen durch. Das heutige Museum, ein Hotel mit gastronomischer Betreuung, ist Anziehungspunkt zahlreicher Besucher. Die Anlage beherbergt auch eine Musikschule.

Schloss Quetz

06780 Quetzdölsdorf
Stadt Zörbig
Landkreis Anhalt-Bitterfeld

Im Süden Sachsen-Anhalts, südlich von Zörbig und südwestlich von Bitterfeld, liegt Quetzdölsdorf, dessen bis dahin bestehendes Anwesen ab 1733 die Familie von Möllendorf in ihrem Besitz hatte. Im Jahre 1779 kam das Rittergut Quetz durch Heirat von Helmut Moritz von Graevenitz mit Henriette Luise Ernestine von Möllendorf in dessen Besitz. Das Schloss entstand durch die Umgestaltung des bestehenden Herrenhauses im klassizistischen Stil durch den Architekten Friedrich Wilhelm von Erdmannsdorff in den Jahren von

1788 bis 1790. Es ist ein zweigeschossiger Putzbau mit zwei an der Hauptfront vorspringenden niedrigeren Flügeln und einer Freitreppe sowie einem an der Gartenfront befindlichen dreiachsigen, giebelbekrönten Mittelrisalit, der wohl auf die Bauausführung von Christian Friedrich Damm zurückzuführen ist. Im Inneren blieben die von Erdmannsdorff entworfenen Stuckdecken weitgehend erhalten. Die Anlage bildet eine Einheit mit dem das Schloss umgebenden weitläufigen Park und Teich. Die Familie von Graevenitz konnte sich über sechs Generationen auf dem Schloss halten und den Rittergutsbesitz innerhalb der Familie weitergegeben, bis diese Vererbungsform 1939 von der nationalsozialistischen Gesetzgebung abgeschafft wurde. Die Enteignung der Familie von Graevenitz erfolgte 1945. Fünf Jahre späte diente der ehemalige Herrensitz als Kindergarten, später als Arztpraxis und Verwaltungsgebäude der Landwirtschaftlichen Produktionsgenossenschaft (LPG). Das Schloss Quetz nebst Ackerland und der Quetzer Berg wurden 1997 über die Treuhand-Liegenschaftsgesellschaft an Georg Riedmeier verkauft, der den Gutshof teilweise denkmalgerecht herrichtete und das Schloss vor dem Verfall bewahrte. Seit 2005 hat der Verein Land.Leben. Kunst.Werk e. V. seinen Sitz im Schloss. Mithilfe von europäischen Fördermitteln und Helfern konnte ein Hochseilgarten im östlichen Teil des Parks entstehen. Es ist das Ziel der Vereinsmitglieder, den historischen Park und das Schloss nach altem Vorbild zu restaurieren und im Garten längst vergessene Gemüse- und Getreidesorten anzubauen.

Schloss Quetz, Quetzdölsdorf

Herrenhaus Radis

06773 Radis
Stadt Kemberg
Landkreis Wittenberg

Radis liegt etwa 20 Kilometer südwestlich der Lutherstadt Wittenberg, am Rande des Naturparks Dübener Heide. 1623 war das Rittergut im Besitz des Kraft von Bodenhausen. Das stattliche Herrenhaus wurde 1654 durch dessen Nachfahren errichtet. Der herzoglich-anhaltinische Kammerherr Bodo Wilke Freiherr von Bodenhausen ließ im 19. Jahrhundert das Gelände weiter vergrößern, das Gutsgebäude restaurieren und den umliegenden weiträumigen Park anlegen. Nach dem Zweiten Weltkrieg ging die Familie in den Westen Deutschlands, später folgte der Sohn Hans-Wilke von Bodenhausen, wobei die Mutter der Familie dem Familiensitz die Treue hielt und bis zu ihrem Tode 1976 in Radis lebte. Sie erlebte auch noch die ersten Belegungen des Gutes mit einem Lazarett, Landesjugendheim und einer Schule. Seit dem Jahre 1987 befinden sich im ehemaligen Herrenhaus eine Jugendherberge und auf dem Gelände weitere Wohn- und Wirtschaftsgebäude.

Herrenhaus Radis

Schloss Rammelburg

06343 Rammelburg
Stadt Mansfeld
Landkreis Mansfeld-Südharz

Rammelburg liegt im Tal der Wipper, westlich von Mansfeld und nur fünf Kilometer nordöstlich des Kurortes Wippra. Die Höhenburg in malerischer Lage auf einer nach drei Seiten steil abfallenden Bergnase im Wipperknie wurde wohl noch vor 1190 durch die Edlen von Arnstein gegründet und erhielt 1259 ihre erste urkundliche Erwähnung als „castrum Rammeneborch“. Im Jahre 1387 waren die Grafen von Mansfeld Besitzer, ab 1637 wechselte die Burg häufig ihre Herren. Im 16. Jahrhundert wurde mit dem Bau des Schlosses und der Einrichtung einer Kapelle im Bergfried begonnen. Die Kernburg stand auf etwa ovalem Grundriss und war

Schloss Rammelburg

von einem Ringgraben umgeben. Nördlich lag die etwas tiefer befindliche und vom Hinterland durch einen Halsgraben abgetrennte Vorburg. Einige Umbaupläne wurden 1758/59 durch Johann Georg Bluhme aus Naumburg vollzogen. Der runde Bergfried an der Südspitze entstammt dem Mittelalter. Der runde Torturm liegt im Norden und die Kapelle sowie der Keller im Nordostflügel. Der Wohnbau des 16. Jahrhunderts im Westflügel ist nur zum Teil erhalten, im Obergeschoss befinden sich barocke Stuckdecken. Die rechteckige Kapelle St. Sebastian ist spätgotischen Stils. 1894 brannte die Kernburg nieder und wurde bis 1905 in neuromanischen und neugotischen Formen durch den Berliner Geheimen Oberhofbaurat Ernst Eberhard von Ihne für die Familie von Heimburg, vor allem die Fachwerkaufbauten und das Innere betreffend, erneuert. 1937 kauften die Fürsten von Thurn und Taxis die Anlage, 1940 war sie im Eigentum der NS-Kriegsopferversorgung Berlin. Als 1970 eine Zwischendecke eingezogen wurde, entstellte man die Anlage völlig. Nur die kostbare Ausstattung der noch von 1575 vorhandenen stuckierten Kassettendecke mit Beschlagwerk blieb erhalten. Auch dieses Schloss wurde nach dem Krieg

Schloss Randau, Randau-Calenberge

als Flüchtlings-, Witwen- und Kinderheim genutzt. Nach der Wiedervereinigung wurde eine Rehabilitationsklinik betrieben; schließlich ging die Anlage in Privatbesitz über. Leerstand und mangelnde Nutzung sind dem Objekt abträglich.

Schloss Randau

39114 Randau-Calenberge
Landeshauptstadt Magdeburg

Randau-Calenberge ist ein im Südosten der Landeshauptstadt Magdeburg gelegener Stadtteil, an der Alten Elbe, westlich von Gommern. Im Jahre 1236 wird Randau und auch ein Ritter von Randau urkundlich zum ersten Mal erwähnt. Die zu jener Zeit bestehende Burg des Erzbischofs Burkhard II. wurde von Magdeburger Bürgern erobert und zerstört. Daraufhin überließ man das Rittergut dem Erzbischof Burkhard III. als Schenkung der Stadt Magdeburg, der es bald weiterverkaufte. 1391 kam die Familie von Alvensleben an das Rittergut und besaß es bis zur Mitte des 19. Jahrhunderts. Anstelle der alten Burg errichtete diese um 1609 das Schloss Randau. 1631, während der Eroberung Magdeburgs durch Graf Tilly, Oberbefehlshaber der katholischen Liga, wurde es mit dem Ort zerstört. Mitte des 18. Jahrhunderts ließen die von Alvensleben ein barockes Gutshaus errichten, das sie in der Folgezeit mit weiteren Bauten ergänzte. Nach 1795 ließ Gebhard Johann Achaz von Alvensleben die bestehende Dreiflügelanlage zu einem zweigeschossigen klassizistischen Bau mit Wirtschaftsgebäuden ausbauen. In der ersten Hälfte des 19. Jahrhunderts verfiel mit dem Niedergang der Familie auch der Gutshof, den 1863 der Magdeburger Unternehmer Paul Hennige erwarb und das heutige Herrenhaus im klassizistischen Stil am Südostrand des Ortes mit Remisengebäuden errichtete. Der südliche Anbau und die zweigeschossigen Portikusvorbauten in spätklassizistischen Formen entstanden 1885 ebenfalls unter Hennige. Zu DDR-Zeiten wurde das Gebäude als Schule genutzt. Nach Übernahme durch einen Investor erfolgten 1992 Restaurierungen, um eine Bildungsstätte zu betreiben. Nach dessen Insolvenz gab es weitere Interessenten, deren Konzepte aber keinen Bestand hatten. Heute ist die Anlage noch immer leer stehend und inmitten einer verwilderten Parklandschaft dem Verfall preisgegeben.

Schloss Rathmannsdorf

39418 Rathmannsdorf
Stadt Staßfurt
Salzlandkreis

Rathmannsdorf liegt südöstlich von Staßfurt und westlich von Bernburg im Salzlandkreis. Einst hatte wohl im Ort ein „Rathmannsdorfer Schloss“ gestanden, dessen Turm das einzige Bauwerk war, das den Dreißigjährigen Krieg überstand. Der Eingangstorbogen mit seinen Seitentüren und der Mauer

Schloss Rathmannsdorf

bildete den Abschluss zum Schlosshof. Im Jahre 1522 hatte Lorenz von Krosigk das hiesige Anwesen erworben und dieses vorrangig als Witwensitz genutzt. Es war eine weiträumige Anlage mit Schlosshof und zwei Wirtschaftshöfen, deren ältestes Gebäude, das sogenannte „Alte Haus“, als erstes Herrenhaus im 16. Jahrhundert erbaut wurde. Nach der Zerstörung ließ Johann Ludwig von Krosigk 1722 ein zweigeschossiges „Neues Haus“ und den massiven Taubenturm von 1728 errichten. Im Giebelfeld des Mittelrisalits prangen die Wappen von Johann Ludwig von Krosigk und seiner Gattin Susanne von Plotho. Es war Erich von Krosigk, der den dreigeschossigen Anbau an der Nordseite des Wohnhauses im letzten Viertel des 19. Jahrhunderts vornehmen ließ, dessen Portal zum ersten Wirtschaftshof mit dem Jahr 1897 datiert ist. Anfang des 18. Jahrhunderts wurde westlich des Schlosses ein Lustgarten nach französischem Vorbild angelegt, der eine Blickachse vom Neuen Haus über eine große Terrasse, Rasenflächen, einen Teich und eine Pappelallee zur Neuendorfer Kirche bildete. Letztere, deren Besonderheit ein Epitaph zu Ehren der Ahnen der Kirchstifter, der Familie von Krosigk, darstellt, steht unter Denkmalschutz. Zwischen 1790 und 1795 bekam der Park ein nach englischem Vorbild gestaltetes Aussehen, ist aber nach Kriegsbeschädigung und Bebauung nach 1945 in seiner Gesamterscheinung verändert worden. Heute befindet sich im Schloss das Berufliche Bildungs- und Rehabilitationszentrum e. V. (BBRZ), das auch größter Arbeitgeber in Rathmannsdorf ist. Der Schlosspark, in dem man zahlreiche seltene Bäume entdecken kann, lädt zu einem Spaziergang ein.

Schloss Reinharz

06905 Reinharz
Stadt Bad Schmiedeberg
Landkreis Wittenberg

Reinharz liegt mitten im Nationalpark Dübener Heide, gute 12 Kilometer nördlich von Bad Düben. Der hoch aufragende Bau des Wasserschlosses, mit 68 Meter hohem oktogonalem achtgeschossigen Turm, ist weithin nordwestlich der Hauptgemeinde in einem weitläufigen Park zu entdecken. Nach 1485 ließ Heinrich von Löser auf Pretzsch vor Ort ein Herrenhaus erbauen. Von 1690 bis 1701 entstand ein Schloss im Barockstil, von Wassergräben umgeben. Der Minister des Kurfürsten August der Starke, Hans von Löser, ließ 1748 den für einen Barockbau ungewöhnlich hohen Turm mit Aufsatz und Haube errichten, den er für astronomische Beobachtungen nutzen wollte. Er ließ auch die Paraderäume im Stil des Dresdner Rokoko neu ausstatten sowie einen französischen Garten anlegen. Das Schloss ist ein stattlicher dreigeschossiger Bau mit hohem Dach und einer Freitreppe zum Hof hin. Vom ehemaligen Herrenhaus des 16. Jahrhunderts blieben zwei kreuzgratgewölbte Räume in der Nordwestecke erhalten, deren Wölbung sich über einer toskanischen Säule befindet. Die Erdgeschosshalle des Turms wurde als Sala terrena (Gartensaal) mit Kreuzkappen und zwei Muschelnischen gestaltet. Im Saal befindet sich eine vergoldete, reich geschnitzte Rokokovertäfelung. In einigen Räumen sind Porträts des Kurfürsten August II., Maria Josephas von Österreich sowie von weiteren Persönlichkeiten zu entdecken. Die im Erdgeschoss erfolgte Neugestaltung wurde ebenfalls im Stil des Dresdner Rokoko vollzogen. Die mit vergoldeten Rocailleornamenten überzogene Holzvertäfelung im mittleren Saal des Erdgeschosses diente als Rahmen für Fliesen mit Kinderspielszenen und Landschaftsmotiven aus der Zeit um 1690. Zur Raumdekoration zählten auch wandfeste Gemälde von 1734. Der ehemalige Barockpark, von dem heute kaum noch etwas zu erkennen ist, entstand vermutlich um 1700. Nach 1837 wurde die Anlage verändert und mit Einbeziehung der Ufer der umgebenden Teiche in das Wegenetz zum Landschaftspark gestaltet. Die Anlage besitzt einen alten Baumbestand und bildet den Übergang zu den Wiesen und Wäldern. Während der DDR-Zeit nutzte man das Schloss als Genesungsheim „Freundschaft". Heute gehört die Gesamtanlage zum Netzwerk „Gartenträume – Historische Parks in Sachsen-Anhalt". Am Wochenende werden Führungen angeboten. In

Schloss Reinharz

einem Nebengebäude befinden sich ein Café und Appartements. Ausgedehnte Spaziergänge im Park oder Konzertbesuche im Schloss sind möglich.

Roseburg

06485 Rieder
Stadt Ballenstedt
Landkreis Harz

Die traumhafte Anlage der Roseburg liegt südlich von Quedlinburg, zwischen Ballenstedt und Gernrode. Die erste urkundliche Erwähnung des Ortes als „Rederi" ist in einer Urkunde von König Otto I. im Jahre 936 zu verzeichnen. Das Anwesen der Roseburg liegt etwa einen Kilometer östlich von Rieder. Hier befand sich bereits im 13. Jahrhundert der Standort einer Rudolphsburg, von der noch geringe Mauerreste vorhanden sind. Sie lag auf einem Muschelkalkrücken an der Altstraße nach Goslar und wurde 963 als Rudeloffsburg oder Rolevesborch erstmals urkundlich erwähnt. Markgraf Gero hatte diese dem Frauenstift Gernrode gestiftet und 1056 schenkte Heinrich III. sie dem Mönchskloster Ballenstedt. Das Gernroder Kloster kam im 13. Jahrhundert erneut in den Besitz der Anlage, woraufhin diese mit dem Dorf an das askanische Fürstentum Anhalt fiel. Der Askanier Woldemar zu Anhalt belehnte 1477 den Grafen Ulrich von Reinstein mit dem Gesamtanwesen. Ab 1579 gab es kaum noch eine Erwähnung des Ortes sowie der Rudolfsburg. Die Regensteiner Grafen verpfändeten die Anlage nach einer Urkunde von 1835 an Quedlinburger Bürger. 1905

Links: Roseburg, Rieder

Rechts: Roseburg, Rieder, Gartenarchitektur

übernahm sie der aus Edderitz bei Köthen stammende Berliner Theaterarchitekt Bernhard Sehring, begann 1907 mit dem Bau der Roseburg und legte 1929 die Grundmauern des Kastells frei. Das erste fertige Gebäude war eine als Magazin genutzte Remise. Das Anwesen sollte ihm ursprünglich als Sommersitz dienen, vor allem aber auch ein Ausstellungsort für gesammelte Kunstwerke werden, die Sehring über längere Zeit zusammengetragen hatte und von seinen Italienreisen mitbrachte. 1908 wurde der Wohnturm fertiggestellt, 1909 der Georgsturm und der Söller. Die Gartenanlage mit Wasserspielen war 1925 abgeschlossen. Weitere Gartenbauten geben der Gesamtanlage einen märchenhaften Charme. Selbst wenn man jedes Detail ausführlich beschreiben würde, wäre es nicht vergleichbar mit einem persönlichen Besuch und dem Wandeln durch die Anlage. Als Bernhard Sehring 1941 verstarb, hatte seine Ehefrau das Anwesen bis zu ihrem Tod 1950 als Eigentümerin inne. Während der Kriegszeit bis 1945 befand sich die Anlage in den Händen des Generaldirektors Leo Rothe von den Junkerwerken. Die noch vorhandenen Sammlungen Sehrings übernahmen verschiedene Museen. 1955 saß die Landwirtschaftliche Produktionsgenossenschaft „7. Oktober“ auf dem Anwesen, die den großen Obstgarten zur Hühnerzucht und Eierproduktion verwendete. Zwischen 1967 und 1984 verwaltete und restaurierte der Kulturbund der DDR die Burg und den Park; mit der Wiedervereinigung übernahmen die Steyler Missionare im Auftrag der Sehring-Erben diese Aufgabe. Ein Berliner Unternehmer kaufte sie 2005. Gegen Entgelt kann sie besucht werden; ein Restaurant schließt sich an. Die Roseburg ist in das Netzwerk „Gartenträume – Historische Parks in Sachsen-Anhalt“ eingebunden und seit 2008 pflegen die Mitglieder des

Roseburg, Rieder, Wasserkaskaden

Fördervereins Roseburg e. V. mit viel Engagement und Leidenschaft die wundervolle Gartenanlage und richten zahlreiche Veranstaltungen aus. Auch Gruppenführungen werden angeboten.

Schloss Ringelsdorf

39307 Ringelsdorf
Stadt Genthin
Landkreis Jerichower Land

Ringelsdorf, das einst ein Rittergut mit Wirtschaftshof besaß, liegt westlich von Ziesar, nördlich der A 2. Es war mit der Zufahrt vom heutigen Schloss und einem Herrenhaus teilweise abgeschlossen und mit einem ummauerten Kirchhof verbunden. Eine umfangreiche Geschichte besitzt der heutige Bau nicht, da das Ursprungsgebäude erst 1870 errichtet wurde und 1912 bis 1915 ein groß angelegter Umbau durch den schwedischen Architekten Alfred Grenander für den Berliner Verlagsbuchhändler Hermann Stilke erfolgte. Durch eine Instandsetzung 1999/2000 wurde das Schloss ein zweigeschossiger, historischer Putzbau auf hohem Keller und mit starker Steildachgliederung, zum Teil überformt. An der Westseite befindet sich ein quadratischer Turm und im Nordosten ein runder Eckturm über einer leicht ausbuchtenden Loggia. Vor der Ostfassade liegt ein von dorischen Säulen getragener Altan und der Eingangsbereich ist ein eingeschossiger Anbau mit Seitenrisalit und Freitreppe. Die neuklassizistische Ausstattung der Türen und Treppen sowie der Stuckdecken stammt aus der Umbauphase von 1912 bis 1915. Das gegenüberliegende neubarocke Herrenhaus, auch Kavaliershaus genannt, wurde ebenfalls in diesen Jahren von Alfred Grenander erbaut und letztmalig 1997 instand gesetzt. Im westlich liegenden idyllischen und in ein Waldstück übergehenden Schlosspark mit Teich befindet sich noch ein erhaltener Pavillon. Heute ist im sogenannten Schloss und Herrenhaus das Sozialtherapeutische Zentrum (STZ) „Schloss Rin-

Schloss Ringelsdorf

gelsdorf“ untergebracht. Eine großzügige Grünanlage umschließt die Wohngebäude, einen Tierhof mit Stallgebäude, Garten sowie eine kleine Sportanlage.

Schloss Röderhof

38836 Röderhof

Gemeinde Huy

Landkreis Harz

Die Gemeinde Huy, deren Nachbarn die Gemeinde Osterwieck und die Kreisstadt Halberstadt sind, liegt im Bereich des gleichnamigen Höhenzugs. Röderhof mit dem Schloss von 1830 liegt unterhalb der Huysburg. Im Jahre 1822 hatte der preußische General der Infanterie und königliche Generaladjutant Karl Friedrich von dem Knesebeck das Klostergut Röderhof von König Friedrich Wilhelm III. von Preußen für seine Verdienste erhalten und ließ sich das Schloss bauen. Dazu dienten ihm die Steine des säkularisierten Klosters Huysburg. Auch ein gestalterisches Mitwirken des Königs am Bau des Schlosses ist zu vermuten. Schließlich entstand eine romantische Anlage in mittelalterlichen Formen mit zwei Türmen im Süden und Norden. Östlich baute man eine Kapelle, und ein Kreuzgang beschränkte

Schloss Röderhof

den Schlosshof nach Süden. Über die mittleren Joche gelangte man über eine Freitreppe in den höher gelegenen ehemaligen Rosengarten. Im Park befand sich ein Tempel, eine Flüstergrotte von 1840 ist heute noch erhalten. Die zwei romanischen Säulen stammen aus einer Tempelanlage des Schlosses und wurden 1958 in die Grotte eingebaut. Mit dem Bau des Schlosses Röderhof in mittelalterlichem Stil und unter Verwendung von Steinen aus der Huysburg hat der Bauherr in der Architektur Wert auf die Originalität mittelalterlicher Substanz gelegt. Die Anlage befindet sich in Privatbesitz und ist nicht zugänglich.

Burg Rogätz

Burg Rogätz
Schloss Heinrichshorst

39326 Rogätz
Landkreis Börde

Seine urkundliche Ersterwähnung erhielt Rogätz durch König Konrad III. in einer 1144 in Magdeburg ausgestellten Urkunde. Der Ort liegt etwa 20 Kilometer nördlich von Magdeburg. Von der **Burg**, erstmals 1196 erwähnt, blieb lediglich der aus dem 12./13. Jahrhundert stammende mächtige Wohnturm erhalten, auch als Kluturm bezeichnet. Von 1369 bis 1851 befand sie sich im Besitz der Familie von Alvensleben. Die im Kern mittelalterliche ehemalige Gutskirche wurde 1649/50 nach Zerstörung im Dreißigjährigen Krieg in ihrer heutigen Gestalt wieder aufgebaut. Östlich des Wohnturms das ehemalige Gutshaus von 1897/ 98, das der Architekt Baß in den Formen der Spätgotik und Renaissance schuf. Der Mittelteil der Burg bestand aus Granit und wurde nach 1243 unter Erzbischof Wilbrand aufgestockt. Als der Kluturm 1893 brannte, stürzte die obere Geschossdecke ein. Im Jahre 1922 veranlasste der Gutsbesitzer Dr. Carl Still den Umbau zu einem Wasserturm. Damit erhielt er sein heutiges Aussehen und eine 1990 freigegebene Aussichtsplattform mit Blick auf die Ohre-Mündung und die weite Elbauenlandschaft, sowie einen Ausstellungsraum. Still hatte auch seinen Freund, den 1858 in Kiel geborenen und 1918 mit dem Nobelpreis für Physik ausgezeichneten Wissenschaftler Prof. Max Planck, mehrfach auf sein Gut eingeladen, der sogar 1943 nach

Schloss Heinrichshorst, Rogätz

Rogätz zog, weil in Berlin der Krieg wütete. Die Plancks verließen 1945 den Ort und nach ihrer Rückkehr war das Herrenhaus von Amerikanern besetzt. Heute befindet sich im Herrenhaus der Kindergarten „Rogätzer Elbespatzen“. Über den Heimatverein werden auch für Besucher Führungen angeboten.
Das **Schloss Heinrichshorst** befindet sich im Wald nordwestlich der Burg, zwischen Rogätz und Angern sowie gut sieben Kilometer nordöstlich von Colbitz. Es wurde 1898/99 nach einem Entwurf des Schweizer Villenarchitekten Jacques Gros für den Magdeburger Brauereibesitzer Heinrich Wernicke gebaut. Der Herrensitz ist eigentümlich verspielt mit Elementen der Spätgotik, der Renaissance, des Barock, des Klassizismus und des Jugendstils. Im Obergeschoss befindet sich ein holzverschalter Putzbau über Souterrain mit Schweitzerdach sowie verschiedenen Dachaufbauten, Erkern und Türmchen. Von 1949 bis 2000 war im Jagdschloss ein Kinderkurheim untergebracht. Als sich in Heinrichshorst die Gesellschaft für europäischen Denkmal-, Natur- und Landschaftsschutz bildete, war es das Ziel des gemeinnützigen Vereines, das 1899 errichtete Jagdschloss zu retten. 2010 wurde das Schloss an eine junge Familie verkauft. Das Ehepaar bemüht sich, den alten Glanz des Gebäudes wiederherzustellen. Im Haus werden auch zu bestimmten Anlässen Veranstaltungen durchgeführt.

Schloss Roßla

06536 Roßla
Gemeinde Südharz
Landkreis Mansfeld-Südharz

In der Helmeniederung und westlich von Sangerhausen, zwischen Harz und Kyffhäuser, breitet sich der Ort Roßla aus. Er wurde 996 in einer Urkunde erstmals erwähnt. Im Jahre 1341 überließen die Grafen von Hohnstein die Burg den Grafen zu Stolberg. 1420 baute Graf Botho zu Stolberg der Ältere die von einem Wassergraben umgebene Anlage um. Der Graben wurde später verschüttet. Nach mehr als drei Jahrhunderten er-

Schloss Roßla

folgte 1766 ein geräumiger Umbau des bereits baufälligen Schlosses und 1827 bis 1831 gab man dem Ostflügel einen Anbau im klassizistischen Stil um einen unregelmäßigen quadratischen Hof. Lediglich der quadratische Bergfried in einer Ecke des Hofes, der seinen achteckigen Aufsatz mit Haube und Laterne erst 1788 bekam, blieb im Kern noch mittelalterlich. Im Inneren des Treppenhauses mit doppelläufiger Treppe ist die Brüstung in gotisierenden Formen erhalten sowie auch in einigen Räumen die klassizistische Stuckdekoration. Das Schloss war bis zur Enteignung 1945 im Besitz des Fürsten zu Stolberg-Roßla und beherbergte zahlreiche Kunstschätze, wie die Bibliothek mit ungefähr 30 000 Bänden. Ein weitläufiger Park mit seltenem Baumbestand gehört zum Grund des Schlosses. Westlich liegt das frühere fürstliche Verwaltungsgebäude, ein barocker Fachwerkbau aus der Zeit um 1720. Die Trinitatiskirche liegt am nördlichen Eingang zum Schlosspark. Von 1945 bis 1990 fungierte der Herrensitz als Kulturhaus, stand danach lange Zeit ungenutzt und wurde schließlich 2007 vom Gemeinnützigen Verein Schloss Roßla gepachtet. Dieser Gemeindebesitz ist heute Mehrgenerationenhaus mit Restaurant und Kinderhort, Kultur- und Bildungszentrum.

Rudelsburg
Burg Saaleck

06628 Saaleck
Stadt Naumburg (Saale)
Burgenlandkreis

Saaleck wurde 1140 erstmals urkundlich mit den Edelfreien von Saaleck genannt, die wohl im Dienste der Landgrafen von Thüringen oder der Markgrafen von Meißen standen. Die heute zu Saaleck gehörende **Rudelsburg** liegt unmittelbar an der thüringischen Landesgrenze zwischen Bad Sulza und Bad Kösen, nordöstlich von Naumburg. Gebaut hatten die Burg die Bischöfe von Naumburg wohl nach 1030, erstmals erwähnt wurde sie 1171 im Besitz von Naumburger Ministerialen. Die Anlage liegt als Höhenburg malerisch am Südufer der Saale auf einem felsigen Bergrücken aus Muschelkalk, 85 Meter oberhalb von Saaleck. Sie diente der Sicherung vorbeiführender Handelswege, so auch der Via Regia. Noch vor 1238 war

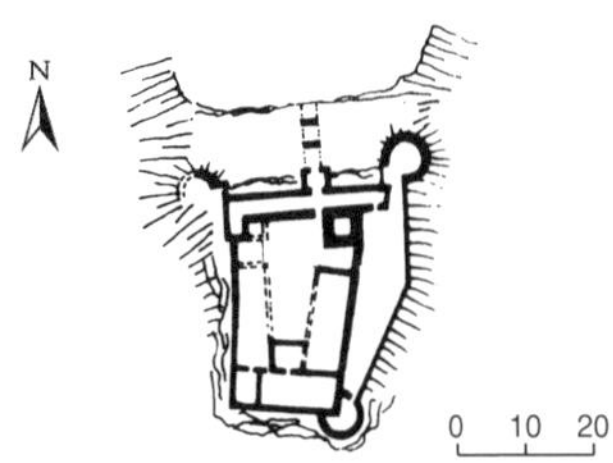

Rudelsburg, Saaleck, Grundriss

Rudelsburg, Saaleck

der Markgraf von Meißen durch das Stift Naumburg mit der Burg belehnt und der von ihm geplante Befestigungsbau genehmigt worden. Die erste Zerstörung der Rudelsburg war 1290, der 1348 eine weitere durch die Bürger von Naumburg folgte, wobei die Vorburg geschleift wurde. Verschiedene Adelsfamilien nutzten sie noch in der Folge als Wohnsitz, so auch um 1383 die Schenken von Saaleck, bis 1441 die Familie von Bünau und bis 1591 die von Osterhausen. Im Jahre 1450 zerstörte man die Anlage im Sächsischen Bruderkrieg zum Teil erneut, 1641 ein weiteres Mal durch Brand und Verwüstung im Dreißigjährigen Krieg, worauf sie schließlich verfiel. Franz Kugler, ein Berliner Student aus Stettin, dichtete 1826 auf der Burg das berühmte Lied „An der Saale hellem Strande", als er während einer Saalewanderung dort rastete. Auch König Friedrich Wilhelm IV. von Preußen besuchte 1853 die Rudelsburg. Gegen Ende des 19. Jahrhunderts begann man mit Restaurierungen, da die Burg als die „Schönste aller Saaleburgen" im Zuge der Burgenromantik und des Wandertourismus als Ausflugsziel entdeckt wurde. Jedes Jahr trafen sich aus dem gesamten deutschsprachigen Raum Delegierte des Dachverbandes der ältesten deutschen Studentenverbindungen, mit denen die Rudelsburg ab 1855 überregionale Bekanntheit erreichte. 1945 begann man mit weiteren Instandsetzungen der Burganlage, die als romantisches Ausflugsziel vielfach genutzt wurde, sodass man sich ab 1990 zu weiteren Restaurie-

Burg Saaleck

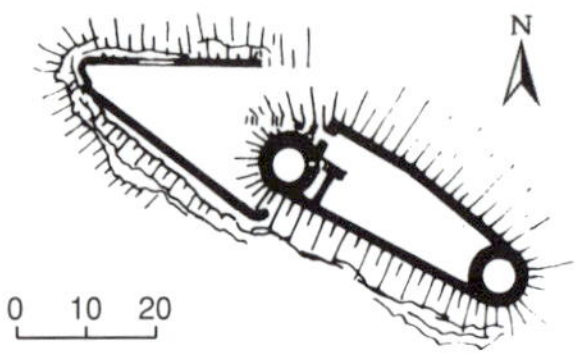

Burg Saaleck, Grundriss

rungen entschloss. Trotzdem ist die Rudelsburg auch heute noch Ruine, hat allerdings von ihrem Charme nichts verloren. Den Gästen stehen Räume für Feierlichkeiten im historischen Ambiente zur Verfügung und das Burgrestaurant hält vielerlei Angebote für jeden Geschmack bereit. Ein besonderes Erlebnis ist das „Mahl an der Rittertafel“. Wer den Bund der Ehe eingehen möchte, findet hier ein burgeigenes Standesamt mit entsprechender Betreuung und festlicher Ausrichtung vor. Auch Feiern jeglicher Art kann man hier anmelden. Im Vorbereich der Burg befinden sich mehrere Denkmäler des Verbandes der Kösener Corpsstudenten und das nach dem Zweiten Weltkrieg beseitigte Bismarckdenkmal wurde 2006 wieder aufgestellt. Der Innenbereich der Burg mit Bildergalerie und Bergfried ist während der Öffnungszeiten der Gaststätte zugänglich. Vom Bergfried hat man eine grandiose Aussicht auf das Saaletal.

Die Ruine der **Burg Saaleck** liegt an der Straße der Romantik malerisch auf steilem Kalkfelsen über der Saale, nur wenige hundert Meter entfernt von der Rudelsburg, und ist als Ausflugsziel ebenso beliebt. Auch sie diente zur Sicherung des hier verengten Saaletals. Gegründet wurde sie wohl von den Thüringer Landgrafen im 12. Jahrhundert, vielleicht aber auch durch die Markgrafen von Meißen. Ihre erste urkundliche Erwähnung erhielt sie 1140 mit Hermannus advocatus de Salek der Edelfreien von Saaleck. Das Ende der Verwaltung durch die Schenken von Saaleck trat durch das Erlöschen der Familie 1215 ein, worauf 1220 die Schenken von Vargula mit der Burg belehnt wurden, deren Türme und Teile der äußeren Umfassungsmauer noch aus dem späten 12. Jahrhundert stammen dürften. Auch der Westturm ist wohl aufgrund der sorgfältigen Steinbearbeitung und Ausstattung mit Kamin und Abort in diese Zeit zu datieren, der Ostturm ist im Kern noch romanisch. Die beiden Türme sind durch die Schildmauer verbunden. Im Jahre 1344 verkaufte man die Burg Saaleck mit Zubehör an die Bischöfe von Naumburg. Während der Reformation gelangte die Anlage an Kursachsen und verfiel fortan. Nach der Verwüstung im Dreißigjährigen Krieg nutzte man die Ruine als Steinbruch. Zu Beginn des 19. Jahrhunderts und in den 1870er-Jahren restaurierte man die Anlage, weitere Erneuerungen erfolgten 1925 bis 1930. Durch archäologische Ausgrabungen entdeckte man zu jener Zeit den Brunnen der Burg. In einem Burgturm hatten sich 1922 die Attentäter Walther Rathenaus, Erwin Kern und Hermann Fischer, versteckt, wurden aber entdeckt. Im Zuge der Verhaftung erschoss man Kern, Fischer beging Suizid. Der Pächter der Ruine Saalburg, Hans-Wilhelm Stein, hatte den Tätern Unterschlupf gewährt und wurde dafür verurteilt. Instand gesetzt wurde die Ruine erstmals 1945; 1956 legte man in den Nordwesten des Innenhofs eine Gaststätte. 1991/92 wurde die Anlage erneut umfassend restauriert. Im ehemaligen Rittersaal im Obergeschoss des Palas wurde 1922 der Gemäldezyklus mit Szenen aus der Nibelungensage von Max Friese aus der Zeit 1916/17 aufgehängt. Im Westturm werden zu bestimmten Anlässen verschiedene Ausstellungen gezeigt.

Burgruine Salzwedel

29410 Salzwedel

Altmarkkreis Salzwedel

Die Niederungsburg lag auf einer künstlich erhöhten Talrandinsel über dem westlich gelegenen alten Jeetze-Übergang. Sie wurde vermutlich Anfang des 9. Jahrhunderts zum Schutz einer Handelsstraße zwischen Magdeburg und der Salinenstadt Lüneburg erbaut. Salzwedel liegt im nordwestlichen Teil der Altmark, an der Einmündung der Salzwedeler Dumme in die Jeetze und nahe der nördlichen Landesgrenze zu Niedersachsen. Die Ruine der ehemaligen Burg befindet sich im Burggarten am nördlichen Rand der Altstadt, wo bereits um 800 ei-

Burgruine Salzwedel

ne Siedlung bestanden haben soll. Der alte Name „Soltwidele“ verweist auf eine Furt durch die Jeetze an der alten Salzstraße. Erwähnt wurde die Burg als „Saltwidele“ erstmals urkundlich im Jahre 1112, als Kaiser Heinrich V. sie belagerte. Der aus dem Hause der Askanier stammende Albrecht der Bär war wohl der Stadtgründer, der zeitweilig auf der Burg lebte und diese seit 1134 in seinem Besitz hatte. Bis zum Anfang des 13. Jahrhunderts saßen hier die Vögte von Salzwedel im Auftrag der Markgrafen, die in jener Zeit den runden Bergfried besaßen. Um 1220 hielten sich auf dem Anwesen häufig die Markgräfin Mathilde oder ihre Söhne Johann I. und Otto III. auf. Als Stadt wurde der Ort erstmals 1233 bezeichnet; 1247 entstand nordöstlich der Altstadt die Neustadt. Im Jahre 1899 sprengte man die Burg und riss sie größtenteils ab. Die Anlage ist aber in ihren Grundzügen noch erkennbar und geringe Reste von Backsteinmauerwerk, unter anderem der Burgkapelle St. Anna, sind im östlichen Teil noch erhalten. Der Bergfried blieb in seiner Struktur noch am besten erhalten und war eigentlich ein Wohnturm. Es ist ein kräftiger Backsteinbau von über 14 Meter Durchmesser mit Backsteinfries, gemauertem Kegelhelm und ursprünglich rundbogigem Eingang in großer Höhe. In dem als Parkanlage gestalteten Burgareal befindet sich ein Kriegerehrenmal von 1923, eine Pfeilerhalle auf hohem Sockel mit seitlichen Freitreppen und an deren Pfeilern die Standbilder von Vater, Mutter, Braut und Soldat. Die Gesamtanlage ist frei zugänglich.

Altes Schloss, Sangerhausen

Altes und Neues Schloss

06526 Sangerhausen

Landkreis Mansfeld-Südharz

Die Kreisstadt liegt im Südwesten des Bundeslandes, unweit der Grenze zu Thüringen, und wurde erstmals als Siedlung in der Zeit zwischen 780 und 802 in einem Urkundenbuch des Klosters Fulda erwähnt. Das **Alte Schloss** befindet sich im Südosten der Stadt, wurde 1206 gemeinsam mit einer starken Stadtbefestigung durch Heinrich den Erlauchten von Meißen errichtet und 1271 erstmals erwähnt. Heinrich wollte mit der Anlage, die um 1270 weiter um- und ausgebaut wurde, seine Ländereien in Thüringen vor feindlichen Übergriffen schützen. Nach den Herren von Meißen kamen die Markgrafen von Brandenburg auf das Schloss, denen die Herzöge von Braunschweig und die Herzöge von Weißenfels folgten. Unter diesen Herrschern blühte die Stadt im Laufe der Jahrhunderte auf und wuchs beständig. Daher beschloss man, ein neues repräsentatives Schloss zu bauen. Erhalten blieben von der alten Anlage der stark veränderte Palas mit seinem zweischiffigen Erdgeschoss und zum Teil erhaltenen Gewölben über starken Pfeilern. Auch Reste eines Torbaus mit rundbogiger Durchfahrt sind noch vorhanden. Im Jahre 1446 baute man das spätgotische Haus weiter aus. Seit 1961 befindet sich in der alten Schlossanlage die Kreismusikschule, durch die auch im Amphitheater vor dem Gebäude Aufführungen präsentiert werden sowie weitere Veranstaltungen stattfinden, wie etwa Führungen zum Tag der offenen Tür.

In den Jahren 1616 bis 1622 war das im Stil der Spätrenaissance erbaute, repräsentative und mehrflügelige **Neue Schloss** am Ostende des Marktplatzes unter Kaspar Tryller und dem Amtsbaumeister Andreas Schwarz errichtet worden, nachdem man 1586 den heutigen Westflügel gebaut hatte. Das Alte Schloss verlor somit seine Bedeutung und wurde nur noch als Verwaltungssitz genutzt. Von 1711 bis 1736 diente der neue Bau Herzog Carl-Christian von Sachsen-Weißenfels als Nebenresidenz und von 1746 bis 1751 als Witwensitz der Herzogin Sophie Charlotte von Sachsen-Eisenach. Die stattliche dreigeschossige Anlage ist mit zahlreichen kunstvollen Details versehen. Sie wurde um den annähernd rechteckigen Hof in Bruchstein erbaut. Die Fensterrahmungen, Portale und Erker sind aus rotem Sandstein

Neues Schloss, Sangerhausen

Wasserschloss Sankt Ulrich

gefertigt. Je eine Loggia und ein kunstvoller zweigeschossiger Eckerker befinden sich an der Rückfront im Erd- und ersten Obergeschoss. Über der großen rundbogigen Tordurchfahrt erkennt man ein von zwei Engeln gehaltenes kursächsisches Wappen. Die im Jahre 1712/13 im Südflügel errichtete Schlosskapelle brach man 1830/31 ab. Ein polygonaler Treppenturm im Hof und die Fassade des jüngeren Teils sind mit kursächsischen und brandenburgischen Wappen betont. Als das Schloss 1818 an den Staat fiel, wurde es unter anderem als Zeughaus und Gefängnis geführt und bekam in jüngerer Zeit eine Sanierung. Heute befindet sich im Neuen Schloss der Sitz des Amtsgerichtes von Sangerhausen.

Wasserschloss Sankt Ulrich

06249 Sankt Ulrich
Stadt Mücheln
Saalekreis

Die 20 Kilometer südwestlich von Merseburg in Sankt Ulrich gelegene Schlossanlage geht in ihrem Ursprung auf das 12. Jahrhundert zurück. Der ältere Teil der Gebäude entstand vornehmlich im 15. bis 16. Jahrhundert sowie bei einem Umbau im Jahr 1624. Eine Erneuerung erfuhr das Schloss 1887 und ein durchgreifender Um- und Erweiterungsbau unter Verwendung von Bauteilen aus der Gotik und der Renaissance wurde 1921 bis 1925 durch Paul Salinger vollzogen. Es stellt sich als eine von einem Wassergraben umgebene, unregelmäßige Anlage dar, die sich um einen im Kern noch mittelalterlichen Turm gruppiert. Weitere ältere Teile liegen im Ost- und Südtrakt. 1720 legte man einen terrassenförmigen barocken Park mit einem klassizistischen Gartenhaus am nördlichen Talhang an, der nur noch teilweise erhalten blieb. Einst befanden sich hier noch Sandsteinfiguren der Balustraden von 1730 bis 1735, die der Permoser-Schüler Valentin Schwarzenberger geschaffen hatte. Sie gingen jedoch verloren. Nach dem Zweiten Weltkrieg wurde die Eigentümerfamilie von Helldorf enteignet, das Schloss ist heute privat bewohnt und nicht zugänglich.

Schloss Detzel

39345 Satuelle
Stadt Haldensleben
Landkreis Börde

Gut und Schloss Detzel liegen südlich von Satuelle, das wiederum nördlich von Haldensleben liegt. Das 1844 für den Baron Herrmann von Bonin in Backstein errichtete Jagdschloss mit normannisch-gotisierenden Formen nach Plänen von Carl Friedrich Schinkel liegt in einem Waldgebiet östlich der Straße von Haldensleben nach Satuelle. Als der Baron verstarb, erbte seine Tochter Adolphine das Schloss und schenkte es Johanne Philippine Nathusius zur Gründung eines Heimes für geistig Behinderte. 1864 diente das Schloss als Teil der Neinstedter Anstalten, einer evangelischen Stiftung. Im Jahre 1869 fügte man dem Südteil der Anlage erste Anbauten hinzu und vollzog weitere Um- und Ausbauten, errichtete 1884 auch Nebengebäude. Ein Treppenhaus kam 1912/13 hinzu. Das zweigeschossige Schloss wurde um 1900 verputzt. Seitenrisalite an den vier Ecken und ein achteckiger, von Zinnen bekrönter Nordwestturm werten es architektonisch auf. Im Inneren des ersten Obergeschosses liegt ein Raum mit klassizistischer Vertäfelung sowie ein stuckiertes, gotisierendes Gewölbe im Turm. Der umgebende weitläufige englische Park ist durch Baumbruch nur noch in Teilen erhalten geblieben. Die einstigen Bewohner des Schlosses zogen nach Calvörde, seit 2002 stand der ehemalige Herrensitz leer. 2010 bekam er neue Eigentümer, die ihn 2011 renovieren ließen und ein Jahr später einzogen. Das Schloss dient als Produktionsstandort der SHP Steriltechnik AG, auch kann man sich im historischen Jagdzimmer des Standesamtes Haldensleben trauen lassen. Gegenüber dem Schloss befinden sich eine Museumsscheune und ein Café.

Schloss Detzel, Satuelle

Schloss Schafstädt

06246 Schafstädt
Stadt Bad Lauchstädt
Saalekreis

Im Zehntverzeichnis des Klosters Hersfeld wurde Schafstädt 830 als zehntpflichtiger Ort „Scabstedi" im Friesenfeld erstmals urkundlich erwähnt. Er liegt an der Laucha auf der Querfurter Platte, westlich der Stadt Bad Lauchstädt. Um 1302 existieren auch Urkunden über einen Ritter Siegfried von Schafstädt, weshalb man davon ausgehen kann, dass um diese Zeit eine Burg oder ein festes Haus im Ort bestand. Das Schloss, dreigeschossig und rechteckig mit Mansarddach, wurde von 1730 bis 1740 im Stil des Barock mit reichem dreigeschossigen Mittelrisalit erbaut. Dieser wird durch sein Dekor hervorgehoben. Im Erdgeschoss liegt ein Pilasterportal und über den Fenstern befindet sich jeweils ein ornamentierter Sturz. Im verzierten Feld des abschließenden Schweifgiebels prangt ein Wappenhalter mit Wappenkartusche. Im Zuge der Bodenreform 1945 wurden das Schloss und das zugehörige Gut von einer Landwirtschaftlichen Produktionsgenossenschaft (LPG) genutzt. Seit 2002 ist im restaurierten Schloss ein modernes Alten- und Pflegeheim untergebracht.

Schloss Schafstädt

Schloss Schermcke

39387 Schermcke
Stadt Oschersleben (Bode)
Landkreis Börde

Schermcke liegt am nordwestlichen Rand der Magdeburger Börde, nördlich von Oschersleben. Eine erste Burg ist hier im 12. Jahrhundert überliefert. Besitzer derselben war 1373 bis 1720 die Familie von der Asseburg. Im Jahre 1511 errichtete man eine vierflügelige, von einem Graben umgebene Burg, die man von 1575 bis 1602 zum Schloss umwandelte. Nach 1720 diente die Anlage als preußische Domäne, die 1900 an den preußischen Amtsrat und ortsansässigen Großgrundbesitzer Ernst Wrede gelangte.

Schloss Schermcke

Dieser ließ zwei Jahre später ein zweigeschossiges Herrenhaus über hohem Souterrain mit ausgebautem Mansardgeschoss in barockisierendem Jugendstil mit an der Rückseite doppeltürmigem Anbau nach einem Entwurf von Bernhard Sehring errichten. An der südöstlichen Hauptfassade liegen zwei flache Risalite, deren linker ein rundbogiges Portal und eine solide Freitreppe besitzt. Auf den Schweifgiebeln liegen Figuren. Zum Gut gehörten mehrere Wirtschaftsgebäude des 19. Jahrhunderts und ein weitläufiger Landschaftspark. Nach der Enteignung diente das Schloss zeitweise als Sitz des Volksgutes, Kindergarten, Gemeindeschwesternstation, Gemeindebüro sowie zu Wohnzwecken. Im Jahre 1997 wurde der Bau instand gesetzt. Das „Schloss“ ist in Privatbesitz, nicht zugänglich und lässt nur wenig vom alten Glanz erahnen.

Schloss Schköna

06773 Schköna

Stadt Gräfenhainichen

Landkreis Wittenberg

Schköna wird erstmals als „Skogen“ im Meißner Bistumsmatrikel von 1346 urkundlich erwähnt und liegt südöstlich von Gräfenhainichen an der B 107. Während des Dreißigjährigen Krieges wurde Schköna von den Schweden vollständig zerstört. Das feudale Rittergut mit Schloss und Park prägte über Jahrhunderte hinweg das Leben im Ort. Besessen hat es nach 1500 die begüterte slawische Adelsfamilie Rabiel zu Pouch. Im Jahre 1728 kaufte Graf Ludwig zu Solm das Gut, dem 1827 im Besitz die

Schloss Schköna

Burg Schkopau

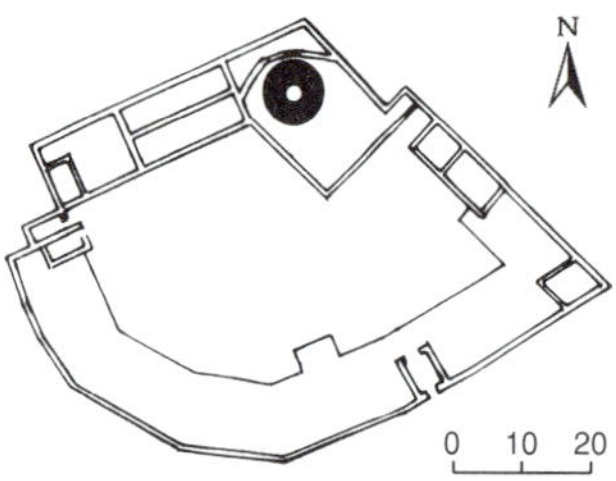

Burg Schkopau, Grundriss

Familie von Bodenhausen folgte. Der in den 1880er-Jahren errichtete Schlossbau, an dessen Südfront sich ein von Treppengiebeln bekrönter Portalrisalit mit Altan über offener Vorhalle befindet, entstand im englischen Tudorstil. Ebenso gestaltet sind die seitlichen Giebel und der kurze Flügelbau der Westseite mit zweigeschossigem polygonalem Erker. Mit der Bodenreform 1945 wurde das Gut aufgeteilt. Die Wirtschaftsgebäude, Äcker und Wiesen gingen an landarme und Neubauern. Im Schloss brachte man ein Kinderheim unter, das bis 2001 bestand. Darauf erfolgte ein längerer Leerstand, bis es 2005 verkauft wurde und heute privat genutzt wird. Eine Besichtigung ist nicht möglich.

Burg und Schloss Schkopau

06258 Schkopau

Saalekreis

Im 9. Jahrhundert bestand in Schkopau vermutlich eine karolingisch-ottonische Befestigung. Der Ort, 1177 erstmals urkundlich erwähnt, liegt etwa sechs Kilometer nördlich von Merseburg und elf Kilometer südlich von Halle (Saale) entfernt. Mit ihm wird ein Albertus de Schapowe erwähnt. Im 12. Jahrhundert baute man die Befestigung zur Anlage einer ausgedehnten **Burg** aus. Nach mehrfachem Wechsel gelangte die unregelmäßig gerundete, weitgehend von Gräben umgebene Anlage am Westufer der Saale ab 1477 in den Besitz der Familie von Trotha. An der Nordostseite der älteste Teil aus der Zeit um 1200, der romanische runde Bergfried mit im Obergeschoss kielbogigen Fenstern um 1500. Der östliche Trakt der zweigeschossigen Wohngebäu-

Schloss Schkopau

de stammt aus der Zeit um 1530 und der unregelmäßig anschließende Südflügel bis zur Tordurchfahrt aus dem 16. Jahrhundert. Im Innern liegen bauzeitliche Keller und bemerkenswerte barocke Stuckdecken. Der kurze Nordtrakt wurde nach einem Brand 1555 erst 1830 vereinfacht wieder aufgebaut. Von 1554 bis 1558 überbaute man die südlichen Burgteile, unter Erhaltung des Bergfrieds der mittelalterlichen Burg, zu einem **Schloss** für die Familie von Trotha. 1876 baute man das Wohnschloss im Stil der Neurenaissance um. Im Jahre 1945 wurde die Familie enteignet, doch das Schloss hat trotz der zahlreichen Veränderungen und natürlichen Umwelteinflüsse den Charme eines Renaissance-Schlosses mit inneren Bemalungen erhalten. Heute wird der ehemalige Herrensitz als Hotel mit Restaurant geführt, das seine Gäste gern willkommen heißt. Hier findet man ein gehobenes Ambiente mit Wellness, Theatervorführungen und Konzerten. Auch ein Standesamt ist vorhanden. Der weitläufige Schlosspark bietet eine romantische Kulisse für Hochzeitsfotos, aber auch für ausgedehnte Spaziergänge.

Herrenhaus Schlagenthin

39307 Schlagenthin
Stadt Jerichow
Landkreis Jerichower Land

Schlagenthin bekam seine erste urkundliche Erwähnung im Jahre 1378 als „Slantyn“, dessen Ortsteil von Jerichow knappe 20 Kilometer nordöstlich von Genthin an der Stremme liegt. Im Norden und Osten findet man den Ort nahe der Landesgrenze

Herrenhaus Schlagenthin

zu Brandenburg. Angelegt wurde das Gut bereits 1445 und um 1600 befand es sich im Besitz des Gutsherrn Jochen von Treskow. Im Mai 1603 wurde diesem eine Tochter geboren und auf den Namen Anne Dorothea getauft, doch man nannte sie allerorts nur „Röschen“. Röschen verliebte sich in einen zugezogenen jungen Pfarrer, Rolf Gerhardt, der ihr bei einem Angriff von Wölfen das Leben rettete. Die junge Liebe indes war aussichtslos, denn Röschen war einem Herrn höheren Standes versprochen. Dennoch trafen sich die Liebenden heimlich. Marodierende Söldner erschlugen eines Tages den jungen Pfarrer, was Röschen nie verwinden konnte. Immer wieder ging sie mit Blumen an sein Grab – so auch an jenem Tag, da man sie tot mit einem Rosenstrauß neben der Ruhestätte ihres Geliebten fand, wie eine Sage berichtet. Im Jahre 1766 kam Prinz Ferdinand von Preußen durch Kauf an das Gutsdorf. Von 1753 bis 1786 wurde ein Ausbau durchgeführt. Im Jahre 1835 übernahm Graf Harry von Arnim das Gut und nach 1945 erhielten die einstigen Landarbeiter die landwirtschaftlichen Flächen und das Gut im Zuge der Bodenreform. Das Dorf wurde nun ein Bauerndorf. 1949 richtete man hier eine Maschinenausleihstation (MAS) ein, die spätere Maschinen-Traktoren-Station (MTS), in der man sich die zur Bearbeitung der landwirtschaftlichen Flächen notwendigen Geräte und Maschinen ausleihen konnte. 1964 wurde aus der MTS der Kreisbetrieb für Landtechnik (KfL). Ab 1968 diente das Herrenhaus als Kinder- und Jugendheim und seit 1991 ist es eine christliche Jugendeinrichtung. Die Parkanlage bietet einen etwas verwilderten Eindruck.

Burg Schlanstedt

38838 Schlanstedt
Gemeinde Huy
Landkreis Harz

Schlanstedt, 1056 erstmals urkundlich erwähnt, liegt nördlich von Halberstadt im Harzvorland, etwa 50 Kilometer west-

Burg Schlanstedt

Burg Schlanstedt, Wappenfries

lich von Magdeburg. Im 11. Jahrhundert errichtete man eine Befestigung zum Schutz des Übergangs über das Große Bruch, einen der wichtigen Sitze der Grafen von Regenstein. Von diesem Grafengeschlecht wechselte die Anlage 1344 in das Eigentum des Bischofs von Halberstadt. 1349 erfolgte die erste urkundliche Erwähnung. Im Jahre 1616 begann man unter Einbeziehung mittelalterlicher Teile mit dem Bau der vierflügligen Renaissanceanlage, deren Obergeschosse im Innenhof teilweise in Fachwerk ausgeführt wurden. In den Schlossbau bezog man den romanischen Bergfried, dessen Zinnenkranz jedoch erst im 19. Jahrhundert aufgesetzt wurde, als ältesten Teil der Burganlage ein. Im Erdgeschoss befinden sich Reste eines mittelalterlichen Kamins. Von einem gotischen Ausbau als unregelmäßige vierflüglige Burg blieben Teile der Außenmauern erhalten. In der Südwand des Nordflügels befindet sich eine Wappentafel des Kardinals Albrecht von 1524, die wohl auf einen spätgotischen Umbau verweist. Das Rundbogenportal der Durchfahrt trägt das reich ausgebildete von Arnstedt'sche Wappen von 1616 mit darüberliegendem Wappenfries der Domherren von Halberstadt. 1680 kam das Areal in brandenburgischen Besitz und wurde bis 1945 als Amt und Domäne genutzt. Heute dient die ehemalige Burg Wohnzwecken, einem Restaurant mit Räumlichkeiten für Feste aller Art und Ausstellungen, bietet einen Burgladen, ein kleines Museum und Übernachtungsmöglichkeiten.

Burg Schneidlingen

39444 Schneidlingen
Stadt Hecklingen
Salzlandkreis

Schneidlingen, dessen Burg 1324/25 ihre erste urkundliche Nennung erhielt und im Besitz des Bistums Halberstadt war, liegt nordwestlich von Staßfurt an der B 180, Richtung Egeln. 1317 hatten sie die Bischöfe mit dem Ort von den Askaniern erworben. Errichtet wurde die Wasserburg vermutlich Anfang des 14. Jahrhunderts am Ostrand des Dorfes und zählt zu den sogenannten Kastellburgen. Es handelte sich hierbei

Burg Schneidlingen

um eine Niederungsburg, die im sumpfigen Gelände einer Flussaue an der alten Handelsstraße von Magdeburg nach Erfurt errichtet wurde. Mehrere Verpfändungen musste die Burg im Laufe des 14. und 15. Jahrhunderts über sich ergehen lassen, was nachvollziehbarerweise auch einen sich verschlechternden Bauzustand zur Folge hatte. Im Jahre 1604 erwarb das Domkapitel Halberstadt das Amt und die Burg Schneidlingen durch Tausch vom protestantischen Administrator des Bistums, Herzog Heinrich Julius von Braunschweig-Wolfenbüttel.

Umfassend umgestaltet hat die Burg von 1604 bis 1619, vor allem die Kernanlage und die große Vorburg, der Kirchenpolitiker und Ökonom sowie langjährige Dechant des Domkapitels Matthias von Oppen. Hierbei entstanden das aufgesetzte fünfte Geschoss, die Turmhaube und im Inneren die Treppe sowie der Saalbau mit Kamin. Unter seiner Leitung entwickelte sich ein landwirtschaftliches Mustergut. Zu diesem zählten auch noch eine Mühle und ein Netz verschiedener Vorwerke. Die Wälle und Gräben sind heute nicht mehr vorhanden. Der umfassende Burgkomplex besteht aus dem westlichen Saalbau, einem Küchengebäude, dem Ostflügel mit dem Brau- und Kornhaus sowie den Südflügeln mit Amtsschreiber- beziehungsweise Kavalierhaus. Der frei im Burghof stehende quadratische Bergfried stammt im Wesentlichen aus dem 14. Jahrhundert. Nach Süden gerichtet, trägt der Bau schöne Volutengiebel und auf der Hofseite des Westflügels einen elfteiligen Wappenfries der Halberstädter Domherrn vom Beginn des 17. Jahrhunderts. Weitere fünf Wappentafeln von 1725 wurden ursprünglich von der neuen Scheune des Wirtschaftshofes in jüngerer Zeit am Bergfried angebracht. Während der DDR-Zeit diente die Anlage als Kindergarten, später als Altenheim und begann anschließend zu verfallen. Seit Mitte der 1990er-Jahre wird die Burg von einem Burgverein gepflegt und restauriert, befand sich aber trotz der Mühen 2014 noch in bedauernswertem Zustand.

Schloss Schochwitz

06179 Schochwitz
Gemeinde Salzatal
Saalekreis

Die ursprüngliche Wasserburg der Herren von Schochwitz war spätestens im 12. Jahrhundert vorhanden und das Dorf mit dem Bach Laweke liegt westlich von Halle (Saale). Schon 1133 wurde Odalricus de Scochwize genannt, später weitere Besitzer mit den Herren von Friedeburg, Bischof Friedrich von Merseburg, Volrad von Rammelburg und Andreas Fesicke. Schließlich erbte 1565 die Familie von der Schulenburg den Besitz. Lewin VII. von der Schulenburg ließ um 1601 die Burg zu einem Renaissanceschloss umbauen, aber auch durch Wälle, einen Graben und eine Zugbrücke verstärken, die Ecktürme bastionsartig ausführen. 1606 waren die Arbeiten beendet. Von den Baulichkeiten der ehemaligen Burg blieb nahezu nichts erhalten und die Wälle wurden in späterer Zeit abgetragen, die Zugbrücke durch eine Steinbrücke ersetzt. Aus dem uralten Adelsgeschlecht Schulenburg gingen einst hochrangige preußische Militärs und Staatsbedienstete hervor. Der Bauherr erlaubte 1604 auf Schloss Schochwitz sogar einen Disput zwischen dem Protestanten Dr. Grauerus aus Eisleben und dem Katholiken Dr. Ameling aus Zerbst. Auch hatte diese Familie durch Heirat enge Kontakte zur Familie von Alvensleben, die in der Region ebenfalls sehr begütert und einflussreich war. Gebhart von Alvensleben kaufte 1783 das Schloss von den Schulenburgs. Doch Ludolf-Hermann Emmanuel Georg Kurt Werner von Alvensleben war so unrühmlich wie sein langer Name, denn die „hohen“ Titulierungen, wie NSDAP-Reichstagsabgeordneter, SS-Gruppenführer und Generalleutnant der Waffen-SS, passten so gar nicht in das Bild eines verständnisvollen Menschen. Von 1923 bis 1928 pachtete er das Rittergut Storkau, erwarb auch hiesiges Schloss und bezeichnete sich gern selbst als „Herr auf Schochwitz“. Heute präsentiert sich dem Betrachter ein mächtiger, breit gelagerter, dreigeschossiger Renaissancebau mit

Schloss Schochwitz

Schloss Schollene

Schloss Schollene

14715 Schollene
Verbandsgemeinde
Elbe-Havel-Land
Landkreis Stendal

Zwischen der Havel und waldreichem Erdmoränenbogen, unmittelbar an der Landesgrenze zu Brandenburg, findet man nordwestlich von Rathenow den Ort Schollene. Der südöstlich der Kirche in einem Park gelegene, spätbarocke dreiflüglige Putzbau entstand 1752 durch einen Berliner Baumeister aus der Nachfolge des königlichen Bauinspektors Friedrich Wilhelm Diterichs. Errichtet hatte er diesen im Auftrag des Freiherrn Friedrich Wilhelm von Printzen als stattlichen zweigeschossigen Hauptbau mit hohem Kellergeschoss und kurzen eineinhalbgeschossigen Seitenflügeln, zur Hofseite hin mit einem Mittelrisalit und einem Portal. Das Obergeschoss ist von ionischen Pilasterpaaren betont und durch flache Dreiecksgiebel abgeschlossen. Davor liegt eine doppelläufige Freitreppe mit barockem schmiedeeisernem Gitter. Zur Gartenseite hin besteht eine ähnliche Beschaffenheit, nur ist hier der Treppenaufgang nicht ursprünglich. Die Räume des Haupthauses tragen Stuckdecken. An den Seitenflügeln befin-

zugehörigem Flügel. Der zweigeschossige Quertrakt im Norden stammt wohl aus der Zeit um 1800. An der Westseite erstreckt sich der weiträumige Wirtschaftshof. Die schlichte Hauptfassade trägt Runderker an beiden Ecken und im südlichen Eckbereich des Hofes steht der sechsgeschossige Treppenturm mit steiler Schweifhaube und Laterne. Im Süderker findet man eine Stuckdecke mit Wappen von 1660 und im dahinterliegenden Raum eine ländlich schwere Stuckdecke mit Putti aus dem 18. Jahrhundert. Die herrlich ausgestatteten Räumlichkeiten im Schloss, die man auch für Feierlichkeiten und Veranstaltungen aller Art mieten kann, werden von Urlaubern gern genutzt. Es ist besonders für Hochzeitspaare ein Ort, um den schönsten Tag mit allen Gästen zu genießen. Schlossführungen und zahlreiche Veranstaltungen erfreuen sich ebenso großer Beliebtheit.

den sich gusseiserne Wappentafeln von Treskow aus dem Jahre 1717 sowie ein steinernes Wappenrelief von Friedericke Elisabeth von Bismarck aus dem Jahre 1706. Als Sophie von Printzen 1773 den Grafen von Wartensleben heiratete, ging das Schloss an dessen Familie über. Nachdem Graf Wilhelm Friedrich verstorben war, verwaltete Sophie von Printzen das Gut für ihren Sohn Graf Ludwig Christian von Wartensleben. Es verblieb bis 1839 im Besitz der Familie. Ein Jahr später kam es durch Kauf an die Freiherren von Hagen auf Hohennauen. Schon 1860 ging es in den Besitz Udos III. von Alvensleben über, nach dessen Tod an seinen Sohn Alkmar. Schließlich wurde 1945 auch diese Familie im Zuge der Bodenreform enteignet und Flüchtlinge bezogen das Haus. In späteren Jahren wurde eine Seniorenwohnanlage eingerichtet. Mittlerweile wurde das Schloss geräumt und die zu betreuenden Veteranen zogen in ein neues Heim in unmittelbarer Nachbarschaft. Im Schloss ist nun die Praxis eines Allgemeinmediziners untergebracht.

Burg Schönburg

06618 Schönburg
VG Wethautal
Burgenlandkreis

Östlich der Stadt Naumburg liegt Schönburg mit seiner Burganlage auf einer Sandsteinkuppe oberhalb der Saale. Die Burg wurde 1137 erstmals urkundlich erwähnt, entstand wohl aber in den wesentlichen Teilen von 1175 bis 1250, einer

Burg Schönburg

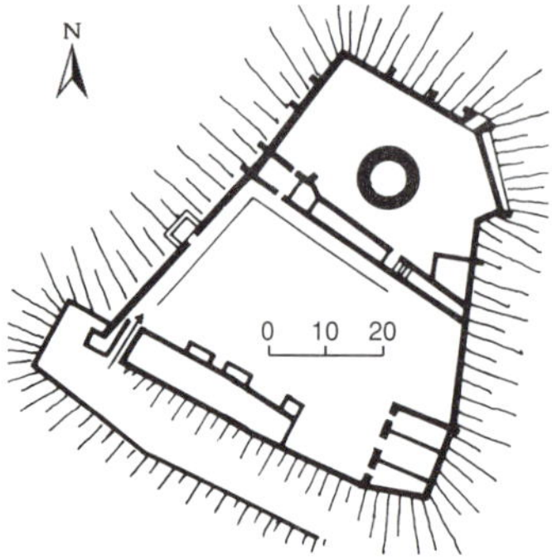

Burg Schönburg, Grundriss

Sage nach durch Ludwig den Springer. Da sich früher die Herren meist nach ihrem Sitz benannten, waren vermutlich auch die Familien von Schönberg und von Schönburg einst Besitzer der Burg. Es entstand eine dem trapezförmigen Gelände angepasste, von einer Ringmauer umschlossene Gesamtanlage. Am Vorburgtor wurde sie wie eine Bastion ausgeweitet. Im östlichen Teil liegt die Kernburg mit dem ehemaligen Palas und Kapelle. Der Bergfried, dem sich südlich das sogenannte Gerichtshaus sowie Teile des Zwingers mit dem Torhaus anschließen, blieb über die Jahrhunderte gut erhalten. In den Jahren 1539/40 richtete man in der Vorburg über bauzeitlich gewölbten Kellern ein Amtshaus ein, das später durch die Försterei genutzt wurde und im 20. Jahrhundert als Gaststätte diente. Für die Naumburger Bischöfe war sie ein beliebter Aufenthaltsort als Sommerresidenz. Im 16. Jahrhundert gelangte die Burganlage in kursächsischen Besitz, woraufhin sie allmählich verfiel. Ab 1815 kam sie in preußische Hand und wurde später Eigentum der Stadt Naumburg. Die Burg Schönburg zählt noch heute zu den bedeutendsten Anlagen ihrer Art im Saaletal. Im Standesamt auf der Burg kann man sich das Ja-Wort geben; die Burgschänke ist darüber hinaus ein Ort mit vielen Veranstaltungsangeboten.

Schloss Schönfeld

Schloss Schönfeld

39599 Schönfeld
Stadt Bismark (Altmark)
Landkreis Stendal

Schönfeld liegt westlich von Stendal und wurde 1370 als „Schonenuelde“ erstmals schriftlich erwähnt. Im Ort war schon gegen Ende des 12. Jahrhunderts die Adelsfamilie von Rundstedt ansässig, die sich noch im 19. Jahrhundert in Schönfeld befand. Otto von Rundstedt ließ von 1873 bis 1875 abseits des alten Gutshauses ein repräsentatives Schloss im Stil der Renaissance und des Barock errichten. Nach drei Jahren stand auf dem Gelände ein breit gelagerter zweigeschossiger Putzbau mit Mansardwalmdach. Die Hauptfront weist einen dreiachsigen Mittelrisalit mit Hauptportal auf, nach Süden hin zwei angefügte Flügel, dazwischen eine große mit Balustraden gestaltete Terrasse. Über dem Gartenportal liegt das Wappen der Familie von Rundstedt. Im Innern tragen die Räume zum Teil mit Wand- und Deckengemälden verzierte Stuckdecken. Ein Schüler des Landschaftsarchitekten Peter Joseph Lenné legte 1885 den weitläufigen Schlosspark im Stil eines englischen Landschaftsparks unter Einbeziehung des Gutsteichs und der 700-jährigen Bäume an. Die Familie von Rundstedt wurde 1945 im Zuge der Bodenreform enteignet und das Anwesen kommunaler Nutzung zugeführt. Im Jahre 1993 kam die Familie wieder in ihren Besitz, doch das Schloss ging 1996 vom Land Sachsen-Anhalt an eine ostfriesische Familie, die hier ein Hotel einrichtete, das bis 2007 betrieben wurde. Bedauerlicherweise kam es nicht wie geplant im Jahre 2011 zur Nutzung als Seniorenresidenz. Stattdessen richtete ein Betreiber hier ein Bordell ein, das 2012 als „Saunaclub Madame Pompadour“ eröffnet wurde. Schon im Herbst 2013 wurde er geschlossen; Anfang 2015 erfolgten Verkaufsverhandlungen zur Nutzung für ein soziales Projekt.

Schlösser Schönhausen

39524 Schönhausen

Landkreis Stendal

Schönhausen findet man wenige Kilometer nordöstlich von Tangermünde, beziehungsweise östlich von Stendal. Der Ort hatte im Jahr 1202 seine erste urkundliche Erwähnung. Der Markgraf von Brandenburg

Schloss Schönhausen

Schönhausen

Schloss Schönhausen, Schloss II

übertrug Schönhausen 1563 an die Familie von Bismarck. Die spätgotische Anlage wurde 1642 während des Dreißigjährigen Krieges, gemeinsam mit dem Dorf, durch die Schweden weitgehend durch Brand zerstört. Es blieben lediglich das Gärtner-, Wirtschafts- und Inspektorenhaus sowie ein Seitenflügel des Torhauses erhalten. Die Familie von Bismarck ließ zu Beginn des 18. Jahrhunderts zwei Schlösser errichten: von 1695 bis 1700 unter August II. von Bismarck das dreigeschossige barocke Schloss I mit Nebengebäuden, von 1729 bis 1734 das Schloss II für Alexander Wilhelm von Bismarck. Am 1. April 1815 wurde Otto von Bismarck, der spätere Reichskanzler und Fürst, in Schönhausen geboren. Ein Jahr später zog die Familie nach Pommern und nach dem Tode des Vaters 1845 übernahm Otto das Gut. Im Jahre 1830 wurde das Schloss II mit Mansarddach, flankiert von zwei eigenständigen eingeschossigen Flügelbauten, vom Stadtrat Gaertner aus Magdeburg erworben. Im dreiachsigen Mittelrisalit mit Dreiecksgiebel befanden sich ovale Wappenfelder. Das rückwärtig gelegene Portal mit darüberliegender Kartusche und Datierung von 1734 ist heute vermauert. Das Schloss wurde 1885 durch eine öffentliche Geldsammlung angekauft und Otto von Bismarck zum 70. Geburtstag übereignet. Von 1891 bis 1945 befand sich hier bereits das Bismarckmuseum. Das im Zweiten Weltkrieg beschädigte und später durch Fremdnutzung stark heruntergekommene Schloss I wurde 1958 gesprengt. Das im Kern spätgotische zweigeschossige Torhaus mit Walmdach, rundem Eckturm und Zeltdach ist hiervon verschont worden und wird seit 1998 mit den verbliebenen Einrichtungsgegenständen des Schlosses und vier Kanonen auf der Terrasse wieder als Bismarckmuseum genutzt. Der Gutspark wurde ab 1711 in mehreren Etappen barock gestaltet und befindet sich heute in gepflegtem Zustand. Von den einst zahlreichen Parkskulpturen blieben sechs nach der Restaurierung von 1964 auf ihren Sockeln erhalten und befinden sich seit 1997 wieder im Gutspark. 1949 wurde das Schloss II zur Schule ausgebaut. Diese bestand bis zum Jahre 2004. Heute präsentiert sich der in Gemeindeeigentum befindliche ehemalige Herrensitz in neuem Glanz und beherbergt neben dem Sitz der Verbandsgemeinde Elbe-Havel-Land eine Arztpraxis und Räumlichkeiten für Vereine.

Schloss Seeburg

06317 Seeburg
Gemeinde Seegebiet
Mansfelder Land
Landkreis Mansfeld-Südharz

Seeburg liegt am Ostufer des Süßen Sees, etwa zwölf Kilometer südöstlich von Eisleben. Die erste Erwähnung einer „Hochseoburg", womit wohl die Seeburg gemeint war, fiel in das Jahr 743. Es ist eine der größten und ältesten Burgen Mitteldeutschlands, auf einem am Ostufer des Süßen Sees einspringenden Geländerücken. Die erwähnte frühgeschichtliche Volksburg ist wohl identisch mit der vom Franken Karlmann eingenommenen und beschriebenen Anlage. Später saß ein sächsischer Adeliger an, bis 1036 ein Graf von Seeburg erwähnt wurde und wohl auch mit dem Bau einer steinernen Burg begonnen hatte. Ein Zweig der Edelherren von Querfurt baute die Anlage 1067 weiter aus, die 1174 erheblich erweitert und 1179 durch den Erzbischof Wichmann von Magdeburg auf der Seeseite durch den Roten oder Witwenturm verstärkt wurde. Im gleichen Jahr gründete man auf der Burg eine Chorherrenprops-

Schloss Seeburg

tei. 1287 kam die Burganlage in den Besitz der Mansfelder Grafen und wurde zwischen 1450 und 1518 zum Wohnschloss umgebaut. 1591 verkaufte man das Schloss an den mecklenburgischen Grafen Kuno von Hahn. Im Jahre 1669 erheblich durch einen Brand zerstört, wurde es nur notdürftig wiederhergestellte. Schließlich überließ man die Schlossanlage dem Grafen Gustav Adolf von Ingenheim, dem Sohn König Friedrich Wilhelms II. von Preußen und der Julie von Voß, die er zur Gräfin von Ingenheim erhob. 1880 kam die Familie von Wendenburg an die Anlage. In diesem Jahrhundert wurden noch eine Reihe umfangreicher Veränderungen vorgenommen, wie die Errichtung des Ostflügels durch den Architekten Paul Schulze-Naumburg, der somit eine Verbindung zwischen dem Nordflügel, Bergfried und der Schlosskirche schuf. Von 1910 bis 1925 gab es weitere Veränderungen und es entstanden neue Bauten. Vom Bergfried des ersten Jahrhunderts blieb nur ein Stumpf erhalten und Reste des ältesten Palas befinden sich im Ostflügel unter dem späteren Rittersaal. 1945 hatte man die Familie Wendenburg enteignet. In den 1990er-Jahren wurde das Schloss mit Veranstaltungen, Standesamt, Ferienwohnungen, Weingut und Schloss-Café mit großer Seepromenade und prächtiger Aussicht auf den See für die Öffentlichkeit zugänglich. Im September 2014 wurde der Betrieb eingestellt.

Schloss Seggerde

39356 Seggerde
Stadt Oebisfelde-Weferlingen
Landkreis Börde

Gute 20 Kilometer nördlich vom niedersächsischen Helmstedt liegt im Tal der Aller der Ort Seggerde an der Straße der Romantik. Das zwischen 1830 und 1850 von der Gutsherrenfamilie von Spiegel errichtete spätbarocke dreiflügelige Schloss mit Gutshof steht im Zentrum des Ortes. Es entstand anstelle einer ehemaligen Wasserburg mit drei umschließenden Wassergräben. Bereits im Jahre 1224 wurde ein Siegfried von Seggerde beschrieben und war wohl der Namensgeber des heutigen Ortes. 1226 tauchte Seggerde erstmals im Lehnregister des Luthard von Meinersen auf. Statius von Münchhausen hatte um 1616 die Wasserburg als Mitgift für seine Tochter erworben, die Arndt Spiegel zu Peckelsheim heiratete, sodass der Besitz des Rittergutes bis 1892 in der Familie verblieb. Es war Werner Friedrich Julius Stephan von

Schloss Seggerde

Spiegel, der auch Erbauer des Schlosses war und ab 1830 einen Landschaftspark anlegen ließ. Zu diesem gehörten zwei große Seen, eine Orangerie im Rundbogenstil und ein Palmenhaus sowie weitere Kleinarchitekturen wie Grotte, Erbbegräbnisstätte und Brücken, aber auch ein weit geschwungenes Wegesystem nach englischem Vorbild. Die Dreiflügelanlage mit dem zweigeschossigen Haupttrakt öffnet sich zum Gutshof mit eingeschossigen Seitentrakten. Sehenswert sind eine imposante Treppenanlage, die Ausschmückung der Fassade mit stuckierten Friesen und Brüstungsfeldern sowie im Innern die teils freskierten, teils stuckierten Decken. Noch im Jahre 1892 vererbte die Ehefrau Werner Friedrichs von Spiegel zu Peckelsheim das Schloss Seggerde einschließlich Rittergut und Ländereien ihrem Schwager, dem Kammerherrn und Landrat a. D. Eduard von Davier, dessen Familie 1945 enteignet wurde. In das Schloss kam eine Lungenheilanstalt und in der Folge nutzte man es als Lehrlingswohnheim, Unterkunft der Grenztruppen und als Kinderkrippe. Mit der Wiedervereinigung Deutschlands kam die Familie von Davier wieder an ihren Besitz. Der Schlosspark gehört zum Parkverbund „Gartenträume – Historische Parks in Sachsen-Anhalt"; gelegentlich finden Schlosskonzerte statt. Der vorgelagerte Wirtschaftshof bildet ein eindrucksvolles Ensemble aus Verwalterhaus, Ställen, Scheunen, Gärtner- und Palmenhaus.

Schloss Sommerschenburg

Schloss Sommerschenburg

39365 Sommerschenburg
Gemeinde Sommersdorf
Landkreis Börde

Das Schloss steht im gleichnamigen Gemeindeteil von Sommersdorf, südöstlich von Helmstedt und nordöstlich von Schöningen. Nach dem Jahr 1088 sind die Grafen von „summersenburg“ urkundlich erwähnt, deren Burg von den Erzbischöfen von Magdeburg in der zweiten Hälfte des 12. Jahrhunderts erworben wurde und nach längeren Auseinandersetzungen mit den Erben Heinrichs des Löwen 1219 endgültig im erzbischöflichen Besitz blieb. 1680 wurde sie brandenburgisches Amt. Schließlich kam die Anlage 1814 nach der Schlacht bei Leipzig als Geschenk König Friedrich Wilhelms III. an den preußischen Generalstabschef der schlesischen Armee, August Neidhardt von Gneisenau. Von der gewaltigen, weitläufigen, ursprünglich zweiteiligen Anlage blieb der quadratische mittelalterliche Bergfried erhalten. Die Zinnenbekrönung wurde erst Ende des 19. Jahrhunderts angebracht. Das ehemalige Schloss der mittelalterlichen Anlage liegt im Nordosten und stellt nach einem Entwurf des Leipziger Baumeisters Doberentz einen historisierenden Neubau von 1896/97 mit abgetreppten Giebeln, Fialtürmchen, Veranden und Freitreppe dar. Dem gegenüber steht das ehemalige Fremdenhaus von 1830, zweigeschossig in gotisierender Form.

Schloss Sommerschenburg, Grundriss

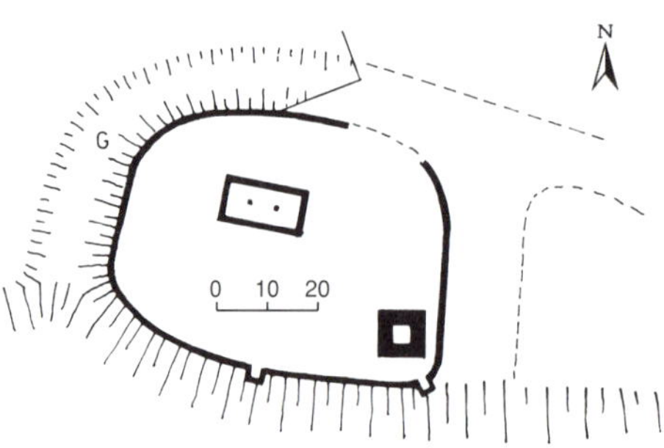

Nördlich vom Schloss liegt der nach englischem Vorbild ausgedehnte Landschaftspark mit dem Mausoleum des Grafen Neidhardt von Gneisenau, gestorben 1831. Das Marmorstandbild Gneisenaus von Christian Daniel Rauch aus dem Jahre 1841 befindet sich vor der durch

Pilaster gegliederten Fassade eines Tempels. Leider weist die Geschichtsschreibung einige Lücken auf, so ist nur bekannt, dass sich im Schloss noch 1989 die Polytechnische Oberschule befand. Der ehemalige Herrensitz wechselte mehrfach seine Besitzer und hinterlässt heute einen stark verfallenen Eindruck, auch der Park ist verwildert. Das Areal ist weiträumig abgesperrt.

Schloss Stecklenberg

06502 Stecklenberg
Stadt Thale
Landkreis Harz

Am Rande des Ramberges, im Tal des Wurmbachs, liegt im nördlichen Ostharz an der Verbindungsstraße von Neinstedt und Bad Suderode der Ort Stecklenberg, westlich von Gernrode und südöstlich von Thale. Die Gemeinde entstand am Fuß der gleichnamigen Burg und der etwas höher gelegenen Lauenburg, die heute beide Ruinen sind. Im Ort befand sich der Sitz eines Amtmannes, der 1815 an den Regierungsbezirk Magdeburg der preußischen Provinz Sachsen gelangte. Seit 1861 befanden sich die Domäne und Ländereien Stecklenbergs im Besitz des Barons von dem Bussche-Streithorst. 35 Jahre später begann man 1897 mit dem Neurenaissancebau des Schlosses für Helene Freifrau von dem Bussche-Streithorst, geborene von Hardenberg. Es entstand ein Bau aus Bruchstein mit hohen Zwerchhäusern und einem Eckturm. Über dem profilierten Korbbogenportal befinden sich Wappen und Schriftband. In der waldreichen Umgebung wurde häufig gejagt. Als der Schlossherr in finanzielle Schwierigkeiten geriet, versuchte er 1923, den Besitz zu verkaufen, was jedoch in den Wirren jener Zeit nicht zustande kam. Nach Ende des Zweiten Weltkrieges kam das Anwesen 1945 nach der Enteignung in die Hände der Gemeinde und diente zunächst als Erholungsheim. Als 1989 die innerdeutsche Mauer fiel, stand das Schloss leer und verfiel. Zehn Jahre später erwarb die Familie Pinnow das Anwesen und sanierte es liebevoll, worauf 2004 ein Hotel eröffnet wurde.

Schloss Stecklenberg

Schloss Steinburg

06647 Steinburg
Gemeinde Finneland
Burgenlandkreis

Steinburg liegt unweit der thüringischen Landesgrenze, südwestlich von Bad Bibra, und wurde 1306 erstmals urkundlich erwähnt. Der Ort geht aus einer Burganlage zwischen dem 8. und 10. Jahrhundert hervor, deren Holz-Erde-Burg, gemäß den vorgefundenen Resten, auf eine größere Anlage schließen lässt. Diese wurde später von Schloss, Gut und Dorf überbaut. Das Schloss im Schlosspark mit Teich entstand im 15. Jahrhundert. Die Besitzer der Steinburg wechselten im Laufe der Jahrhunderte häufig. So kann man hier um 1300 auf die Grafen von Rabinswald, 1383 auf die Querfurter Dynasten, 1439 auf die Familie Koller in Lehnsbesitz und 1501 als Besitzer verweisen. Gerlach Heino von Münchhausen kam 1686 an das Anwesen, dessen Familie es bis zur Enteignung 1945 besaß. Zu erwähnen sei aus dieser Familie Philipp Adolph Friedrich von Münchhausen, der sich aktiv um die Abschaffung des Frondienstes bemühte. Das Schloss liegt auf der östlichen Spitze eines Bergporns und stellt eine zum Dorf hin geöffnete, hufeisenförmige, dreigeschossige Anlage aus der zweiten Hälfte des 16. Jahrhundert dar. Diese wurde im 17. und 18. Jahrhundert verändert und erweitert. Im 19. Jahrhundert erfolgte ein Turmaufsatz sowie die Umgestaltung der Parkfront. Der weitläufige Landschaftspark, 1846 nach Plänen des Gartenarchitekten Carl Eduard Adolf Petzold geschaffen, umfasst den Bergsporn mit der Schlossanlage auf drei Seiten. 1699 wurde Johann Heinrich Staase Gärtner der Familie von Münchhausen. Bereits 1718 lässt sich eine erste Erwähnung der herrschaftlichen Gartenanlage finden. Nach dem Krieg bis zur Einheit Deutschlands war das Schloss Waisenhaus und Ferienheim. Es befindet sich heute in einem sehr maroden Zustand. Der öffentliche Park in Gemeindebesitz ist aber sehr gepflegt.

Schloss Steinburg

Schloss Stiege

38899 Stiege

Stadt Oberharz am Brocken
Landkreis Harz

Schloss Stiege

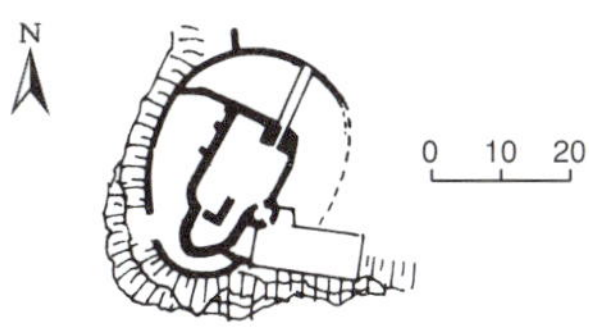

Schloss Stiege, Grundriss

Stiege liegt südöstlich von Hasselfelde an der B 242. Eine Burg wurde 1329 erstmals urkundlich erwähnt und vermutlich als Jagdschloss zum Schutze des ehemals betriebenen Bergbaus durch die Grafen von Blankenburg nordwestlich der Kirche errichtet. Heute noch ist sie ein sehr gut erhaltener Bau des frühen Hochmittelalters, am Südhang des Unterharzes gelegen, wo es schon sehr früh eine Siedlung an einem alten Weg gegeben hat. Von diesem „Stieg" leitet sich wohl auch der heutige Name des Ortsteils der Stadt Oberharz ab. Es wird vermutet, dass der Ursprungsbau des heutigen Schlosses Stiege in der Herrschaftszeit Heinrichs I. um 919 entstand und wohl als Jagd- und Aufenthaltsort diente. Da Graf Siegfried von Blankenburg ein treuer Waffengefährte des Kaisers Otto IV. war, erhielt er von diesem im Jahre 1203 als Anerkennung den Herrensitz und wohl auch zwei zu Stiege gehörige Dörfer als Lehen. Letztere existieren heute nicht mehr. Bis 1599 war Stiege Amtssitz und im Besitz der Grafen von Blankenburg-Reinstein, später kam die Anlage an das Herzogtum Braunschweig-Lüneburg. Das ehemalige Jagdschloss wurde umgebaut, befestigt und zur gräflichen Residenz erweitert. Auch als zeitweiliger Witwensitz wurde das Schloss genutzt. Im Jahre 1909 baute man das Anwesen zu einem Sanatorium aus; von 1945 bis 1994 diente Schloss Stiege als Altenheim. Einst besaß das Gebäude vier Ecktürme, von denen nur der südwestliche erhalten blieb. Über dem tiefen Graben an der Bergseite lag eine hohe Zugbrücke, deren beistehender Turm abgetragen und der Schlossgraben verfüllt wurde. Der gestreckte zweigeschossige Westflügel mit seinen abgerundeten Gebäudeecken ist im Kern noch mittelalterlich. Der Südflügel kam vermutlich im 16. Jahrhundert hinzu. Im Schloss werden Ferienwohnungen mit kompletter Einrichtung angeboten und gegenüber befindet sich eine Gaststätte.

Schloss Stolberg

06536 Stolberg (Harz)
Gemeinde Südharz
Landkreis Mansfeld-Südharz

Das Städtchen Stolberg liegt im Unterharz im Naturpark Harz/Sachsen-Anhalt, nordöstlich der Thüringer Stadt Nordhausen. Schloss Stolberg steht beherrschend über der Stadt auf einem abfallenden Bergsporn zwischen dem Ludetal und dem Kalten Tal. Gegründet wurde die Burg 1201 durch Heinrich von Vockstedt, auch Graf von Stolberg genannt. Noch heute ist die mittelalterliche Anlage in ihren Grundzügen zu erkennen. Im Jahre 1210 ist die erste Erwähnung des Grafen von Stolberg aus dem Hause der Grafen von Honstein gesichert; 1316 wurde die Kapelle erstmals urkundlich erwähnt. Mit umfassenden Umbauten begann im Jahre 1500 Graf Botho von Stolberg, worauf

Schloss Stolberg, Innenhof

Schloss Stolberg

1539 bis 1547 die Kemenate des heutigen Kleinen Schlosses und Gebäude an der Südfront entstanden. Von 1690 bis 1710 entstand der Südflügel, auf die Stadt ausgerichtet, der schließlich die beiden Flügel von 1550 miteinander verband. Im Innern trägt der Blaue Saal des Südwestflügels ovale Stuckfelder mit Gemälden von Samuel Blütner aus Leipzig, gefertigt 1703. Weitere Räume mit Temperagemälden entstanden 1710. Im von Karl Friedrich Schinkel klassizistisch gestalteten Roten Saal des Südostflügels befindet sich eine dreiteilige Felderdecke und eine qualitätsvolle Innendekoration, die von 1836 bis 1839 entstand. Der barocke Pavillon im terrassenförmig am Hang zur Stadt angelegten Park wurde über einem Rondell von 1549/50 errichtet. Die östlichen Renaissancegebäude schmücken wappengezierte Portale und reich verzierte barocke Innenräume von Samuel Blütner und Franz April. Auch im 19. Jahrhundert veränderte man die Anlage. 1945 wurden die Fürsten zu Stolberg enteignet. Seit 2003 befindet sich die Anlage im Eigentum der Deutschen Stiftung Denkmalschutz, die sie bis heute, auch mit finanzieller Förderung, saniert. Neben der musealen Einrichtung befindet sich hier auch das Haus des Gastes.

Schloss Storkau

Schloss Storkau

39590 Storkau (Elbe)
Stadt Tangermünde
Landkreis Stendal

Gute acht Kilometer flussabwärts von Tangermünde liegt am linken Ufer der Elbe die Gemeinde Storkau, 1209 erstmals urkundlich genannt. Der breitgelagerte, neubarocke Bau von ausgewogenen Proportionen in großer Parkanlage ist mit seiner Entstehungszeit von 1912 bis 1914 noch ein recht junges Schloss. Errichten ließ es Freiherr Leon von Guaita für 500 000 Goldmark, doch nachdem dieser früh verstarb, musste die Freifrau von Guaita das Schloss verkaufen. Gegen Ende der 1930er-Jahre legte man in das Schloss eine Ausbildungsstätte für die Führerinnen des Reichsarbeitsdienstes ein; später wurde es als Sanatorium und Schwesternschule genutzt. 1982 brann-

Schloss Storkau, Rückansicht

te der Dachstuhl aus und hinterließ erheblichen Schaden. Von 1992 bis 1996 setzte man das Gebäude wieder instand, wobei das Schloss durch die eingefügten Gauben verändert wurde. Der zweigeschossige Putzbau über hohem Sockelgeschoss gestaltet sich durch Eckquaderungen in Sandstein und trägt ein Mansardwalmdach. Die Hauptfront ist auf den Park ausgerichtet und besitzt einen dreiachsigen Mittelrisalit sowie gusseisernen Balkon mit darüberliegendem Dreiecksgiebel. Die zur Elbe gewandte Seite verweist auf vierachsige, pavillonartige Seitenrisalite und einen leicht vorschwingenden, von Doppelsäulen getragenen Altan mit vorgelagerter Freitreppe. Der ovale Empfangssaal ist mit rekonstruierten Wandmalereien und qualitätsvollem Marmorfußboden ausgestattet. Als der heutige Besitzer das Schoss 1992 von der Gemeinde erwarb, richtete er ein Hotel der gehobenen Klasse ein. Die Parkanlage mit Schlossteich, Springbrunnen und Brunnenhaus lädt zum Spazierengehen ein. Auch eine reiche Auswahl an Freizeitgestaltungen sowie Trauungen im Schloss oder der romanischen Dorfkirche werden den Besuchern und Gästen geboten.

Altes Schloss Neues Schloss

39517 Tangerhütte
Landkreis Stendal

Am Flüsschen Tanger findet man die nach diesem benannte Stadt zwischen Burg und Stendal. Sie ging aus dem Ort Vaethen hervor, der 1375 erstmals urkundlich erwähnt wurde. Im Zentrum des 1872 angelegten Schlossparks findet man einen künstlich angelegten Wasserfall und einen Teich. Hier erbaute man 1873/74 für den Hüttenbesitzer und Fabrikanten Franz Wagenführ von Arnim das zweigeschossige **Alte Schloss**. Es zeigt eine strukturierte Putzfassade und ein Mansardendach und war einst ein prächtiger Neurenaissancebau, ist heute jedoch architektonisch von geringerer Bedeutung, da in marodem Erhaltungszustand. 1883 ließ sich die Familie eine Familiengruft bauen.

Von 1909 bis 1911 entstand das **Neue Schloss** aus Anlass der Eheschließung des Sohnes Johann Jacob Franz Wagenführ von Arnim. Dieses Herrenhaus nach italienischem Vorbild liegt im südöstlichen Teil des Stadtparks, früher Schlosspark, und wurde maßgeblich durch die künstlerische Ausgestaltung des Tangerhütter Bildhauers Otto Funke beeinflusst. Die Fassaden sind regelmäßig gegliedert, durch Kolossalpilaster mit ionischen Kapitellen und am Mittelrisalit der Vorderseite durch vier Halbsäulen geziert. Davor liegt die Freitreppe zum Gartenparterre, von Sphinxen flankiert. Im Inneren blieb die neubarocke Ausstattung mit dem prächtigen zweiläufigen Treppenhaus im Wesentlichen erhalten. Im Kaminzimmer befindet sich ein von Funke prächtig geschnitzter Kaminaufsatz mit dem Wappen der Familie Wagenführ. Das Eingangsportal wird durch das Familienwappen mit schmückender Krone und einem Hammer als Sinnbild des Eisenwerks in den traditionellen Farben Rot und Silber geziert. Der Stadtpark ist eine der herausragendsten Anlagen dieser Art in Sachsen-Anhalt und wurde nach dem Vorbild englischer und französischer Gartengestaltung angelegt. Am Ende einer der Hauptsichtachsen steht das 1883 von Otto March errichtete Mausoleum der Familie Wagenführ. Bis 1945 dienten beide Schlösser der Familie als Wohnsitz, die noch vor Einmarsch der Roten Armee ihre Heimat und den

Altes und Neues Schloss, Tangerhütte

Besitz verließ. Anschließend nutzte man das Alte Schloss als Lazarett, Erholungsheim, Tbc-Heilstätte und als Poliklinik. Das Neue Schloss war bis 1996 ein Seniorenheim. Heute gehört es der Stadt, kann im Rahmen von Führungen besichtigt werden und präsentiert sich mit wechselnden Ausstellungen. Der Park, in dem auch Feste stattfinden, gehört zum Tourismusprojekt „Gartenträume – Historische Parks in Sachsen-Anhalt".

Burg und Schloss Tangermünde

Burg und Schloss Tangermünde

39590 Tangermünde
Landkreis Stendal

Tangermünde liegt auf einer Erhöhung südlich von Stendal in der Altmark, wo die **Burg** erstmals 1009 vom Chronisten Bischof Thietmar von Merseburg erwähnt wurde. Die Burg Tangermünde, auch als **Schloss** bezeichnet, ist eine teilweise erhaltene Anlage und befand sich im Eigentum der askanischen Markgrafen. Sicher ist, dass die Niederungsburg bereits wesentlich älteren Datums gewesen sein muss und wohl um 925 für die Grenzüberwachung an der Tangermündung in die Elbe erbaut wurde. Als Reichsburg diente sie im 10. und 11. Jahrhundert der Sicherung der deutschen Reichsgrenze, an der sich im 13. Jahrhundert die Stadt Tangermünde entwickelte. Im Jahre 1373 zog Kaiser Karl IV. in die Burg und ließ die Anlage 1374 seiner Herrschaft entsprechend schlossartig ausbauen. Die 1371 erstmals erwähnte Schlosskapelle ließ er 1377 in ein Augustiner-Chorherrenstift umbauen. Im Jahre 1378 ging Tangermünde nach dem Tod Karls IV. an den Kurfürsten von Brandenburg, doch dem Wunsch des Kaisers, Tan-

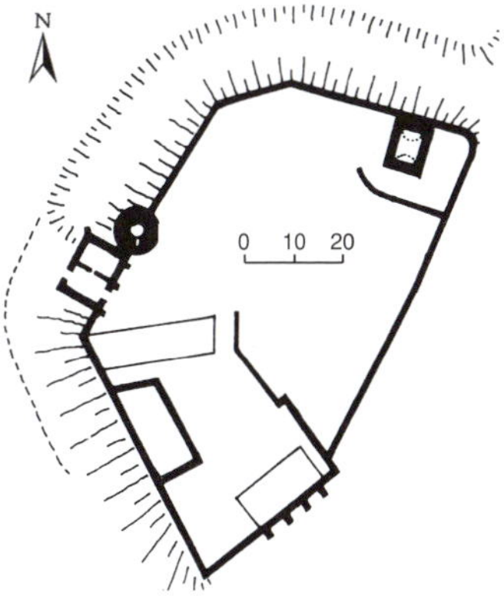

germünde zur Hauptstadt zu erheben, kam dieser nicht nach. Die Burg jedoch entwickelte sich zum Verwaltungssitz der Altmark und der Prignitz. 1640 wurde die Stadt von den Schweden heimgesucht und die Burg niedergebrannt. Als 1699 Kurfürst Friedrich III. das „Amtshaus“ erbauen ließ, konnte er dieses 1701 als König Friedrich I. in Augenschein nehmen. Eine historisierende Wiederherstellung der Anlage erfolgte ab 1902 durch Paul Möbius, initiiert von Kaiser Wilhelm II. Neben den jüngeren Bauten blieben im Wesentlichen bedeutende Teile der Ringmauer mit dem Burgtor, der sogenannte Gefängnisturm von 1480, Teile der Kanzlei aus dem ausgehenden 14. Jahrhundert, der Bergfried von 1376 und das Amtshaus aus der Zeit um 1700 erhalten. Die ehemalige Kernburg wird heute als „Schlosshotel Tangermünde“ mit Schwimmbad und Saunalandschaft genutzt, der Burghof als Hotelterrasse. Das Museum in einem Gebäude unterhalb der Burg ist einen Besuch wert. Des Weiteren finden auf dem Anwesen und in der Burg Feierlichkeiten aller Art und Veranstaltungen wie Konzerte statt.

Burg Tangermünde, Grundriss

Schloss Teutschenthal

06179 Teutschenthal

Saalekreis

Westlich der Stadt Halle (Saale) liegt die Gemeinde Teutschenthal, die in einem zwischen 881 und 899 gefertigten Zehntverzeichnis des Klosters Hersfeld als zehntpflichtiger Ort „Dussina“ im Friesenfeld erstmals urkundlich erwähnt wurde. Mit dem Schloss ist der Unternehmer Carl Wentzel, ein Opfer des 20. Juli 1944, als Besitzer eng

Schloss Teutschenthal

Kaiserpfalz, Tilleda

verbunden. Seinen Namen trägt eine zum Schloss führende Straße. Der ursprünglich um 1600 durch Friedrich von Trotha errichtete Bau erfuhr 1710 einen Umbau und 1928 eine Verlängerung des Westflügels durch Hermann Wäscher. Leider wurde am Objekt der ursprünglich charakterisierende hohe oktogonale Turm mit Schweifhaube und Portal im Winkel der beiden Schlossflügel 1951 wegen Baufälligkeit abgetragen. Die Anlage stellt einen repräsentativen, stattlichen Renaissancebau auf L-förmigem Grundriss aus der Zeit um 1915 dar. Von der Innenausstattung blieben wesentliche Teile erhalten. Im weitläufigen Schlosspark befindet sich ein großes Wasserbecken und die monumentale Gedenkstätte der Familie Wentzel. Die Familiennachfolge ist gesichert, da die Enkel Wentzels das Schloss übernahmen und ein Hotel einrichteten. Neben einem Standesamt gibt es auf Schloss Teutschenthal noch zahlreiche andere Arrangements, die gern angenommen werden.

Kaiserpfalz

06537 Tilleda (Kyffhäuser)
Stadt Kelbra
Landkreis Mansfeld-Südharz

Tilleda liegt in der Goldenen Aue, am Nordrand des Kyffhäusergebirges, nahe der thüringischen Landesgrenze und südöstlich von Sangerhausen. Der Pfingstberg, dessen Zeugnisse in die frühmittelalterliche Zeit bis um 700 zurückreichen, war schon in ur- und frühgeschichtlicher Zeit besiedelt. Die Kaiserpfalz unterhalb des Kyffhäusers am südlichen Harzrand wurde 972 erstmals urkundlich genannt und war wohl bis 1042 als solche von hoher Bedeutung. In dieser Zeit war es auch der Ausstellungsort von Urkunden der Kaiser Otto II. und Otto III., auch Konrad II. und Heinrich III. Schon zu Beginn des 9. Jahrhunderts erwähnte man Tilleda als „Dullide“ in einem Verzeichnis der Güter des vom Erzbischof Lullus von Mainz erbauten Klosters Hersfeld. In der Heiratsurkunde der Kaiserin Theophanu bezeichnete man die Pfalz Tilleda 972 als „kaiserlichen Hof“, der ihr als Witwengut übereignet wurde. In der salischen Zeit nahm man Veränderungen vor, vor allem an der Hauptburg. Kaiser Friedrich I. Barbarossa stellte hier 1174 ein Heer auf, das er gegen die Stadt Alessandria in Oberitalien führen wollte. Ihm wurde auf dem Kyffhäuser ein Denkmal gesetzt, das auch mit einer Sage verbunden ist. Alle hundert Jahre erwacht er demnach in seiner Höhle unter dem Denkmal und schickt einen Knaben hinaus, um zu erkunden, ob die Raben noch fliegen oder er wieder das Reich übernehmen könnte. Friedrich Rückert fasste es 1817 kürzer: „... und wenn die alten Raben noch fliegen immerdar. So muss ich auch noch schlafen verzaubert hundert Jahr." In der Pfalz versöhnte sich 1194 König Heinrich VI. mit Herzog Heinrich dem Löwen und legte damit den lang andauernden Streit zwischen den Staufern und den Welfen bei. Bis 1420 wurde die Anlage von den Rittern Barth als Reichslehen verwaltet und im Spätmittelalter wurden die Gebäude der Pfalz auf dem Pfingstberg aufgegeben. Laut Ausgrabungen unter der Leitung von Paul Grimm in der Zeit von 1935 bis 1939 und nochmals 1956 bis 1970 spricht man von einer ausgedehnten Anlage von gut 350 x 250 m auf einem Bergsporn, deren Hauptburg allseitig von einem Spitzgraben geschützt war. Der Zugang zur Anlage erfolgte von Norden her durch die Vorburg. Heute findet man im Dorf Tilleda ein Freilichtmuseum, die einzige vollständig ausgegrabene Pfalz in Deutschland und eine Station an der Straße der Romantik.

Schloss Tucheim

39307 Tucheim
Stadt Genthin
Landkreis Jerichower Land

Durch den Ort Tucheim verläuft die B 107, die ihn nördlich mit Genthin und südöstlich mit Ziesar verbindet. Urkundlich erstmals erwähnt wurde Tucheim 965 als „civitas Tuchime", die Kaiser Otto I. dem Magdeburger Erzstift schenkte. Später ließ der Erzbischof hier eine Burg bauen, die 1222 erwähnt wurde

Schloss Tucheim

und 1422 als „Räuberburg“ von den Zerbster Bürgern durch Mithilfe des Magdeburger Erzbischofs erobert wurde. Gute 40 Jahre später kam Tucheim in den Besitz der Familie von Byern, die den Ort wiederum 1504 an die Familie von der Schulenburg verkaufte. In der Mitte des 18. Jahrhunderts entstand das barocke Tucheimer Gutshaus, auch als „Schloss Tucheim“ bezeichnet. Nach über dreihundertjährigem Besitz verkaufte die Familie von Schulenburg 1834 ihr Eigentum an den Kammerherrn Brandt von Lindau. Nach diesem wechselten häufig die Besitzverhältnisse. Im Jahre 1892 erwarb der bürgerliche Struwe das Anwesen, das schließlich 1901 der Generalleutnant von Hobe-Pascha kaufte. Nach einer Erweiterung im 19. Jahrhundert besteht das Objekt heute aus dem Haupttrakt mit zur Hofseite weisenden Mittelrisaliten, vasenbekröntem Giebel sowie einem Turm mit kegelförmigem Dach und einigen Anbauten. Der ehemalige Herrensitz wird privat bewohnt und ist nicht zugänglich.

Burg Ummendorf

Burg Ummendorf

39365 Ummendorf

Verbandsgemeinde Obere Aller
Landkreis Börde

Im Jahre 1145 wurde Ummendorf erstmals in einer Besitzurkunde ausgewiesen und ist heute östlich vom niedersächsischen Schöningen, westlich von Eilsleben zu finden. Errichtet wurde die Burg im Jahre 1178 durch den Magdeburger Erzbischof Friedrich II. von Wettin an einer strategisch wichtigen Stelle an der Aller sowie an der Straße Lüneburg–Leipzig. Die Bauzeit ist jedoch nicht eindeutig nachweisbar. Im Jahre 1180 wurden die Herren von Ummendorf als Stiftsvasallen bezeichnet. Eine Erwähnung erhielt die Burg erst in der sogenannten Landfriedensurkunde des Erzbischofs Dietrich im Jahre 1363. Noch heute sind die Lage und Ausdehnung der einstigen Niederungsburg, die von Wassergräben und Erdwällen umgeben war, gut ablesbar. Von der mittelalterlichen Anlage ist der hohe quadratische Bergfried an der Nordostecke erhalten geblieben, dessen untere Teile spätromanisch sind, und der den achteckigen Aufsatz mit flachem Klostergewölbe und Zeltdach von 1576 trägt. Im spätromanischen Teil befinden sich zwei gewölbte Räume mit Kaminen. Die Anlage war einst von einem Zwinger mit runden Ecktürmen aus dem 14./15. Jahrhundert umgeben. Von 1535 bis 1581 errichtete man einen Neubau durch die Herren von Meyendorff und es entstand eine renaissance Dreiflügelanlage um einen fast quadratischen Hof. Geschlossen wurde sie im Süden durch eine Mauer, im 19. sowie 20. Jahrhundert teilweise stark verändert. Im Garten steht an der Südwestecke des Burggeländes ein kleiner barocker Rundpavillon. Im Jahre 1667 verstarb der Burgherr Andreas II. von Meyendorff ohne Nachkommen. Das Amt Ummendorf wurde in eine Domäne umgewandelt. Zahlreich wechselten bis 1912 adelige und bürgerliche Pächter auf der Burg und ebenso zahlreich waren in der Folge auch die Veränderungen am Anwesen. Zu erwähnen ist das heutige Ortswappen, welches aus dem Familienwappen derer von Ummendorf hervorging. Der

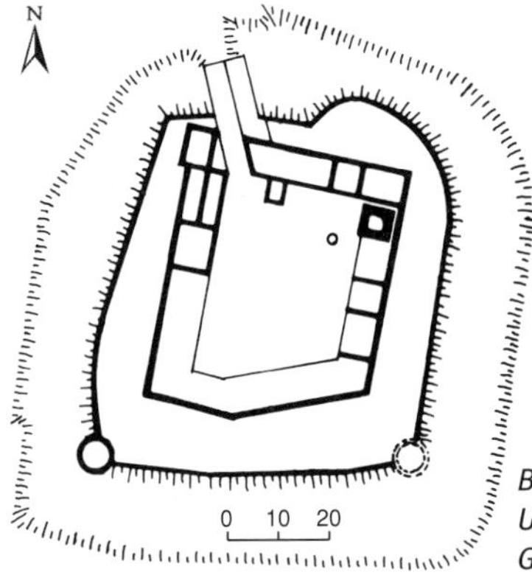

Burg Ummendorf, Grundriss

Pavillon ist heute zentraler Informationspunkt zum Kräutergarten, der sich in den Außenanlagen der Burg, mit mehr als 400 verschiedenen Nutzpflanzen, befindet. 1919 erwarb die Gemeinde die Burg und beherbergt in einem Teil der Anlage seit 1924 eine Grundschule. Im Nordteil ist das Regionalmuseum der Magdeburger Börde untergebracht. Gern werden auch die Räume des Nordflügels besichtigt, die über Wohnen und Leben der Landbevölkerung vor 200 Jahren informieren. Auch Sonderausstellungen zu bestimmten Themen werden den Besuchern angeboten. Jährlich finden im Innenhof der Burganlage der Burgsommer mit Konzerten und historischem Handwerkermarkt, Bühnenspiele des Ummendorfer Burgtheaters e. V., das Treffen historischer Fahrzeuge sowie der Weihnachtsmarkt statt.

Herrenhaus Vinzelberg

39576 Vinzelberg
Stadt Stendal
Landkreis Stendal

Vinzelberg wurde 1006 erstmals in einer Urkunde erwähnt und liegt im Süden der Altmark an der oberen Uchte, zwischen den Städten Stendal und Gardelegen. Der heutige Bau ist das ehemalige Herrenhaus eines Rittergutes vom Ende des 18. Jahrhunderts. Es wurde vom preußischen Minister Karl Heinrich Ludwig Freiherr von Ingersleben errichtet. Im Jahre 1816 gelangte das Anwesen über den Braunschweiger Minister Graf von Alvensleben an dessen Schwiegersohn, den Landesdirektor Friedrich Wilhelm Karl von Kröcher. Zum Ende des 19. Jahrhunderts hatte Ferdinand Schorbach das Herrenhaus umgebaut, welches nun einen klassizistischen, rechteckigen Putzbau von eineinhalb Geschossen mit Mittelrisalit und Seitenrisaliten über hohem Keller und einer Gartentreppe mit steinerner Balustrade darstellte. Ein bekanntes Mitglied der Familie von Kröcher war der 1918 verstorbene Jordan von Kröcher, Präsident des preußischen Abgeordnetenhauses. Nach Kriegsende 1945 wurde die Familie von Kröcher enteignet. In den Jahren 1990/91 wurde das Herrenhaus grundlegend renoviert, zwischenzeitlich als Hotel geführt und kam 1996 an die Stiftung Uhlebüll in Niebüll, die ein Wohnheim für Menschen mit Behinderungen betreibt. Der weitläufige Schlosspark mit altem Baumbestand und einem Weinberg hat versteckte Wege und Tümpel.

Herrenhaus Vinzelberg

Schloss Vitzenburg

06268 Vitzenburg
Stadt Querfurt
Saalekreis

Vitzenburg, dessen Ort und Burg zwischen 881 und 899 in einem Zehntverzeichnis des Klosters Hersfeld erstmals urkundlich erwähnt wurden, liegt südlich von Querfurt an der B 250, nordwestlich von Nebra. 991 wurde hier durch die Edlen von Querfurt ein Nonnenkloster gegründet, das sich gemeinsam mit der Burg 1108 im Besitz Wiprechts

Schloss Vitzenburg

von Groitzsch befand. Später wurde das Kloster von Mönchen genutzt. Im 11. und 12. Jahrhundert erwähnte man bereits ein gleichnamiges ritterliches Geschlecht „von Vitzenburg“. Im Jahre 1109 traten die bisherigen Besitzer die Burg und das Kloster an Kaiser Heinrich III. ab; dem folgte im 12. und 13. Jahrhundert ein landgräflich-thüringisches Lehen. Ab 1325 waren Bruno III. von Querfurt und die Thüringer Schenken von Vargula im Besitz der Burg. Ein erneuter Besitzerwechsel vollzog sich 1521 mit der Familie von Lichtenhain. In den Jahren 1586/87 baute man die Anlage durch Nickel Delitzscher zu einem zweiflügeligen Renaissanceschloss mit einem Treppenturm um. Oberstleutnant Heinrich von

Schloss Vitzenburg, Torhaus

Heßler erwarb 1649 das Anwesen, das 1694 unter seinem Enkel Moritz mit der barocken Erweiterung des Nordflügels ausgebaut wurde. Der sächsische Kammerherr und Amtshauptmann Graf Heinrich Moritz I. von der Schulenburg auf Baumersroda gelangte 1803 an das Schloss, nachdem Friedrich von Heßler kinderlos starb und die Bedingung des Erbes war, dass der Name Heßler weitergeführt wurde. 1840 erfolgte ein erneuter Umbau durch den Hamburger Architekten Max Wallenstein. Auch 1880 wurde der Bau verändert und 1945 enteignete man die von Schulenburg-Heßler. Eine Burg war schon im 8. Jahrhundert bekannt, hoch gelegen über dem linken Ufer der Unstrut auf dem Ronneberg. Die zweiteilige mittelalterliche Anlage wurde im 16. und 18. Jahrhundert durch Umbauten und Veränderungen zum Schloss. Das Innere birgt einen Festsaal und Treppenhäuser, die schlichte Stuckdekorationen aufweisen. Weitere Raumausstattungen stammen aus dem 19. Jahrhundert. Das schmucke Torhaus ist aus dem Jahre 1885 und im Schlosshof finden sich noch Reste barocker Gartenplastik und ein zweigeschossiger Pavillon mit Schweifhaube vom Ende des 19. Jahrhunderts. Im zum Schloss gehörenden Parkgelände am Hang der Unstrut steht ein Gartenpavillon aus der Zeit um 1750/60. Nach dem Tod des Werner Christoph Daniel Graf von der Schulenburg-Heßler, Fideikommissherr auf Vitzenburg, starb 1930 die männliche Linie von der Schulenburg auf Vitzenburg aus. Letzterer verfügte in seinem Testament von 1925, dass seine Tochter, Auguste Marie Anna Freifrau von Münchhausen, Alleinerbin des Besitzes werden sollte. Der preußische Regierungs- und Landkammerrat a. D. Rembert Freiherr von Münchhausen war nach dem Ende des Zweiten Weltkrieges Herr auf Vitzenburg und blieb auch nach dem Abzug der Amerikaner auf dem Schloss, bis er von der sowjetischen Besatzungsmacht in das Speziallager Nr. 2 nach Buchenwald gebracht wurde und dort 1947 starb. In das Schloss wurde 1948 eine Landwirtschaftsschule gelegt, der ein Fachkrankenhaus für Kinder- und Jugendpsychiatrie folgte, wofür das Schloss umgebaut wurde. 1996 kaufte ein Architekt das Anwesen von der Treuhandanstalt, konnte es aber wegen gewaltigem Arbeitsaufwand und fehlendem Interesse an der künftigen Nutzung nicht halten, sodass es 2004 zwangsversteigert wurde. Eine Besichtigung ist nicht möglich.

Schloss und Herrenhaus Vollenschier

39576 Vollenschier
Stadt Stendal
Landkreis Stendal

In der Altmark liegt das zum Stendaler Stadtteil Wittenmoor gehörende und 1251 als „Wolenschere“ erstmals urkundlich erwähnte Dorf Vollenschier, südwestlich von Stendal und südlich der B 188. Auch eine Adelsfamilie von Vollenschier gab es im Ort, doch der Ritter hatte den Ort bald verlassen. Im Jahr 1391 wird Vollenschier als „wüst" bezeichnet und wurde mit Bürgern aus Staats und Börgitz wieder besiedelt. Gebhard von Alvensleben erhielt Vollenschier 1484 als Lehen und legte ein Vorwerk und das Gut an. Anschließend erfolgten häufige Besitzerwechsel. Die Familie von Vollenschier erlosch 1626. Ab dem 18. Jahrhundert hatten der Oberamtmann Giesecke, Adolf von Miakowskie und Friedrich Wilhelm Karl von Kröcher den Besitz inne. Letztere besaßen das Gut, dessen eingeschossiges **Gutshaus** mit übergiebelten Risaliten auf der Vorder- und Gartenseite Mitte des 18. Jahrhunderts errichtet wurde, von 1854 bis 1907. Von 1875 bis 1877 wurde es von Conrad Wilhelm Hase im Auftrag des Geheimen Oberregierungsrats August von Kröchern errichtet. Das **Schloss** stellt einen zweigeschossigen historischen Backsteinbau in sparsamen neugotischen Formen dar und wurde wohl 1869 unter den Geschwistern von Kröcher errichtet, vermutlich ebenfalls von Conrad Hase. Der Bau besitzt drei über die Fassade verteilte Risalite unterschiedlicher Breite und Tiefe und Stuckdecken im Innern. Ein großer Landschaftspark schließt sich im rückwärtigen Bereich an. Nach dem Zweiten Weltkrieg wurde das Gut 1945 enteignet und als Volksgut weitergeführt. Mit der Wiedervereinigung Deutschlands wurde das Anwesen privatisiert, ab 2004 wieder landwirtschaftlich genutzt. Das Herrenhaus ist bewohnt und das Schloss steht leer. Eine Innenbesichtigung ist jeweils nicht möglich.

Schloss Vollenschier

Darunter: Herrenhaus Vollenschier

Schloss Walbeck

Schloss Walbeck

06333 Walbeck
Stadt Hettstedt
Landkreis Mansfeld-Südharz

Im Ostharzgebiet liegt am Rande des Mansfelder Berglandes der Ortsteil Walbeck, nur zwei Kilometer nordwestlich von Hettstedt, am kleinen Bach Walbke. Urkundlich erwähnt wurde er erstmals 950. Der spätbarocke, stattliche Dreiflügelbau entstand zwischen 1743 und 1750 in mehreren Planungsphasen. Die ersten Entwürfe schuf vermutlich der Landbaumeister und Architekt von Anhalt-Bernburg, Johann Heinrich Hoffmann, die der Amtmann Andreas Aretin Eggert und der Bauherr Johann Clamor August von dem Bussche mehrfach überarbeiteten. Der Bau wurde zweieinhalbgeschossig mit Mansarddach aufgeführt. Den Mittelgiebel zieren ein Wappenschmuck und das Mittelportal Rocaillerahmung, die beiden zweigeschossigen Seitenflügel schlichte Portale. An den Ehrenhof schließt der Wirtschaftshof an; im Norden hatte bereits im 18. Jahrhundert Johann Clamor August von dem Bussche einen barocken Garten anlegen lassen, der im 19. Jahrhundert zum Landschaftspark erweitert wurde. Hier befindet sich ein Grabstein des Ritters Hiliendorp, wohl aus der Zeit um 1300. Im Inneren des Schlosses liegt ein schlichtes Treppenhaus, einige Räume wurden später klassizistisch umgestaltet. Heute wird das Schloss mit Fördermitteln des Landes rekonstruiert. Es ist im Besitz der Walbeck GmbH, die den historischen Bau zu Wohnzwecken umbaut.

Schloss Luisium

06844 Waldersee
Stadt Dessau-Roßlau
Kreisfreie Stadt

Östlich des Stadtzentrums von Dessau erreicht man nach gut drei Kilometern den Ort Waldersee, der aus den beiden ehemaligen Orten Jonitz und Naundorf hervorging, wobei Letzterer 1159 erstmals erwähnt wurde. Hier wurde 1212 am Zusammenfluss der Mulde und Pelze eine Burg Waldeser erwähnt, die vor 1341 von einem Hochwasser zerstört wurde. In der weitläufigen und prächtigen früheren herzoglichen Parkanlage des 18. Jahrhunderts, ab 1775 als Luisengarten bezeichnet, steht neben zahlreichen Parkbauten der als Schloss Luisium benannte turmartige Bau mit Pyramidendach. Der Garten wurde 1780 nach Plänen von Johann Friedrich Eyserbeck umgestaltet. Das Schloss liegt im Zentrum eines barocken Wegesterns in erhöhter Lage am Parkteich mit Bogenbrücke. Es entstand von 1774 bis 1778 unter Fürst Leopold III. Friedrich Franz von Anhalt-Dessau als kleines Landhaus im englischen Stil für dessen Gemahlin Luise. Die Innenräume gehören zu den künstlerisch bedeutendsten klassizistischen Raumschöpfungen des Architekten Friedrich Wilhelm Freiherr von Erdmannsdorff. Das schlichte, klassizistische Bauwerk besitzt im Erdgeschoss einen Festsaal mit sehenswerten Reliefs und Malereien sowie dunkelgrüne Stuckmarmorpilaster. Im Obergeschoss liegen die kleineren Räume, Schlafzimmer, Spiegelkabinett und Bibliothek, die überwiegend mit heiter-eleganten Groteskenmalereien in feinem Stuckwerk ausgestaltet wurden. Im Jahr 1817 verstarb Fürst Leopold III. nach einem Reitunfall im Schloss Luisium. 1998 schloss man die umfangreichen Restaurierungsarbeiten zur Wiederherstellung des alten Raumbildes und die Ersatzbeschaffung verlorener Ausstattungsstücke ab. Der Park, auch als Garten bezeichnet, ist von drei Wällen vor Hochwasser geschützt und birgt vielfältige kleine Plastiken und Bauwerke, so auch den neugotischen

Schloss Luisium, Waldersee

Schloss Luisium, Waldersee, Orangerie

Schloss Waldrogäsen

Gartenpavillon, das sogenannte Schlangenhaus, die Orangerie von 1784 sowie ein Gestüt von 1779. Mit der Wiedervereinigung Deutschlands begann man 1990, den Park Luisium zu erneuern, der heute eine der Hauptattraktionen des Dessau-Wörlitzer Gartenreichs ist und zum UNESCO-Weltkulturerbe zählt. Der Besuch des Gartens ist kostenfrei, das kleine Schloss Luisium kann man im Rahmen einer Führung von April bis Oktober besichtigen. An die römische Antike erinnern die Hermen am Uferwegzugang, das Denkmal der Vestalin und auch der Ruinenbogen. Ein entspannter Besuch der Gesamtanlage mit einem Café in der Orangerie ist das ganze Jahr zu empfehlen.

Schloss Waldrogäsen

39291 Waldrogäsen
Stadt Möckern
Landkreis Jerichower Land

Waldrogäsen, dessen Schloss sich in einer gepflegten Parkanlage befindet, liegt nordöstlich von Möckern, nahe der A 2 und südöstlich von Burg. Errichten ließ es um 1900 die Familie von Thümen, deren Vorfahren bis in das Jahr 1281 zurückreichen, als ein Johannes von Thümen urkundlich erwähnt wird. Seine Stammreihe ist verbunden mit dem kurfürstlich-brandenburgischen Rat Hans von Thümen, dessen Nachfahren von 1683 bis 1926 nahezu ohne Unterbrechung in der Liste der deutschen Generäle vertreten sind. Das Schloss ist im Kern ein rechteckiger klassizistischer Putzbau von zweieinhalb Geschossen, der um 1900 unregelmäßig erweitert und historisch überformt wurde. Die parkseitige Fassade erhielt durch einen oktogonalen Eckpavillon mit Putzquaderung und einen quadratischen Turm eine Auflockerung. Der weitläufige Landschaftspark wurde um 1900 angelegt, besteht überwiegend aus einem Waldanteil mit bedeutendem Baumbestand und integriertem Erbbegräbnis der Familie von Thümen. Im Jahre

1945 wurde der Besitz enteignet und im Schloss wurden Umsiedler untergebracht. Ab 1962 nutzte man die Anlage als Genesungsheim, dem 1968 ein Diät-Sanatorium folgte. In den 1980er-Jahren befand sich im Schloss ein Schulungsheim des Sozialministeriums. Heute ist es im Besitz der Familie Imroth, die hier ein Hotel in idyllischer Lage mit viel Liebe zum Detail betreibt.

Schloss Wallhausen

06528 Wallhausen
Verbandsgemeinde
Goldene Aue
Landkreis Mansfeld-Südharz

Im unteren Helmetal, nordöstlich des Kyffhäusers und westlich von Sangerhausen, findet man den Ort Wallhausen. Hier befand sich vermutlich schon in karolingischer Zeit ein altsächsischer Hof, aus dem im 10. und 11. Jahrhundert eine der fünf großen deutschen Kaiserpfalzen hervorging; der Ort besaß somit einen gehobenen Status. Die Adelsfamilie von der Asseburg war ab 1414 im Besitz von Wallhausen und ließ zwischen 1570 und 1620 das Renaissanceschloss anstelle einer um 1150 erbauten Wasserburg mit Martinskapelle errichten. Von dieser sind im Schloss kaum Reste wiederzufinden. Im Jahre 1608 ließ Ludwig von der Asseburg, verheiratet mit Anna von Westfalen von der Hinnenburg, den Westflügel, einen Turm und die Wohnräume bauen. Es entstand eine stattliche Anlage des frühen 17. Jahrhunderts. Im Untergeschoss des Westflügels liegt ein großer gewölbter Raum, der

Schloss Wallhausen

in jüngerer Zeit als Turnhalle genutzt wurde. Er ist zweischiffig auf Säulen mit flachen Kapitellen und roten Sandsteinportalen und stammt wohl aus spätgotischer Zeit. Im Dreißigjährigen Krieg wurden dem Schloss einige Schäden zugefügt, die bis 1650 ausgebessert wurden. Nach mehrfacher Umgestaltung erhielt der Komplex sein heutiges Aussehen. Die Mitte der Fassaden wird durch Erker hervorgehoben und der turmartige Risalit im Nordwesten durch eine barocke Haube bekrönt. Oberstallmeisterin Ferdinandine von Westphal, geborene Freiin von der Asseburg, übergab 1793 das Schloss ihrem Neffen Hermann Werner von Bocholtz, dessen direkte Nachkommen sich von Bocholtz-Asseburg nannten und das Schloss bis 1945 besaßen. 1950 wurde es der Gemeinde Wallhausen als „Eigentum des Volkes“ zur Verwaltung übergeben, nachdem es zuvor im Besitz des Landes Sachsen-Anhalt gewesen war. Die Gemeinde richtete hier eine Schule ein; 2005 kam das Schloss in das Eigentum der Familie Meier-Föllmi. Neben dem Hotel mit vielen Angeboten stehen hier Räumlichkeiten für Künstler zur Verfügung, die regelmäßig Ausstellungen gestalten. In den Sommermonaten kann man den Skulpturenpark besichtigen.

Burg Walternienburg

Burg Walternienburg

39264 Walternienburg
Stadt Zerbst
Landkreis Anhalt-Bitterfeld

Zwischen Zerbst und Barby ist Walternienburg mit der kleinen mittelalterlichen Turmhügelburg an der Nuthe zu finden. Erstmals 973 urkundlich als „nigenburg“ erwähnt wurde der Ort im Zusammenhang mit der Schenkung des Handels- und Honigzehnten an das Erzstift Magdeburg. Zu den mittelalterlichen Bauten der Burg gehören der Bergfried, der quadratische Turm aus Bruchstein mit Obergeschoss in Fachwerk, auf dessen Zeltdach ein kleiner laternenartiger Aufsatz steht, und Teile der Ringmauer. Das Wall-

und Grabensystem ist noch gut erkennbar. Um 975 kam „nigenburg“ an das Stift Quedlinburg, dessen Äbtissin die Herren von Arnstein mit dem Ort belehnte. Bis heute ist nicht geklärt, ob die Burg eine frühdeutsche Befestigung oder slawische Anlage war. Später verlor sie ihre strategische Bedeutung als Grenzburg und wurde Verwaltungssitz. Die Grafen von Arnstein-Barby waren Vögte des Quedlinburger Stifts. Im 14. Jahrhundert errichtete man den Bergfried; 1359 tritt hier Graf Walter II. von Arnstein-Barby auf. Als dieses Geschlecht ausgestorben war, kam das Amt Walternienburg, dessen Bezeichnung wohl vom Namen des Grafen abgeleitet wurde, 1659 in Verwaltung des Fürstentums Anhalt-Zerbst. Umbaumaßnahmen an der Gesamtanlage wurden in der zweiten Hälfte des 18. Jahrhunderts vorgenommen und prägten die Burg bis in das 20. Jahrhundert hinein. Walternienburg wurde 1815 preußischer Besitz. Nach dem Zweiten Weltkrieg nutzte man die Anlage nur noch zu Wohnzwecken, bis sie schließlich zunehmend verfiel. Ohne weitere Nutzung beschloss man 1973 den Abriss weiterer Burggebäude, der 1988 erfolgte. Die Burg ist heute für standesamtliche Trauungen, als Sitz des Informationszentrums und Naturparkinfopunkt sowie gastronomische Einrichtung hergerichtet. Durch Führungen und zahlreiche Veranstaltungen hat sie sich zum kulturellen Mittelpunkt der Gemeinde entwickelt.

Burg Wanzleben

39164 Wanzleben-Börde

Landkreis Börde

Erstmals erwähnt wurde der Ort, der in der Magdeburger Börde am Bode-Nebenfluss Sarre, etwa fünf Kilometer südwestlich des Magdeburger Stadtrandes liegt, im Jahre 889. Otto I. bestätigte im Jahre 947 und 956 die Schenkungen von Ludwig dem Jüngeren an Herzog Ludolf von Sachsen und dessen Ehefrau Oda aus der Zeit um 878 über den Fiskus Wanzleben. Letztere

Burg Wanzleben, Wanzleben-Börde

gründeten 856 auch das Kloster Gandersheim. 896 wurde ein Burgward und schließlich 968 eine Burg urkundlich festgehalten. Diese war eine weitläufige, runde Niederungsburg, geschützt von Gräben, Wällen, versumpften Teichen und dem Fluss Sarre. Die Burg diente dem Schutz des Handelsweges von Magdeburg nach Halberstadt. Von ihrem hohen Bergfried, dem fünfgeschossigen Wohnturm, konnte man weit ins Land hinaussehen. Dessen untere Teile stammen aus dem 10., die oberen aus dem 11. bis 12. Jahrhundert. Vom 12. bis 14. Jahrhundert befand sich die Anlage zu Lehen der Herren von Wanzleben, die sie 1373 wegen Verschuldung an den Magdeburger Erzbischof verkauften. Die Wirren der Zeit von 1351 und 1550 hat die Burg vor allem trotz der Belagerung 1550 durch Truppen des Herzogs Georg von Mecklenburg gut überstanden. 1583 erfolgte der Umbau zum Wohnschloss, das durch den Administrator des Erzstifts Magdeburg, Johann Friedrich von Brandenburg, eine neue Zufahrt bekam. Den Dreißigjährigen Krieg überstand es nicht ohne Schäden. Während der Kampfhandlungen wechselten sich auf der Burg der Feldherr Graf von Tilly und der kaiserliche General-Feldzeugmeister Christoph von Barner ab. Im Jahre 1813 war sie Quartier für 3000 französische Soldaten; Kanzler Cambacérès erhielt sie als Besitz. Im 18. und 19. Jahrhundert entstanden durch Um- und Neubauten ein Wohnhaus und die Wirtschaftsgebäude. Von 1680 bis 1945 wurde die Burg unter verschiedenen Eigentümern als Domäne geführt, von denen sie die Familie Kühne von 1778 bis 1945 als Pächter am längsten bewirtschaftete. 1945 wurde sie enteignet und eine bäuerliche Handelsgenossenschaft, Speiseeisfabrik und ein Geldinstitut wurden untergebracht. Gerettet vor dem endgültigen Verfall hat die Anlage 1993 der Enkel des letzten Amtsrates, Dr. F. W. Kühne. Seit 1996 wurde sie systematisch von Grund auf restauriert. 2003 wurde das Hotel eröffnet, Räumlichkeiten für Feste und Tagungen mit reichhaltigem Angebot stehen bereit.

Schloss Wartenburg

06901 Wartenburg
Stadt Kemberg
Landkreis Wittenberg

Wartenburg liegt etwa zwölf Kilometer südöstlich der Lutherstadt Wittenberg an der Elbe und bekam 1176 seine erste urkundliche Erwähnung als „Wardenberch". Als ehemaliges Rittergut

Schloss Wartenburg

wurde es 1530 im Besitz der Familie Löser auf Pretzsch genannt und war 1651 im Eigentum derer von Witzleben. Zu weiteren Besitzern sind solch renommierte Persönlichkeiten wie 1748 der Graf Friedrich Wilhelm von Brühl, ein Bruder des sächsischen Premierministers, und seit 1769 die Grafen von Hohenthal zu zählen. Den Grundstein für das Schloss im damaligen Rittergut Wartenburg legte man 1663. Der bestehende Bau ist im Kern kastellartig und war ursprünglich eine von Wassergräben umgebene Vierflügelanlage von 1603. Aus dieser Zeit stammt auch das Portal an der Westseite. Um 1770 erfolgte ein spätbarocker Umbau, wohl in Anlehnung an die Dresdner Schule Johann Christoph Knöffels. Weit bekannt wurde der Ort mit der Schlacht bei Wartenburg 1813 im Zuge der Befreiungskriege, als der preußische Feldmarschall Blücher Napoleons Armee zwang, den Übergang über die Elbe freizugeben, und schließlich den späteren Sieg über Napoleon in der Völkerschlacht bei Leipzig herbeiführte. Das Schloss diente zu jener Zeit als Hauptquartier den Verbündeten, Feldmarschall Blücher, den Generälen Gneisenau und York sowie Kronprinz Wilhelm von Preußen. Schließlich erwarb Graf Peter von Hohenthal 1920 das Anwesen von seinem Bruder und ließ wohl 1921 den Nordflügel abtragen. Es entstand eine Öffnung des Hofs über einer Terrasse mit Freitreppe und Brunnenanlage zum Park hin. Im Inneren verblieb eine

Schlossruine Weferlingen

Schlossruine Weferlingen

39356 Weferlingen
Stadt Oebisfelde-Weferlingen
Landkreis Börde

Die Schlossruine liegt am südlichen Rand der Altstadt von Weferlingen an der Aller, am Nordostrand des Lappwaldes und an der Landesgrenze zu Niedersachsen, östlich von Wolfsburg. Im 13. Jahrhundert erbauten vermutlich die Herren von Honlage die Niederungsburg als Wasserburg, die jedoch 1316 von Herzog Albrecht von Braunschweig erobert wurde. Später kam sie als Lehensgut erneut an die von Honlage und schließlich Anfang des 16. Jahrhunderts in die Eigenverwaltung des Halberstädter Bischofs, woraufhin sie zum Schloss umgebaut wurde. Prinz Friedrich II. von Hessen-Homburg gelangte im 17. Jahrhundert in den Besitz des Schlosses, das jedoch bereits 1717 nicht mehr bewohnt war. Weitgreifende Um- und Neubauten von Wohn- und Wirtschaftsgebäuden aus der Zeit von 1662 bis 1671 gehen auf den später zum Landgrafen erhobenen Friedrich II. von Hessen-Homburg zurück. Zweckentfremdet als Kornkammer genutzt, brannte das Schloss Ende 1929 aus und ist seither Ruine. Die Anlage verweist auf einen hoch-

schlichte Ausstattung mit einigen Kaminen und Türen des 18. Jahrhunderts. Gegen Ende des Zweiten Weltkriegs floh die Grafenfamilie von Hohenthal vor der Roten Armee und das Schloss wurde 1946 verstaatlicht. Ab 1947 bezogen es zunächst Kriegswaisen und Flüchtlingskinder, schließlich verlegte man ein Erziehungsheim mit Heimschule für „erziehungsschwierige" Kinder in das Bauwerk. In den 1950er-Jahren nannte es sich „Heim für schwer erziehbare Hilfsschüler" und bekam später den Namen des kommunistischen Widerstandskämpfers „Walter Husemann". Auch nach der Wiedervereinigung blieb das Schloss ein Kinderheim und wurde 1994 vom Evangelischen Jugend- und Fürsorgewerk in Trägerschaft übernommen. Es kamen noch zwei Gebäude, das ehemalige Landambulatorium und die Kinderkrippe, zum Kinder- und Jugendhilfeverbund Schloss Wartenburg hinzu. Ein weitläufiger Park im englischen Stil umgibt das Schloss.

mittelalterlichen Bergfried und das dreiflüglige Renaissanceschloss. Auch findet man noch heute Reste von Wall- und Grabensystem sowie im Osten und Südwesten Teile der Ringmauer. Der quadratische Bergfried mit Lichtschlitzen, Aborterker und zehn Meter hohem Einstieg, auch Grauer Hermann genannt, steht an der Südostseite der Ringmauer und stammt wohl aus der Zeit um 1300. Im südlichen Hauptflügel befindet sich eine Tordurchfahrt aus der Barockzeit. Die Schlossruine ist frei zugänglich. Das Heimat- und Apothekenmuseum befindet sich gegenüber der Ruine in einem separaten Gebäude.

Schloss Neu-Augustusburg

06667 Weißenfels

Burgenlandkreis

Weißenfels liegt am Austritt der mittleren Saale aus dem Thüringer Becken in die Leipziger Tieflandbucht. Eine slawische Burgstelle mit größerem Friedhof hat es hier schon im 9. und 10. Jahrhundert gegeben und Mauerreste einer deutschen Burg aus dem 12. Jahrhundert wurden 1995/96 ausgegraben. Auf dieser haben zu jener Zeit die Wettiner „auf dem weißen Felsen“ angesessen. Im Jahre 1546 ließ Herzog Moritz von Sachsen das damali-

Schloss Neu-Augustusburg, Weißenfels

ge alte Schloss befestigen. Als die Schweden im Dreißigjährigen Krieg 1644/45 einfielen, verschonten sie das Schloss nicht. Auf den verbliebenen Resten der zerstörten Anlage entstand von 1660 bis 1690 eine große frühbarocke dreigeschossige Dreiflügelanlage. Erbaut wurde sie für die Herzöge von Sachsen-Weißenfels durch Johann Moritz Richter d. Ä. und Johann Moritz d. J. Lange war das Schloss nicht in deren Besitz, da ihre Linie 1746 erlosch. Noch im 18. Jahrhundert mussten aufgrund von Bauschäden Sicherungsmaßnahmen eingeleitet werden; 1815 erfolgte ein Umbau zur Einrichtung als preußische Kaserne. Der mächtige Bau, das Stadtbild beherrschend, liegt auf einem Felsen über dem rechten Saale-Ufer. Er gehört zu einer Reihe monumentaler thüringisch-sächsischer Schlossbauten des 17. Jahrhunderts. Die Grundsteinlegung zum bestehenden Schloss erfolgte 1660 durch Erhard Lindner aus Magdeburg, die Ausführung begann im Frühjahr 1661 nach einem Entwurf von Johann Moritz Richter d. Ä. Die Fertigstellung bis zum Jahr 1690 setzten Johann August von Leitzsch und Johann Moritz Richter d. J. fort. Der westliche Wohnflügel wird von zwei doppelläufigen Treppen flankiert, im ersten Obergeschoss liegen das Audienzgemach sowie der ursprünglich große Saal im Südflügel. Er wurde von 1753 bis 1756 zu Appartements umgebaut. Durch die Umwandlung zur Kaserne wurde die Ausstattung zerstört. Es blieben nur die Schlosskapelle und zwei stuckierte Räume südlich des Audienzgemachs erhalten. Vom südlich gelegenen, 1671 entstandenen Schlossgarten findet man heute nur wenige Reste. Von der ehemaligen Orangerie verblieben das Gärtnerhaus und das Galeriegebäude aus der Zeit um 1686. Von 1928 bis 1938 nutzte man die Anlage als Gefangenensammellager und schließlich ab 1945 für Fremdarbeiter und Umsiedler, später zu Wohnzwecken, als Kindergarten und Schulhort. Die Schlosskapelle bekam 1954/55 eine Restaurierung. 1956 wurde eine Fachschule für Museologen im Südflügel und im größten Teil des Schlossmittelbaus eingerichtet. Heute befinden sich vor Ort drei Dauerausstellungen, wovon die jüngste die Geschichte des Herzogtums Sachsen-Weißenfels zeigt. Auch kann man hier die interessanteste Schuhsammlung Deutschlands besichtigen. In der zweiten Etage liegt das Regionalmuseum mit dem Bereich Lokalgeschichte von 1757 bis 1871. Weitere Räumlichkeiten werden durch das Schloss-Café sowie das europäische Musik- und Kulturzentrum genutzt.

Burg Wendelstein

Burg Wendelstein

06642 Wendelstein
Gemeinde Kaiserpfalz
Burgenlandkreis

Burg und Ortschaft Wendelstein liegen auf einer schroff abfallenden Anhöhe unmittelbar an der Unstrut, 20 Kilometer südwestlich von Querfurt. Die erste urkundliche Erwähnung der wesentlich älteren Anlage erfolgte 1312 als Grafenburg. Vermutlich war sie eine ehemalige Fluchtburg und zur Pfalz Memleben gehörig, die sich von 1355 bis 1616 mit Unterbrechungen im Besitz der Herren von Witzleben befand. Im Jahre 1502 begann man mit dem Bau gewaltiger Befestigungsanlagen und um 1540 entstanden mehrere Wohnbauten, darunter das obere Schloss sowie die Kapelle. Während des Bauernkrieges 1524/25 war die Anlage auch Zufluchtsort des Adels der Umgebung. Im Jahre 1560 erfolgte eine erneute Umgestaltung der Anlage, 1590 ein weiterer Umbau der Burg zum Wohnschloss mit vortretendem Treppenturm im Hof unter Beibehaltung der Verteidigungsanlagen, der 1596 durch Friedrich Fuß fertiggestellt wurde. Neben dem Turm befindet sich ein stattliches rundbogiges Portal mit Inschrift von 1596, gerahmt von gepaarten ionischen Säulen und einem hohen Attikaaufsatz. Südlich auf der Flussseite liegt das lang gestreckte mittlere Schloss, im Kern aus der Mitte des 16. Jahrhunderts, mit einem nach 1656 erneuerten Tafelsaal der Weißenfelser Herzöge von

1657, der seit etwa 1802 zur Kapelle umgestaltet wurde. Nach dem Dreißigjährigen Krieg war die Gegend verwüstet und das Anwesen 1640 zerstört worden, doch errichtete man unter Herzog Johann Adolph II. schließlich das neue Schloss, das die Herzöge von Sachsen-Weißenfels-Querfurt als Jagdschloss nutzten und das später als Domäne diente. Nachdem die Anlage weiter verfiel, was auch auf Bewegungen im Fels und auf mangelnde Instandhaltung zurückzuführen war, wurde sie aufgegeben. Seit den 1980er-Jahren wurde sie teilweise geringfügig instand gesetzt und revitalisiert. Die Anlage ist trotz ruinösem Zustand teilweise bewohnt.

Schloss Wendgräben

Schloss Wendgräben

39279 Wendgräben
Stadt Möckern
Landkreis Jerichower Land

Das Schloss liegt nördlich der kleinen Siedlung Wendgräben, einem ehemaligen Vorwerk, das heute zur Stadt Möckern im östlichen Sachsen-Anhalt gehört. Der Herrensitz wurde 1910 bis 1912 im Stil englischer Landhäuser für den Rittergutsbesitzer in Groß-Lübars, Hans Waldemar von Wulffen, durch Hermann Muthesius erbaut. Er entstammte einer alten Adelsfamilie, deren Geschichte bis in das 10. Jahrhundert zurückreicht und die eng mit der ehemaligen Stadt Loburg verbunden ist. Bis in die 1920er-Jahre wurde die Anlage innen sukzessiv ausgestattet sowie der Garten und Park angelegt. Letztere entstanden nach einem Entwurf des Düsseldorfer Stadtgartendirektors Walter von Engelhardt. Hervorzuheben ist die schon 1922 geplante, südöstlich gelegene und nach romanischer Art gestaltete Grabanlage des Bauherrn Hans-Waldemar von Wulffen und seiner Gattin. Garten und Park Wendgräben gehören mit ihrem Pflanzenreichtum und ihrer Gestaltung zu den wertvollsten erhaltenen Gartenanlagen vom Anfang des 20. Jahrhunderts. Mehr als 20 Jahre hatte die Familie von Wulffen ihre Anlage bis zum Beginn des Zweiten Weltkrieges genutzt und vermietete den Herrensitz dann an die Nationalsozialistische Volkswohlfahrt, die hier ein Entbindungsheim einrichtete. Im Jahre 1945 wurde die Familie im Zuge der Bodenreform enteignet; von 1947 bis 1975 diente das Schloss als Oberschule mit Internat. Später folgte eine Sonderschule für lernschwache Kinder. 1991 erwarb die Konrad-Adenauer-Stiftung die gesamte Anlage. Im Zuge des Ausbaus, der Sanierung und Modernisierung zum Bildungszentrum 1994 bis 1997 wurden der Wirtschaftsflügel und die Vorhalle des Haupthauses vollständig umgestaltet. So blieben von der Innenarchitektur Hans Stobwassers nur noch Reste erhalten. Die Schlossanlage ist nur äußerlich einsehbar, der Garten aber begehbar.

Schloss Wernigerode

38855 Wernigerode

Landkreis Harz

Die schöne Fachwerkstadt mit ihrem weit bekannten, sehenswerten Rathaus und dem Schloss liegt am Nordostrand des Harzes, am Fuß des Brockens im Westen des Landes, östlich von Goslar. Das Schloss steht südöstlich auf einem Felssporn des Agnesberges über der Stadt und ist mit seinen Türmen und Erkern das Wahrzeichen von Wernigerode. 1121 hatte man den Ort erstmals urkundlich mit dem Grafen Adalbert zu Haimar aus der Region um Hildesheim erwähnt. Dieser ließ zwischen 1110 und 1120 die mittelalterliche Wehrburg erbauen; dessen Geschlecht nannte sich ab 1121 Grafen von Wernigerode. Die Burg wurde erst 1213 urkundlich erwähnt und 1429 ein Erbe der Grafen von Stolberg, die sich daraufhin Grafen von Stolberg-Wernigerode nannten. Im Jahre 1494 begann man mit dem Umbau der

Schloss Wernigerode

Burganlage und zwischen 1518 und 1534 erfolgte unter Graf Botho dem III. von Stolberg eine Erneuerung, bei der vor allem die Wehranlagen verstärkt, aber auch ein Zwinger gebaut sowie der Turm und der Wendelstein ausgekesselt wurden. Auch die Schlosskirche erhielt einen Ausbau. Erhebliche Zerstörungen erfolgten im Dreißigjährigen Krieg, sodass die gräfliche Residenz nach Schloss Ilsenburg verlegt wurde. Lange Zeit blieb Schloss Wernigerode unbewohnt und wurde mehrfach geplündert, bis man schließlich zum Ende des 17. Jahrhunderts mit dem barocken Um- und Wiederaufbau der Anlage begann. Von 1672 bis 1676 entstand der südliche Flügel, der sogenannte Sommerbau. 1710 bestimmte der zurückgekehrte Graf Christian Ernst von Stolberg-Wernigerode das Schloss zur ständigen Residenz. Im Jahre 1714 kam Wernigerode unter preußische Herrschaft. Unterhalb des Schlosses legte man von 1715 bis 1723 im Auftrag des Grafen Christian Ernst einen Lustgarten mit Orangerie an, den Graf Heinrich von 1823 bis 1830 in einen englischen Landschaftspark umgestalten ließ. Von 1862 bis 1881 erfolgten unter Graf Otto weitere Neu- und Umbauten in historisierendem Stil durch den Blankenburger Baumeister Karl Frühling. Graf Otto war seit 1878 Stellvertreter des preußischen Ministerpräsidenten und Reichskanzlers Bismarck, weshalb die Grafen zu Stolberg-Wernigerode 1890 in den Fürstenstand erhoben wurden. Die Anlage, mit malerischem Innenhof und ringförmig gruppierter Bebauung, wird von einer äußeren und inneren Ringmauer aus dem 13./14. Jahrhundert umschlossen. Im Nordwesten befindet sich der Hausmannsturm aus den 1870er-Jahren und der Zugang zum Hof erfolgt über eine repräsentative Freiterrasse, die der Stadt zugewandt ist. Im Norden liegt das sogenannte Stei-

Schloss Wernigerode, Freiterrasse

nerne Haus und östlich der Saalbau von 1878 bis 1881 mit dem Festsaal. Die Schlosskapelle St. Pantaleon entstand anstelle einer barocken Kapelle nach Entwürfen Karl Frühlings und des Wiener Architekten Friedrich Schmidt. Das Logierhaus mit Wagenremise und großer Durchfahrt wurde von 1874 bis 1878 mit eingreifendem Bergfried gestaltet. Im Inneren brilliert der prächtige hohe Festsaal mit hölzerner Kassettendecke und Musikloge sowie Wandgemälden mit Darstellungen aus der Geschichte der Grafen zu Wernigerode-Stolberg des Münchner Malers Konrad Beckmann aus dem Jahre 1885. Der Besuch des Schlosses und seines Museums mit dem grandiosen Ausblick sowie die Stadt selbst sind eine Reise wert.

Burg Westerburg

38836 Westerburg
Gemeinde Huy
Landkreis Harz

Westerburg liegt auf halber Strecke nordwestlich von Halberstadt, Richtung Schöningen nah der B 244. Gegründet wurde das kleine Anwesen um 770/80 durch Karl den Großen und gilt als älteste Wasserburg Deutschlands. Zu den Anfängen derselben gibt es nur spärliche Unterlagen, doch soll sie 1052 erstmals urkundlich erwähnt worden und im Besitz des Bischofs zu Halberstadt gewesen sein. Die Entstehung der kreisförmig erbauten Burganlage geht wohl auf das 11./12. Jahrhundert zurück. Im Jahre 1180 ein Lehen der Grafen von Regenstein, baute man die Anlage mit doppeltem Wassergraben kastellartig aus und um 1300 entstand die Wohnburg mit drei- und vierge-

Burg Westerburg

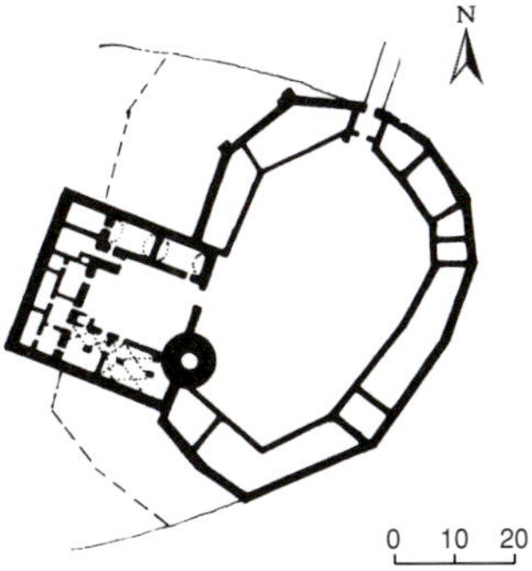

Burg Westerburg, Grundriss

schossigen Gebäuden um einen engen Hof. Aus jener Zeit existieren keinerlei Aufzeichnungen, und so wird vermutet, dass die Burg im 13. Jahrhundert zerstört oder verfallen war. Von 1317 bis 1599 war sie Regensteiner Lehen und kam dann wieder an die Halberstädter Bischöfe. Im Jahre 1521 wird eine Anlage in einer Verpfändungsurkunde zwischen dem Bistum und Bertram von Dorpstadt genannt.

1597 ordnete der Burgverwalter Peregrinus Hühnerkopf Hexenverbrennungen im Amt Westerburg an. Im 16. Jahrhundert erfolgte der Um- und Anbau des Treppenturms im Stil der Renaissance. Im Ergebnis des Westfälischen Friedens kam das Areal durch die Säkularisierung 1650 in den Besitz des Kurfürsten von Brandenburg. Kaiser Napoleon Bonaparte schenkte die Burg 1807 seiner Schwester, Prinzessin Marie Pauline Borghese, in deren Besitz sie bis 1813 verblieb. Das Anwesen war von 1802 mit Unterbrechung in napoleonischer Zeit bis 1945 eine preußische Staatsdomäne und in Pacht der Familie Wahnschaffe. Nach 1945 brachte man vor Ort Vertriebene unter, später die Landwirtschaftliche Produktionsgenossenschaft, ein Gemeindebüro, eine Arztpraxis, einen Kindergarten und Jugendclub. Von 1990 bis 1999 war das Restaurant in der Burg verpachtet, bis die Familie Lerche es schließlich zum Romantik-Hotel mit Wellness- und vielen anderen Angeboten ausbaute und einrichtete. Die Anlage stellt eine annähernd quadratische Burg mit östlich vorgelagertem Wirtschaftshof dar. Die Ringmauerburg mit Bergfried, vermutlich noch im 13. Jahrhundert entstanden, bildet das Kernstück des Anwesens. Die Burgküche befindet sich im Souterrain des Südflügels. Das Turmportal des Treppenturms wird von einem wappenbekrönten Renaissancegiebel geschmückt. Im dritten Geschoss des Nordflügels liegt die Burgkapelle von 1681. Die Vorburg entstand im Zuge der Burgerweiterung mit Wassergräben und Wall im 15. Jahrhundert. Der Burgbereich und die schöne Umgebung lassen sich umfassend erkunden. Anschließend kann man sich im Hotel verwöhnen lassen.

Herrenhaus Weteritz

39638 Weteritz
Hansestadt Gardelegen
Altmarkkreis Salzwedel

Südwestlich von Gardelegen findet man Weteritz, das erstmals 1362 genannt und 1472 als Teil der Vogtei Gardelegen in einer Urkunde erwähnt wurde, doch vermutlich noch früher bestand. Das Gutshaus von 1831 ist das sehenswerteste Gebäude des Ortes. Gebaut wurde es für die weiße Linie der Familie von Alvensleben auf Gardelegen-Isenschnibbe, den Park konzipierte im Jahre 1830/31 kein Geringerer als Peter Joseph Lenné. Er wurde um 1870 von dem Hannoveraner Stadtinspektor Julius Trip und dem Berliner Tiergarteninspektor Hermann Geitner erweitert. Im Jahre 1859 verkaufte man das Rittergut an den herzoglich-anhaltinischen Amtsrat Carl Heinrich Theodor Roth aus Dessau, dessen Familie bis 1945 ansässig war und das Gut bewirtschaftete. Für die „Urbarmachung der Feldmark“ durch Carl Heinrich Roth wurde Roth mit dem Orden eines Ritters Erster Klasse ausgezeichnet, dem herzoglich-anhaltinischen Hausorden „Albrecht der Bär“. Sein Sohn Hubert Roth war ein anerkannter Dendrologe; 1934 fand in Weteritz die Jahrestagung der Deutschen dendrologischen Gesellschaft statt. Im Park findet man noch heute von Roth importierte Gewächse, wie die Hemlocktannen aus Nordamerika. Das Herrenhaus stellt einen breit gelagerten, zweigeschossigen Putzbau auf hohem Keller dar, der 1831 unter Friedrich Wilhelm von Alvensleben klassizistisch umfassend umgebaut wurde. Es besitzt eine wohlproportionierte, breit gelagerte Fassadengliederung durch geschossteilende Gesimsbänder, Eckquaderung und einen Mittelrisalit mit Freitreppe zur Parkseite. Die einstige Kirche ist ein romanisierender Bau des Klassizismus aus der Zeit um 1840 mit starker Überformung. Das Herrenhaus befindet sich in Privatbesitz und ist nur äußerlich einsehbar. Der Park gehört der Stadt Gardelegen und ist öffentlich zugänglich.

Herrenhaus Weteritz

Burg Wettin

06193 Wettin-Löbejün
Saalekreis

Wettin liegt nordwestlich von Halle (Saale), westlich der A 14, und hatte durch Kaiser Otto I. 961 seine erste urkundliche Erwähnung als „civitas Vitin“. Die

Oberburg Wettin, Wettin-Löbejün

Höhenburg erstreckt sich auf einem langen, schmalen Porphyrrücken am rechten Ufer der Saale, malerisch über dem Steilhang gelegen, einen alten Flussübergang schützend. Schon im 8./9. Jahrhundert bestand wohl eine slawische Wallanlage und im 11. Jahrhundert wurde durch das ansässige Grafengeschlecht der Name Wettin angenommen. Nach der Ermordung Dietrichs erhielt sein Sohn Thimo 1034 die Grafschaft. Dessen Sohn Konrad war wiederum als „der Große" eine wichtige Persönlichkeit in der sächsischen Geschichte und residierte ab 1091 auf der Burg. Im Hochmittelalter erfolgte ein Ausbau unter Konrad dem Großen von Wettin. Auch unter dem Markgrafen von Meißen und der Ostmark wurde in der ersten Hälfte des 12. Jahrhunderts umgebaut. Weitere Veränderungen an der Anlage erfolgten 1156. 1185 wurde die Burgkapelle St. Peter erstmals urkundlich erwähnt. Im Jahre 1217 starb die Wettiner Linie des Grafengeschlechts aus und die wettinischen Grafen von Brehna erbten den Ort. Otto IV. von Brehna verkaufte 1288 die Grafschaft „castrum et civitatem Wittin" an den Erzbischof von Magdeburg, der sie in ein erzbischöfliches Amt umwandelte. Graf Friedrich II. von Brehna war Templer und fiel 1221 bei Akkon. Sein Sohn Dietrich schenkte dem Orden um 1240 den Ort Mücheln. Die Unterburg wurde 1446 von Erzbischof Friedrich an Koppe von Ammendorf mit der Saaleseite und Caspar aus dem Winkel mit der Stadtseite verkauft, worauf 1555 jene aus dem Winkel den Ammendorfer Anteil hinzuerwarben. 1593 überließ man die Oberburg dem Administrator Joachim Friedrich von Magdeburg. 1606 wurde die Anlage erneut umgebaut und erweitert. 1680 kam sie mit dem Ort an Kurbrandenburg. In den Jahren 1768 bis 1777 bekam die Unterburg den Winkel-Bau an der Stadtseite, wozu man ältere Teile einbezog. An der Hofseite befindet sich das Allianzwappen Caspars aus dem Winkel und seiner Frau Anna von Trotha. Im Innern der Hauptgeschosse liegen je zwei Kreuzgratgewölbe, wohl von der ehemaligen Kapelle und dem Archiv. Südöstlich der fast unbebauten Vorburg der Unterburg ist nur die Ringmauer erhalten und im südöstlichen Teil befindet sich der sogenannte Rittersaal. Prinz Ferdinand von Preußen erwarb 1803 die Unterburg für seinen Sohn Louis Ferdinand. 1814 wurden Ober- und Unterburg preußische Domäne. Schließlich erfolgte auch im 19. Jahrhundert ein komplexer Umbau des Burgareals. 1924 fand hier der sächsisch-thüringische Geschichts- und Altertumsverein seine Heimat. 1930 wurde der Torbereich der Unterburg während der Nutzung als Gauleiterschule der NSDAP stark verändert. Ab 1945 wurde das Anwesen Schulungszentrum der KPD, SED, Fachschule für Landwirtschaftliche Finanzwirtschaft sowie Fachschule für Schäfer. Das Burg-Gymnasium Wettin wurde 1991 eingerichtet und ist mit seinem Fachbereich Kunst einzigartig in Mitteldeutschland. Der Schule

Unterburg Wettin, Wettin-Löbejün

wurde ein Internat angeschlossen. Die Gesamtanlage gehört zu den großen Burgen Deutschlands und besteht aus zwei Kernburgen mit den jeweiligen Vorburgen. Die Anlage gehört bis auf den Grafenhof und die Häuserinsel dem Saalekreis. Neben dem modernen Gymnasium beherbergt die Burganlage ein Museum, eine Bücherei und eine Gaststätte. Darüber hinaus hat man von der Burg einen herrlichen Ausblick über das Saaletal.

Schloss Oberwiederstedt

06333 Wiederstedt

Stadt Arnstein

Landkreis Mansfeld-Südharz

Wiederstedt liegt am östlichen Rand des Harzes, etwa drei Kilometer nordöstlich von Hettstedt an der Mündung der Walbke in die Wipper. Der Ort wurde 948 erstmals in einer Urkunde Ottos I. erwähnt. Das hier befindliche Kloster, Amt und Dorf Wiederstedt verpfändeten 1561 die Grafen von Mansfeld an Jacob von Blankenburg, worauf das Gut über dessen Nichte zu Beginn des 17. Jahrhunderts an die Familie von Hardenberg gelangte. Im Ort steht auch das als Novalis-Schloss bezeichnete Schloss Oberwiederstedt. Die Taufkirche mit angrenzendem Klosterschiff eines ehemaligen Dominikanerinnenkloster, das 1256 in Hettstedt gegründet wurde, hatte man nach Oberwiederstedt verlegt. Mit der Säkularisierung im 16. Jahrhundert wurde es an den Rittmeister von Blankenburg verpfändet. Im Jahre 1634 kam das Kloster an die Familie von Hardenberg. Christoph Hildebrand von Hardenberg ließ das zweigeschossige Gebäude von 1680 bis 1683 an das Brüderhaus aus der Klosterzeit anbauen. Georg Philipp Friedrich Freiherr von Hardenberg, genannt Novalis, wurde 1772 auf dem Schloss geboren. Es stellt einen zweigeschossigen Zweiflügelbau mit achteckigem Treppenturm im Hofwinkel aus der Zeit um 1585 dar. Im Innern befinden sich einige spätgotisch profilierte Türen sowie hölzerne Fensterge-

Schloss Oberwiederstedt, Wiederstedt

wände. Der Bau, dessen Portal von 1687 stammt, wurde seit dem 17. Jahrhundert mehrfach verändert. Den Treppenturm hatte man zum Ende des 19. Jahrhunderts aufgestockt und gleichzeitig auch die abgetreppten Giebel errichtet. Der weitläufige ehemalige Gutspark wird derzeit rekonstruiert. Seit 1992 befinden sich im Schloss ein Museum und eine neu aufgebaute Forschungsstätte für Frühromantik. Neben der Novalis-Gedenkstätte gibt es auch Sonderausstellungen, so über die Natur des Lichts und die Farbe Blau in der Romantik.

Schlossdomäne Wolmirstedt

Schlossdomäne Wolmirstedt

39326 Wolmirstedt
Landkreis Börde

Die erste urkundliche Erwähnung der Ortschaft geht auf das Jahr 1014 zurück. Wolmirstedt liegt an der Ohre, etwa 15 Kilometer nördlich von Magdeburg, im Süden durchquert der Mittellandkanal die Stadt. Die Höhenburg mit historischer Schlosskirche in norddeutscher Backsteingotik liegt an den Uferterrassen der Ohre. Um 1000 errichtete Graf von Walbeck auf einer vermutlich slawischen Anlage über der Ohre-Elbemündung eine Befestigung. Ihre erste urkundliche Erwähnung, in der ein Angriff auf die östliche Mauer der Oberburg beschrieben wird, erhielt sie 1009. Unter Albrecht II. waren die Markgrafen von Brandenburg im Besitz der Anlage. 1208 hatte man die Burg wesentlich vergrößert und in Stein ausgebaut. Die Erzbischöfe von Magdeburg, welche diese ab 1342 besaßen, nutzten sie als Residenz. Unter Ernst II. von

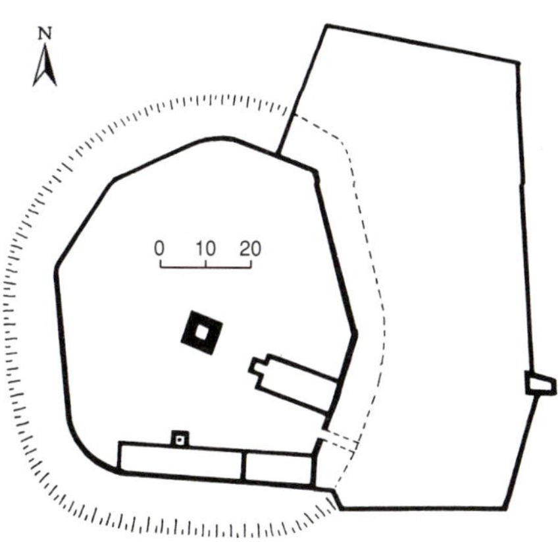

Schlossdomäne Wolmirstedt, Grundriss

Schlossdomäne Wolmirstedt, Pächterhaus

Wettin kam es 1480 zu umfangreichen Neubauten. Von 1575 bis 1585 erfolgten erneute Um-, Erweiterungs- und Neubauten unter dem Administrator und späteren Kurfürsten Joachim Friedrich von Brandenburg, der hier vor seiner Thronbesteigung mit seiner ersten Ehefrau Katharina von Küstrin residierte. Unter ihm verwandelte sich die Anlage zu einer repräsentativen Renaissanceresidenz, dem Schloss Bernburg ähnlich. Nach 1648 wurde die Vorburg Wirtschaftshof der Domäne. Sie bestand aus der ehemaligen Oberburg (als Schloss bezeichnet) mit östlich anschließender Vorburg, dem südlichen Vorhof (Amtshof) und dem nördlichen Vieh- und Ackerhof. Höher gelegen stehen die Relikte der Innenburg mit im Westen erhaltenen Resten der Befestigung eines Ringgrabens und südlich davon der um 1800 reduzierte Renaissancepalas mit einer Wendelstiege sowie einer spätgotischen Burgkapelle. Von der Vorburg des 18. Jahrhunderts sind das Torhaus, das Pächterhaus und eine Scheune aus den 1840er-Jahren erhalten geblieben. Stadt und Schloss fielen dem Dreißigjährigen Krieg zum Opfer. Nach den Verwüstungen verfiel die Burg zusehends und diente als Materiallager zum Aufbau einzelner Stadtteile. Schließlich erhielt das Schloss sein heutiges Aussehen im schlichten Barock und wurde als Domäne des preußischen Staates genutzt, von der heute noch das Schloss mit Kapelle, das Herrenhaus, Torhaus, Stallungen (Bibliothek) und die Feldsteinscheune (Kreismuseum) erhalten sind. Das große Areal bildet mit der Stadtbibliothek, dem Bürgerhaus, dem Katharinensaal, der Schlosskapelle und dem Museum das kulturelle Zentrum der Stadt.

Schloss Wörlitz und Parkbauten

06785 Wörlitz
Stadt Oranienbaum-Wörlitz
Landkreis Wittenberg

Wörlitz liegt im Biosphärenreservat Mittelelbe, östlich von Dessau. Die Stadt wurde 1004 erstmals urkundlich erwähnt. Das Dessau-Wörlitzer Gartenreich ist eine europaweit bedeutende Kulturlandschaft in Sachsen-Anhalt, deren Anlagen seit November 2000 zum UNESCO-Weltkulturerbe gehören. Die erste urkundliche Erwähnung einer Burg stammt ebenfalls aus dem Jahr 1004. 1696 stand hier ein fürstliches Jagdhaus. Von 1769 bis 1773 errichtete man an dessen Stelle ein zweigeschossiges **Schloss** mit Säulenportikus, auch als englisches Landhaus bezeichnet. Erbaut wurde es für den jung vermählten Fürsten Leopold III. Friedrich Franz von Anhalt-Dessau als Sommerresidenz nach Plänen von Friedrich Wilhelm von Erdmannsdorff. Schließlich widmete der Fürst das neu errichtete Domizil seiner Gemahlin Luise. Im Hauptgeschoss gruppieren sich um den Lichthof die Vorhalle, zehn Räume und zwei Säle. Der Palmensaal auf dem Dach des Schlosses entstand 1783. Seit der Fertigstellung im 18. Jahrhundert sind die Räume der Öffentlichkeit zugänglich. Es war Johann Joachim Winckelmann, der das Fürstenpaar für die antiken Stätten und Sammlungen Roms begeisterte, was bei einem Rundgang durch das Schloss deutlich wird. Das Mobiliar stammt unter anderen aus der Werkstatt von Abraham und David Roentgen, die sehenswerte Keramiksammlung vorwiegend aus der Manufaktur Wedgwood. Weitere Besonderheiten am Schlossbau entstanden durch Anregungen auf vielfältigen Reisen des Fürsten, so auch die Aufzüge und die in Wände versenkbaren Türen. Auch ein Badezimmer gab es im Fürstensitz, das aber später beseitigt wurde. Zwischen 1770

Schloss Wörlitz

Graues Haus, Wörlitz

Kirche im Park, Wörlitz

und 1772 entstand das Küchen- und Wirtschaftsgebäude, in dem sich heute ein Restaurant und verschiedene Geschäfte befinden. Bei einer Schlossführung werden die Besucher durch einen unterirdischen Gang aus dem Küchengebäude geleitet. Die Sommerresidenz war der erste größere klassizistische Schlossbau in Deutschland und wird von einem weitläufigen prächtigen Landschaftspark umgeben. Die Gärtner Johann Friedrich Eyserbeck, Johann Leopold und Johann Georg Schoch der Jüngere sowie Johann Christian Neumark sind für die Anlage des frühesten Landschaftsparks im englischen Stil ab 1764 um den Wörlitzer See auf europäischem Festland verantwortlich. Auftraggeber war Fürst Leopold III. Friedrich Franz von Anhalt-Dessau.

Gegenüber dem Küchengebäude steht das **Graue Haus**, das die Fürstin als privaten Aufenthaltsort nutzte, da der Park und das Schloss auch zur Bauzeit zu besichtigen waren. Von 1790 bis 1811 war es ihr Dauerwohnsitz und wurde von ihr als „Graues Kloster" bezeichnet. Auch zahlreiche Kirchen entstanden während der Gründungszeit im Gartenreich, wie auch die ursprünglich romanische, im 12. Jahrhundert errichtete und durch Fürst Franz von Anhalt-Dessau zwischen 1804 und 1809 im neugotischen Stil umgebaute **Kirche St.-Petri** mit Bibelturm. Vom 66 Meter hohen Kirchturm hat man einen grandiosen Ausblick über den Park und die nähere Umgebung. Im Bibelturm finden Ausstellungen zu religiösen Themen statt. Besonders beeindruckend und sehenswert ist das **Gotische Haus**, gelegen am Wolfskanal, das ab 1773 im Stil der venezianischen Gotik nach Plänen Friedrich Wilhelm

von Erdmannsdorffs und Georg Christoph von Hesekiels errichtet und bis 1813 mehrfach erweitert wurde. Es zählt zu den frühesten und besterhaltenen neogotischen Architekturen auf dem europäischen Kontinent und birgt eine herausragende Sammlung Schweizer Glasgemälde vom ausgehenden 15. bis zum 17. Jahrhundert. Ebenfalls bemerkenswert sind die neugotische Ausstattung und eine barocke Decke des Oranienbaumer Schlosses im Gartensaal. Der Fürst zog sich seit 1788 oft in das Gotische Haus zurück, das er gern als Refugium nutzte. Nach 1777 ließ er im Elbbogen, westlich des alten Fischerdorfes Vockerode, einen Waldpark auf einer vom Hochwasser geschützten Anhöhe anlegen, der zu jener Zeit als „geordnete Wildnis" bezeichnet wurde. Der kleine klassizistische Bau **Solitude** am Sieglitzer Berg wurde in Formen eines römischen Tempels gestaltet, dessen dorische Vorhalle sich zur umgebenden

Oben links: Gotisches Haus, Schauseite, Wörlitz

Oben rechts: Solitude, Wörlitz

Floratempel, Wörlitz

Elbe-Landschaft ausrichtet. Er war einst der Treffpunkt für diplomatische Verhandlungen des Fürsten während jener Zeit, als die deutschen Kleinfürsten einen Geheimbund gegen die Habsburger, den „Fürstenbund", bildeten. So wurde die Solitude ein historisch-politisches Bauwerk von hoher Bedeutung und nach der Zerstörung als Geschenk des Rotary Clubs wieder aufgebaut und für

Synagoge, Wörlitz

die Bevölkerung und die Gäste der Region öffentlich präsentiert. Erdmannsdorff entwarf auch den **Floratempel**, der 1797/98 nach dem Vorbild von Chambers Casinobau in Wilton errichtet wurde. Fürst Franz nutzte ihn als Musikpavillon. Der kleine Bau wurde der Göttin der Blüte und der Jugend zu Ehren stets mit Blumen geschmückt. Vor dem Tempel hat man gar die „Werkzeuge der Fruchtbarkeit mit Blumen in den grünen Rasen gemalt". Das obere Geschoss hatte Johann Fischer aus Berlin mit Genien, Flora-Motiven und Blumendarstellungen in Wedgwoodgefäßen ausgemalt, eine Flora-Statue bildet den plastischen Schmuck. Im Jahre 1787 ließ Fürst Leopold III. Friedrich Franz von Anhalt-Dessau auf eigene Kosten eine **Synagoge** im klassizistischen Stil, dem Hercules-Viktor-Tempel in Rom nachempfunden, bauen. Sie diente bis in das 20. Jahrhundert hinein der jüdischen Gemeinde von Wörlitz als Gotteshaus. Dank des schnellen und mutigen Eingreifens von Gartenbaudirektor Hans Hallervorden während der Novemberpogrome 1938 konnte die Synagoge vor der Zerstörung bewahrt werden. Nach umfassender denkmalgerechter Restau-

Felseninsel, Wörlitz

rierung beherbergt das Gebäude seit 2003 eine Dauerausstellung zur jüdischen Geschichte in Sachsen-Anhalt. Eine romantische Erscheinung ist die **Felseninsel „Stein"** mit der aufgesetzten Villa Hamilton, auch als „Wunderfelsen" von Wörlitz bezeichnet. Sie liegt im Ostteil der Wörlitzer Anlagen und ist mit dem einzigen künstlichen Vulkan Europas ein besonders spektakuläres Denkmal im Gartenreich Dessau-Wörlitz. Nach jahrelanger Restaurierung ist die Felseninsel seit 2005 der Öffentlichkeit wieder zugänglich. Auch der „Stein" wurde von besagtem Fürsten in Auftrag gegeben, der von 1788 bis 1794 mit Grotten, Gängen, dem künstlichen Vulkan sowie der **Villa Hamilton** als eine Erinnerung an seine Italienreisen errichtet wurde. Die Villa am Fuß des Vulkans entstand als ein Freundschaftsmonument für den britischen Diplomaten, Antikensammler und Geologen Sir William Hamilton. Sie zählt wohl zu den reizvollsten klassizistischen Bauwerken in Deutschland. Auch hier gestaltete der Architekt Friedrich Wilhelm von Erdmannsdorff ein Meisterwerk mit den drei frühklassizistischen Räumen. Das Kaminzimmer ist am reichsten ausgestattet. Neben schönen Decken- und Wandgestaltungen, der historischen Ausstattung, sind die Gouachen von Charles-Louis Clérisseau und Reliefs von Josiah Wedgwood zu bestaunen. Weitere Bauten von Erdmannsdorff zieren die Gesamtanlage, zu denen unter anderen das Amphitheater und die Neptun- und Amaliengrotte von 1793 gehören. Das Wörlitzer Gartenreich mit seinen weitreichenden Wasser- und Wanderwegen und herrlichen Sichtachsen lässt sich am besten bei geführten Touren erkunden. Sechs Schlösser, sieben Park- und Gartenanlagen schließen ein Gesamtgelände von 142 Quadratkilometern ein. Höhepunkte im Jahresverlauf sind die wiederbelebten Schleppjagden in der weitläufigen Elbaue, Park- und Schlossführungen, Flugschauen, Gondelfahrten, Konzerte und vieles mehr.

Villa Hamilton, Wörlitz

Wust-Fischbeck

Herrenhaus Wust

39524 Wust-Fischbeck
Landkreis Stendal

Wust liegt an der B 188 zwischen Rathenow und Tangermünde. Aus dem Ort gingen ab 1221 nacheinander drei Edelhöfe hervor. Die Familie von Katte hatte den ersten in ihrem Besitz, die anderen beiden entstanden um 1608. Während des Dreißigjährigen Krieges wurden alle zerstört, doch 1726 vereinigte man sie zu einem Gut. Das schlichte zweigeschossige Herrenhaus mit leicht vorkragendem Mittelrisalit wurde wohl in der zweiten Hälfte des 16. Jahrhunderts erbaut und 1726/27 unter dem General Hans Heinrich von Katte zu einer Dreiflügelanlage mit lang gestreckten eingeschossigen Seitenflügeln und pavillonförmigen Kopfbauten umgestaltet. Um das Jahr 1755 ließ Ludolf August von Katte das Herrenhaus erneut mit Wirtschaftsflügeln zur Parkseite ausbauen. Auch den Park ließ er zum Barock- und Landschaftspark ausgestalten. Heute bestehen von der Mehrflügelanlage nur noch die beidseitig an das Herrenhaus angefügten eingeschossigen Nebenbauten und der südliche Wirtschaftsflügel. Die Seitenflügel der Eingangsseite wurden in den Jahren 1947/48 abgetragen. Im Innern ist die Halle bis in das Obergeschoss geöffnet und wird von einer Galerie umlaufen. Um 1945 wurden die Besitzer enteignet. Ab 1948 wurde eine Schule in das Herrenhaus gelegt und dieses so vor dem weiteren Verfall bewahrt. Durch die schulische Nutzung wurde das Innere stark verändert, doch die prächtige Treppenanlage aus Eichenholz von 1727 mit seitlich versetztem Treppenaufgang blieb erhalten. Auch vom Wirtschaftshof bestehen noch gut erhaltene Bauten aus dem 19. Jahrhundert. Der noch vorhandene restliche Park aus der Zeit nach 1755 ist verwildert. Auf der künstlichen Insel, von einem Wassergraben umgeben, befindet sich die Ruhestätte der Familie, u. a. auch der letzten Eigentümerin, Katharina Meier, einer verwitweten von Pilgrim und adoptierten von Katte. Die einst zahlreichen Parkfiguren aus der Mitte des 19. Jahr-

Herrenhaus Wust, Wust-Fischbeck

Herrenhaus Zabakuck

hunderts wurden zerstört. Teilweise im Park zu Dessau-Mosigkau aufgestellt, fielen sie 1998 dem Vandalismus zum Opfer.

Herrenhaus Zabakuck

39307 Zabakuck
Stadt Jerichow
Landkreis Jerichower Land

Sieben Kilometer nordöstlich von Genthin an der Stemme liegt Zabakuck und wurde 1430 als „Sabekuk" im „Ploter Deichrecht", einem Anhang zum Lehnbuch des damaligen Erzbischofs Günther II. von Magdeburg, erstmals urkundlich erwähnt. Das Herrenhaus liegt etwa 400 Meter vom Ortszentrum entfernt. Der Erzbischof Stefan von Magdeburg hatte im 15. Jahrhundert das Gut Zabakuck an die Grafen von Ruppin verpfändet. Als diese im Jahre 1524 ausstarben, kam das Dorf wieder an den Erzbischof von Magdeburg und wurde als Lehen an die Familie von Randow weitergegeben. Bis 1768 hatte diese Familie das Anwesen und auch den Ortsteil Güssow in Besitz. Schließlich verkaufte Christian Ernst von Randow das Gut an die Witwe Charlotte Louise von Retzow. Unter der Herrschaft derer von Byem wurde das jetzige Herrenhaus von 1842 bis 1845 erbaut. Eine Legende spiegelt sich im Ortswappen Zabakucks wider, das von einem Ortsbrand berichtet, als der Gutsbesitzer mit seinem Pferd um das Dorf galoppierte und dann das Feuer aus Zabakuck hinausführte, sodass größerer Schaden verhindert wurde. Nach der Enteignung 1945 diente das Schloss zu Wohnzwecken, von 1948 bis 1956 verlegte man eine Schule in den historischen Bau, später eine Gaststätte und einen Kindergarten. Heute im Eigentum der Elbe-Havel-Werkstätten GmbH wird es grundlegend saniert und zu einer Wohnstätte für behinderte Menschen ausgebaut. 1973 begann man, in der Parkanlage ein Tiergehege zu errichten, das heute eine Tierpension ist.

Schloss Moritzburg

06712 Zeitz

Burgenlandkreis

Zeitz liegt im südöstlichen Teil Sachsen-Anhalts an der Weißen Elster, auf halber Strecke zwischen der Thüringer Stadt Altenburg und Naumburg. Erstmals urkundlich erwähnt wurde der Ort als „Cici" und Bischofssitz auf der Synode von Ravenna im Jahre 967. Von 1028 bis 1030 verlegte man das Bistum nach Naumburg, doch die Burg behielt weiterhin ihren Bischofssitz. 1422 begann man mit dem Bau der vieleckigen, mittelalterlichen Befestigungsanlagen. Es entstand eine Ummauerung mit acht Türmen und Rondellen sowie einem breiten Graben. Jene Schutzmaßnahmen konnten die Zerstörungen der damaligen Wohngebäude im Dreißigjährigen Krieg 1644/45 allerdings nicht aufhalten. Ab 1657 begann man unter Herzog Moritz von Sachsen-Zeitz mit dem Neubau der dreigeschossigen Dreiflügelanlage und der Umgestaltung

Schloss Moritzburg, Zeitz

Schloss Moritzburg, Zeitz, Orangerie

der Stiftskirche zur Schlosskirche durch Johann Moritz Richter d. Ä., die 1678 beendet wurde. 1718 erlosch das Geschlecht der Herzöge von Sachsen-Zeitz. Zwischen 1912 und 1935 ließ der neue Besitzer der Obermühle Rossner den westlichen Teil des fürstlichen Lustgartens in einen privaten Landschaftspark umgestalten, der ab 1954 Kulturpark mit Teich, Wildgehege und Kinderspielplatz wurde. 1928 erwarb die Stadt die Schlossanlage und brachte hier kleinere Betriebe unter, auch für den Arbeitsdienst und zu Wohnzwecken wurde sie genutzt. Ab 1963 begann man mit Restaurierungsarbeiten. Das Schloss zählt heute zu den ältesten festungsähnlichen Residenzen des Frühbarock nach dem Dreißigjährigen Krieg in Sachsen-Anhalt. Der große Flügelbau mit Erdgeschossarkaden, stattlichem Mittelturm und Torhaus

Schloss Moritzburg, Zeitz, Torhaus

entstand in strengen Formen. Die Innenräume blieben in ihrer herkömmlichen Gestaltung erhalten. Der Herzogssaal mit bemalter Kassettendecke und Räume mit reichen frühbarocken Stuckdekorationen um 1690 sind erhalten geblieben. In der Krypta der Schlosskirche befinden sich Zinnsärge der Herzöge von Sachsen-Zeitz aus dem 17. und 18. Jahrhundert. Von

1990 bis 2004 fanden im gesamten Schloss- und Festungsensemble umfassende Sanierungsarbeiten statt; mit der Sammlungstätigkeit des 1897 gegründeten Altertums- und Geschichtsvereins von Zeitz und Umgebung begann die Geschichte des Museums von Schloss Moritzburg. Mehrere Umzüge hatten die Sammlungen seit 1931 überstanden, bis sie schließlich ihr dauerhaftes Domizil in der Moritzburg fanden. Am 18. September 1932 öffnete das Heimatmuseum mit neun Räumen erstmals seine Pforten. In heutiger Zeit beherbergt das Schloss ein umfangreiches Museum und das Stadtarchiv. Die Sammlungen umfassen derzeit mehr als 250 000 Sachzeugen mit Dauerausstellungen zum Thema „Himmlisches Streben – Irdisches Leben, Zeitz unter dem Bischofstab“ oder „Zeit der Herzöge – Barocke Residenzkultur in Zeitz“, aber auch zum Thema Mobiliar und Kunsthandwerk von der Renaissance bis zum 19. Jahrhundert oder zur Druckkunst. Auch ein Deutsches Kinderwagenmuseum, das über die Kulturgeschichte des Kinderwagens informiert, ist im Schloss zu finden. Zudem gibt es zahlreiche Sonderausstellungen zur Malerei und Grafik und zur Kultur- und Heimatgeschichte. In der Vorburg besitzen das Kunst- und museumspädagogische Zentrum sowie das Stiftsarchiv Räumlichkeiten. Im Schlosshof und Park finden verschiedene Veranstaltungen statt. Letzterer ist Teil des Projektes „Gartenträume – Historische Parks in Sachsen-Anhalt“.

Schloss Zerben

39317 Zerben
Einheitsgemeinde Elbe-Parey
Landkreis Jerichower Land

Eingebettet zwischen Elbe und dem Elbe-Havel-Kanal liegt der Ort Zerben, gute 15 Kilometer

Schloss Zerben

nördlich von Burg. Das einstige Herrenhaus Zerben, das durch den Rittergutsbesitzer Wolfgang von Plotho zwischen 1847 und 1879 als neubarockes, dreiflügeliges Schloss entstand und später klassizistische Elemente erhielt, wird auch von den Einheimischen Plotho'sches Schloss genannt. Geschmückt wurde die eingeschossige Anlage vor allem durch einen Mittelrisalit und die angefügten Seitenflügel sowie die neobarocken Giebel. Die Gesamtanlage wurde von einem Landschaftspark umgeben. 1948 riss man auf Befehl der sowjetischen Militärverwaltung Teile des Schlosses ab, sodass in den 1960er-Jahren nur noch ein Fragment mit zwei neubarocken Giebeln stand. Die Gemeinde Zerben wurde 1996 Eigentümer des noch bestehenden Schlossrestes, sanierte die Bauten und stellte diese 1998 unter Denkmalschutz. Seit 1999 erhält die Anlage sukzessiv wieder ihre ursprüngliche Form. Das Schicksal der 1853 hier geborenen Elisabeth von Plotho diente Theodor Fontane als Grundlage für seinen Roman „Effi Briest". Kaum bekannt ist, dass Fontane seine Kunstfigur nach einem realen Vorbild schuf, daher ist der Roman untrennbar mit dem Schicksal der Elisabeth Freiin von Plotho und dem Schloss verknüpft. Das Museum präsentiert Leihgaben der Familie Plotho. Der Bund fürs Leben kann in stilvollen Räumlichkeiten geschlossen werden, Konzerte runden das Angebot ab.

Schlossruine Zerbst

39261 Zerbst
Landkreis Anhalt-Bitterfeld

Etwa 13 Kilometer nördlich der mittleren Elbe liegt Zerbst, auf halber Strecke zwischen den Städten Magdeburg und Wittenberg. Die kleine Stadt wurde 1007 als „urbs Zirwisti" erstmals urkundlich in der Chronik des Thietmar von Merseburg erwähnt; im 13. Jahrhundert wurde eine kreisrunde Niederungsburg errichtet. 1681 begann man nach Plänen von Cornelis Ryckwaert mit der Errichtung des Mittelflügels eines barocken Schlosses, das Fürst Carl Wilhelm von Anhalt-Zerbst zu seiner Residenz machte. Nachdem

Schlossruine Zerbst

der erste Teil der Anlage mit dem Mittelflügel fertiggestellt war, führte Giovanni Simonetti den Ausbau fort. Von 1703 bis 1712 entstand der Westflügel, der Einbau der Schlosskapelle erfolgte von 1717 bis 1719 durch Francesco Minetti. Die Reste der fürstlichen Gruft befinden sich heute in St. Bartholomäi. Von 1720 bis 1743 ergänzte man nach Entwürfen von Johann Christoph Schütze den Mittelbau durch einen Turm. Mit dem Ostflügel wurde 1744 durch Friedrich Friedel nach Plänen Georg Wenzeslaus von Knobelsdorffs begonnen und dieser 1746 beendet. Die prächtigen Stuckaturen im Inneren gestaltete Giovanni Simonetti, teilweise auch Johann Michael Hoppenhaupt der Jüngere. 1749 war die großzügige Dreiflügelanlage mit Corps de Logis und zwei Seitenflügeln vollendet. Ihr Äußeres zeigte eine Prägung des niederländischen Barock. Das Haus Anhalt-Zerbst erlosch 1793. Das Schloss wurde 1872 teilweise als Anhaltinisches Staatsarchiv genutzt und gelangte 1918 in das Eigentum der Joachim-Ernst-Stiftung. Im Jahre 1921 wurde unter Leitung der Kulturstiftung das Schlossmuseum für Kunst- und Kulturgeschichte Anhalts gegründet; den Ostflügel nutzte das Stadtarchiv. In einem Teil des Westflügels richtete sich das Finanzamt ein. 1945 wurde die Gesamtanlage weitgehend bis auf den von Georg Wenzeslaus von Knobelsdorff erbauten Ostflügel zerstört und die Ruinen in der Folge abgebrochen. Die Grünflächen als Nutzgärten und einen Barockgarten gestaltete Johann Christoph Schütze. Nach der Übernahme des Schlosses 1798 ließ Leopold Friedrich Franz diese in einen Landschaftspark nach Vorbild der Wörlitzer Anlagen umgestalten. Heute völlig verfallen stehen im Schlosspark die von 1724 bis 1727 von Johann Christoph Schütze errichtete Reithalle, der Fachwerkbau des Marstalls aus dem 18. Jahrhundert und das Teehäuschen von 1724. Der sehr gepflegte Schlosspark mit seinen Gartenbereichen und Gebäuden ist heute Anziehungspunkt und Ruhepol von Zerbst.

Schloss Georgium und Parbauten

06846 Ziebigk
Stadt Dessau-Roßlau
Kreisfreie Stadt

Der Stadtteil Ziebigk liegt zwei Kilometer nordwestlich des Stadtzentrums von Dessau. Friedrich Wilhelm von Erdmannsdorff begann 1780 mit dem Bau eines Sommerschlos-

Schloss Georgium, Ziebigk

ses für den Prinzen Johann Georg von Anhalt-Dessau, das 1792 vollendet wurde. Der Landschaftsgarten von Johann Georg Schoch und Johann Friedrich Eyserbeck wurde zur gleichen Zeit angelegt. Erdmannsdorff setzte hier seine Arbeiten in Weiterführung des am Schloss Luisium (Dessau-Waldersee) vorgebildeten kubischen Landhaustypus fort. Es entstand ein Ziegelputzbau auf rechteckigem Grundriss. Seine Mittelachse wird durch einen Risalit, einen Fries und ein Giebeldreieck betont. Die Querbauten von 1893 treten nach Süden als Risalite und nach Norden als Flügel in Erscheinung. Das Innere wurde verändert, wobei das Treppenhaus mit Pilaster- und Rundbogengliederung sowie der Deckenstuck und das überkuppelte Spiegelkabinett erhalten geblieben sind. Vor dem Schloss und in näherer Umgebung befinden sich Sandsteinskulpturen aus der Zeit um 1785, wie Apollino, Medicäische Venus, Diana

Blumengartenhaus, Ziebigk

Elbpavillon, Ziebigk

Mausoleum, Ziebigk

Agrotera und Farnesische Flora, vorwiegend Arbeiten von Johannes Georg Pfeiffer. Auch Erdmannsdorff hinterließ im Parkbereich einige Bauten, darunter das Billardhaus, die Orangerie, das Blumengartenhaus, das von mehreren Stilen geprägte Fremdenhaus, heute Ruine, und einen Rundtempel. Auch architektonisch gestaltete Brücken, Bogen und Sitze sowie die Sieben Säulen, die an den Saturn-Tempel des römischen Forums erinnern, sind hier zu finden. Im Beckerbruch, am Ende der Parkerweiterung, steht der turmartige Elbpavillon. Er diente sowohl als Aussichts- und Beobachtungspunkt wie auch als architektonisches Element der Landschaftsgestaltung. Die Räume wurden von den Deichwächtern als Unterkunft und vermutlich auch vom Fürstenhaus Anhalt genutzt. Auch das herzogliche Mausoleum in der Nähe des Schlosses, ein großer wilhelminischer Zentralbau in Hochrenaissanceformen, 1894 bis 1898 von Franz Schwechten erbaut, im Lehrpark für Tier- und Pflanzenkunde und eine Gaststätte befinden sich in der Anlage. Seit 1959 wird das Schloss Georgium als staatliche Galerie mit umfangreicher Gemäldesammlung genutzt und die Sanierungsarbeiten durch die Lotto-Toto GmbH Sachsen-Anhalt gefördert. Die Anlagen im Gartenreich Dessau-Wörlitz befinden sich in der Obhut der Stadt Dessau.

Burg Zilly

38835 Zilly
Stadt Osterwieck
Landkreis Harz

Der Stadtteil Zilly liegt etwa 20 Kilometer nordwestlich der Kreisstadt Halberstadt im nördlichen Vorharzgebiet, nördlich

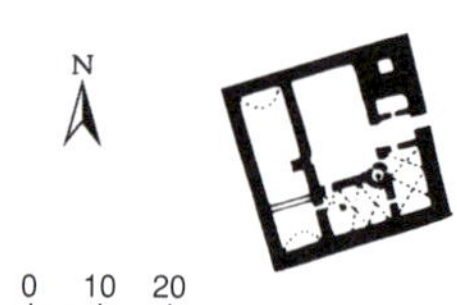

Burg Zilly, Grundriss

Burg Zilly

von Wernigerode. Die Wasserburg wurde erstmals 1179 urkundlich erwähnt und wurde im 13. Jahrhundert um eine kastellartige Wohnburg erweitert. 1334 war die Burganlage im Besitz der Grafen von Wernigerode und wurde 1371 an die Regensteiner Grafen verpfändet. Die Anlage besteht aus einer Rechteckburg mit ovaler Vorburg und besaß seinerzeit zwei Bergfriede, von denen einer am Zugang zur Vorburg und der andere mit geschweifter Haube des 17. Jahrhunderts an der Hauptburg stand. An der Westseite befand sich der mehrgeschossige Palas, dem an der Südseite der kreuzgratgewölbte Küchenbau und ein Kamin angebaut wurden. Torhaus, Küchen- und Wirtschaftsgebäude blieben vollständig erhalten. Den ältesten Teil bilden der Bergfried in der Nordostecke und ein Wohnturm aus der ersten Hälfte des 14. Jahrhunderts in der Südwestecke. Von der Vorburg blieben nur Teile erhalten, so zwei ältere Wohngebäude und ein mittelalterlicher quadratischer Turm im Nordosten. Ab 1457 ging der Halberstädter Bischof Burchard III. mit dem Grafen Heinrich dem XIX. zu Stolberg und Wernigerode ein Bündnis gegen die Regensteiner Grafen ein. Infolgedessen wurde die Burg unter den Bündnispartnern aufgeteilt und kam 1504 in den Besitz des Halberstädter Domkapitels. Noch im 16. und 17. Jahrhundert wurde die alte Bausubstanz durch Fachwerkteile ergänzt. 1810 hob man den Besitz auf, der später preußische Domäne wurde. Nach 1945 richtete man hier eine Landwirtschaftliche Produktionsgenossenschaft (LPG) ein. Heute beherbergt das historische Bauwerk einen Kindergarten und ein Standesamt. Des Weiteren ist der Schlosshof Austragungsort verschiedener Veranstaltungen.

Schloss Zingst

06268 Zingst
Stadt Querfurt
Saalekreis

Der Ortsteil Zingst liegt südlich von Querfurt, unmittelbar angrenzend an das Städtchen Nebra an der B 250, im Naturpark Saale-Unstrut-Triasland. Das Schloss liegt unterhalb der Vitzenburg an der Straße der Romantik. Vermutlich war Zingst zu Beginn eine slawische Siedlung, die in alten Schriften bereits 1203 als „villa Cindest" auftauchte. Drei Jahre später nannte man den Ort „Zindest", die Ronneberge um das Dorf wurden als Begräbnisplätze genutzt und als Heiligtum angesehen. Heute können Funde wie Werkzeuge und Waffen aus der Jungsteinzeit im Querfurter Burgmuseum besichtigt werden. Um 1123 existierte vor Ort ein einflussreiches Kloster Reinsdorf, und Zingst war nur ein Vorwerk des Stifts. Während des Bauernkrieges 1525 plünderten Aufständische das Kloster und brannten es nieder. Mit der Säkularisation kamen der ehemalige Besitz des Klosters und das Gut Zingst 1540 an den Landesherrn. Um 1560 erwarb Hans Petzold das wüste Gut Zingst. 1663 kaufte Joachim Christoph von der Schulenburg dem fürstlich-sächsischen Hofjägermeister George von Hornigk das Anwesen ab. Schon zwei Jahre später hatte man die Arbeiten am Herrenhaus beendet, die Räume im Inneren prunkvoll ausgestattet. Das Haus ist ein lang gestreckter zweigeschossiger Bau mit kurzem, risalitartig vortretendem Querflügel. Ihre heutige Gestaltung mit Torhaus von 1883, den angrenzenden Wohngebäuden, einer Schmiede und dem großen dreiseitigen Wirtschaftshof

Schloss Zingst

Burg und Schloss Zörbig

von 1876 erfuhr die Anlage erst durch eine umfassende Erneuerung im Jahre 1934. In der Folge wechselte das Anwesen häufig die Besitzer, kam schließlich in die Hände des kürfürstlich-sächsischen Oberforstmeisters Adolph Freiherr von Seckendorff, dessen Nachkomme Christian Adolph als Literat und Komödienschreiber in die Geschichte einging. Nach dem Zweiten Weltkrieg nutzte man das Schloss als Mütterheim und später als Fachkrankenhaus für Kinder- und Jugendpsychiatrie. Später gehörte die Anlage zum Carl-Basedow-Klinikum Merseburg, das Mitte der 1990er-Jahre einen Sozialtrakt hinzugefügte. Als die Klinik nach Querfurt verlegt wurde, erwarb der Berliner Immobilienhändler Martin Kistenmacher das Zingster Schloss. Für Urlauber stehen heute gemütliche Ferienwohnungen, aber auch Räumlichkeiten für Konferenzen oder Festlichkeiten aller Art zur Verfügung.

Burg und Schloss Zörbig

06780 Zörbig

Landkreis Anhalt-Bitterfeld

Zörbig findet man im Süden des Bundeslandes zwischen Bitterfeld-Wolfen und der Kreisstadt Köthen (Anhalt). Der Ort wird 961 in einer Schenkungsurkunde von König Otto I. an das Mauritius-Kloster Magdeburg als „Civitas Zurbici“ erstmals urkundlich erwähnt. Bereits zu jener Zeit war die Siedlung der Mittelpunkt des Burgwards. Zörbig entwickelte sich rund um die Burganlage. Die im Südwesten der Stadt liegende ursprünglich größere slawische Burg mit Wällen und Gräben entstand wohl im 12. Jahrhundert als steinerner Ausbau durch die Grafen von Brehna. Im späten Mittelalter diente die Anlage als sächsischer Amtssitz. Der schon damals im Zentrum stehende, im 16. Jahrhundert erhöhte und nach 1556 mit spitzem Kegeldach versehene steinerne runde Bergfried blieb bis in die heutige Zeit erhalten. Im 17. Jahrhundert ließ Herzog August von Sachsen-Merseburg die Burganlage zum Residenzschloss um- und ausbauen sowie modernisieren. 1662 legte man südöstlich des Schlosses einen Garten an. Von 1694 bis 1703 erfolgte ein Neubau des Wohngebäudes als Residenz und Witwensitz der Linie Sachsen-Zörbig. 1792 nahm man Reparaturen am Bau vor; die Schlosskapelle von 1710 sowie weitere ältere Gebäude wurden in der zweiten Hälfte des 18. Jahrhunderts abgebrochen. Die unvollendete Dreiflügelanlage blieb jedoch in stark veränderter Gestalt erhalten. Heute ist das Schloss mit Heimatmuseum, Bibliothek sowie Bürger- und Vereinsräumen Kultur- und Bildungszentrum der Stadt. Der Schlossturm, der einst als Zufluchtsstätte diente, kann bestiegen werden.

Burg Weißenburg

06632 Zscheiplitz
Stadt Freyburg (Unstrut)
Burgenlandkreis

Erhöht am linken Ufer der Unstrut liegt in Sichtweite der Neuenburg, nur etwa zwei Kilometer westlich von Freyburg, die Anlage der ehemaligen Weißenburg. Die erste Erwähnung als „Zeddenbach“ erfolgte 899 im Hersfelder Zehntverzeichnis. Von 1041 bis 1085 lebte Pfalzgraf Friedrich III. von Sachsen mit seiner Gemahlin Adelheid aus der Familie der Grafen von Stade in der von den Pfalzgrafen benannten Burg Weißenburg. Nach dessen Ermordung im Wald bei Zscheiplitz ließ seine Witwe 1089 die Burg in das Benediktinerinnenkloster St. Bonifacius auf dem Berg St. Martini umwandeln. Diese war bereits wieder verheiratet mit dem Thüringer Landgrafen Ludwig II., Ludwig der Springer genannt, den man mit dem Tod ihres Gatten in Verbindung brachte, und verstarb 1110. 1203 wur-

Burg Weißenburg, Zscheiplitz

de ein Kloster in Zscheiplitz erwähnt. Als dieses 1540 in der Funktion als Versorgungsanstalt für unverheiratete Töchter des Adels nur noch mit elf Klosterfrauen besetzt war, entwickelte es sich zu einem Lehn- beziehungsweise Rittergut. Von der mittelalterlichen Weißenburg findet man heute nur noch Reste der Ringmauer mit zwei Mauertürmen, die Klosterkirche aus dem 12. Jahrhundert und die Grabenanlage. Vom kleineren Nonnenturm hat man eine gute Aussicht über das Unstruttal und auf die Stadt Freyburg. Einst stand auf der Nordseite der Kirche die Klausur. In der dreiseitig geschlossenen Hofanlage befinden sich Reste romanischer Keller und Fenster im Erd- und Obergeschoss des Nordflügels aus dem 16. Jahrhundert sowie ein spätgotisches Portal, womöglich auch Überreste des Kreuzgangs. Im Westflügel liegt die barocke schwarze Küche, durch neubarocke Umbauten aus der zweiten Hälfte des 19. Jahrhunderts fast vollkommen überformt. Als sich Napoleon Bonaparte 1813 nach der Niederlage in der Völkerschlacht bei Leipzig zurückzog, ließ er Zscheiplitz besetzen, um seinen Rückzug sichern zu können. 1945 wurde das Rittergut enteignet. Auf dem Gutsgelände befindet sich heute das Weingut Pawis mit einer Straußenwirtschaft. Der abgebildete Wasserturm mit Gebäude wurde jüngst saniert und kann bestiegen werden.

Objektregister

Objektregister

Objektregister

Objektregister

Objektregister

Objektregister

Objektregister

Objektregister

Quellenverzeichnis

Georg Dehio
Handbuch der Deutschen Kunstdenkmäler
Sachsen Anhalt I
Regierungsbezirk Magdeburg
Deutscher Kunstverlag München, 2002

Georg Dehio
Handbuch der Deutschen Kunstdenkmäler
Sachsen Anhalt II
Regierungsbezirke Dessau und Halle
Deutscher Kunstverlag München, 1999

Burgen, Schlösser, Gutshäuser in Sachsen-Anhalt
Bruno J. Sobotka/ Jürgen Strauss
Konrad Theiss Verlag GmbH und Co. Stuttgart, 1994

Reiselexikon Kunst
Sachsen-Anhalt
Georg Piltz
1. Auflage, 1992
Urania Verlag Leipzig, Jena, Berlin

Zeit für Burgen und Schlösser
C. J. Bucher Verlag GmbH München, 2004

Burgen und Schlösser Sachsen-Anhalt
Gerald Große / Bernd Wolff
Weidlich/Flechsig Verlag Würzburg, 1993

Burgenfahrt im Saaletal
Fritz Kühnlenz
4. Auflage
Greifenverlag zu Rudolstadt, 1974

Städte und Burgen an der Unstrut
Fritz Kühnlenz / Sabine Matzke-Melzwig
Grüne Reihe Thüringen
Verlagshaus Thüringen, Erfurt, 1999

Schlösser und Schlossgärten in Deutschland
Thomas Scheliga / Wolfgang Sowada
Reich Verlag AG Luzern/Schweiz, 1995

Quellenverzeichnis

Reisezeit – Zeitreise zu den schönsten Schlössern, Burgen, Gärten, Klöstern und Römerbauten in Deutschland
1. Auflage
Verlag Schnell und Steiner GmbH Regensburg, 1999

Schencks Schlösser & Gärten
Schenck Verlag GmbH, Hamburg, 2008

Das Zörbiger Land
Informationen für Bürger und Gäste
Stadt Zörbig, 2010

Urlaubs- und Freizeit-Journal 2013
Für die Region Saale-Unstrut
Saale-Unstrut-Tourismus e. V. Naumburg

Material zur Geschichte von Besitzern der Objekte, Touristinformationen, Stadt- und Gemeindeverwaltungen, Informationen und Prospekte aus den Burg- und Schlossmuseen, Hotels und Infotafeln an den Objekten, Recherche im Internet